Méthode pratique
de rééducation
de la lecture et
de l'orthographe

A. DE MEUR
PH. NAVET

Méthode pratique de rééducation de la lecture et de l'orthographe

Dyslexie
Dysorthographie

Librairie Classique Eugène BELIN
8, rue Férou,
75278 — Paris cedex 06.

ISBN 2-7011-0262-6

Introduction

L'ENFANT DYSLEXIQUE

Le dyslexique est un enfant d'intelligence normale, indemne de troubles sensoriels (notamment de la vue et/ou de l'ouïe), qui éprouve des difficultés dans l'apprentissage du langage *écrit* (lecture et, souvent aussi, orthographe) malgré une scolarisation régulière.
Cette définition ne cerne que les *symptômes* de la dyslexie; les *causes* supposées de ce trouble sont l'objet de nombreux ouvrages spécialisés et ne seront pas examinées ici.

L'EXAMEN DU DYSLEXIQUE

L'enfant présumé dyslexique est atteint dans toute sa personnalité, ce qui impose une investigation sur divers terrains : médical, psychologique, logopédique et social.
L'examen médical recherche les données neurologiques, auditives, visuelles et, éventuellement, affectives.
L'examen psychologique précise les différents niveaux (ou Q. I.) atteints par le sujet pour les opérations intellectuelles (intelligence pure) et pédagogiques (acquis scolaires); il fouille également le terrain affectif.
L'examen logopédique apprécie le développement du langage aux points de vue de l'articulation et de l'utilisation du vocabulaire.
L'interview « sociale » explore les situations éducationnelles présentes et passées qui exercent ou ont pu exercer une influence sur l'enfant. Ajoutons qu'à notre avis, l'examen du dyslexique doit s'opérer non seulement à partir d'épreuves globales mais aussi d'épreuves analytiques. Trop souvent, les examens des dyslexiques ou présumés tels ne sont pas sérieux : une ou deux épreuves pour conclure à une dyslexie, c'est évidemment un procédé qui se rapproche davantage de la divination que de l'esprit de recherche. Nous croyons qu'un tel travail ne peut se faire utilement qu'en équipe, laquelle, après avoir « morcelé » l'étude de l'enfant, sera capable d'en fixer une synthèse correcte.

LES SÉANCES DE RÉÉDUCATION

Nous parlons de « séances de rééducation » et non de « leçons » : la distinction est importante. En effet, le terme « séance » est dépouillé de la charge aversive portée par le mot « leçon ». Beaucoup de parents, braqués uniquement sur le problème scolaire, ont une tendance excessive à ne voir dans leur enfant présumé dyslexique qu'un *retardé* plus ou moins grave en lecture et/ou en orthographe. Il s'agit donc, dès le départ, de créer un climat nouveau, de déconditionner les consultants; le mot « séance » exprime cette volonté d'établir une nouvelle relation entre l'éducateur et l'enfant, le premier à l'écoute du second, qui se livre en confiance parce qu'il se sent aidé, soutenu, guidé.
La structure de la séance de rééducation doit toujours permettre à l'enfant de réussir dans les tâches qui lui sont proposées : c'est par la réussite dans des performances progressives, soigneusement programmées, qu'il sera déconditionné à l'échec : le domaine verbal cessera d'être un « stimulus aversif ».
Pour la fréquence et la durée de ces séances, nous croyons qu'il n'y a pas de règle : il faut suivre le rythme de l'enfant. A notre avis, plusieurs courtes séances par semaine valent mieux qu'une seule longue séance; il semble que les progrès dépendent de cette fréquence.

RELATION AVEC LES PARENTS, L'ÉCOLE, LE TRAVAIL À DOMICILE

1. Avant tout travail de rééducation, il faudrait pouvoir s'assurer la collaboration étroite des parents. Ce n'est guère facile, de nos jours, où tant de mères de famille exercent une profession. Et pourtant, les parents doivent jouer leur rôle car il est angoissant pour le rééducateur de devoir supporter tout le travail : il ne doit pas être le seul à comprendre que le but premier de la rééducation n'est pas de faire grimper les notes scolaires au plus vite, mais de réconcilier l'enfant avec un mode d'expression qui jusqu'alors le rebutait. Une parfaite compréhension de ce problème n'est possible que par la collaboration — au minimum par l'intermédiaire du travail à domicile et des entretiens avec le rééducateur.
Une règle impose qu'un cas pour lequel la collaboration des parents est nulle soit abandonné, ce désintéressement de la part des parents allant souvent de pair avec une absence de motivation chez l'enfant pour le travail de rééducation.

2. Les relations avec l'école posent le problème de la disponibilité (de temps et d'esprit) du corps enseignant. Faute d'information, certains enseignants n'ont pas toujours les réactions souhaitables envers l'enfant dyslexique (jugé comme « mauvaise tête »), ce qui suscite souvent chez ce dernier une opposition plus accentuée encore à l'effort scolaire. D'autres imaginent que l'entrée en jeu d'un

« spécialiste » signifie que leur enseignement a échoué, qu'ils n'ont pas été à la hauteur ... et l'humiliation qu'ils en ressentent peut aussi déclencher des attitudes qui bloquent le travail que l'on veut entreprendre. Enfin, il existe des rééducateurs qui négligent tout simplement le personnel enseignant, ce qui n'arrange rien.
Ce climat doit changer. S'il n'est pas possible d'organiser un entretien particulier entre l'enseignant et le rééducateur, que ce dernier au moins avertisse par lettre que l'enfant est pris en charge pour un motif précis et demande au professeur s'il lui est possible de faire tel petit exercice avec l'enfant. Ce qui compte, avant tout, c'est d'installer un contexte favorable, de susciter une attitude adéquate du professeur envers l'enfant traité.

3. Le travail à domicile vise un double but : le premier, c'est d'assurer une continuité entre les différentes séances, de soutenir les structures travaillées et de garder la mémoire fraîche; le second, c'est de faire participer les parents au travail.
Comment les parents interviendront-ils?
Toute attitude « scolaire » est à proscrire. Le rééducateur leur demande de faire exécuter les exercices dont la marche à suivre est notée dans le cahier. Si l'enfant ne parvient pas à une exécution correcte, ils s'abstiendront de juger et laisseront tel quel le travail, que le rééducateur utilisera alors pour mesurer sa propre efficacité.

Prenons un exemple :
L'enfant doit souligner les actions dans de courtes phrases et les parents s'aperçoivent qu'il se trompe; ils peuvent revenir aux exemples du début, demander à l'enfant de justifier sa réponse et ensuite reprendre l'exercice. Si l'enfant se trompe encore, ils indiquent sur la fiche qu'il n'a pu faire le travail. C'est tout. Le rééducateur saura ce qu'il doit faire.
En revanche, quand l'enfant a bien travaillé, n'oublions pas de lui montrer notre satisfaction.
A noter enfin qu'un rééducateur ne peut accepter que le travail ne soit pas fait à cause d'un mauvais prétexte (l'enfant a dû faire des courses, accompagner ses parents, il était trop tard, etc); il faut trouver le temps, à tout prix, pour cette tâche qui est d'ailleurs toujours très courte.

Comment utiliser la méthode ?

La première partie groupe une série d'exercices sur les facteurs associés. Le rééducateur y puisera ceux qu'il juge le mieux adaptés au cas, en fonction des données fournies par son dossier. Ces exercices doivent se faire systématiquement, avec régularité; ils peuvent d'ailleurs alimenter le travail à domicile. Bien entendu — nous tenons à le souligner — ces exercices ne sont pas *toute* la séance de rééducation, ils font seulement partie d'un ensemble : ils sont nécessaires mais non suffisants.
La seconde partie rassemble les exercices verbaux relatifs aux différents troubles dyslexiques (confusions sourdes-sonores, lettres à graphies proches, etc).

CONDUITE DE LA SÉANCE DE RÉÉDUCATION

Il existe deux manières de conduire une séance.

La première, plus sûre, plus progressive, convient au rééducateur débutant. Elle consiste à commencer la rééducation par c – g, puis f – v et ainsi de suite, s'attardant peu sur ce qui est connu, approfondissant ce qui est mal connu. Nous l'appelons *rééducation morphologique*, c'est-à-dire morceau par morceau.

La seconde part de ce que l'enfant connaît, pour y greffer ensuite la rééducation morphologique. Par exemple, imaginons le cas d'un enfant de fin de première année présentant des difficultés au niveau du schéma corporel, des troubles de la latéralité et de l'organisation spatiale; de plus, il confond certaines lettres et organise mal les syllabes complexes : pl, gr, tr, etc.
Nous cherchons d'abord les exercices de la première partie les mieux adaptés à son cas. Au début de la rééducation, ils seront donnés en premier lieu comme amorce; ensuite ils s'intercaleront comme dérivatifs et l'on en réservera toujours quelques-uns comme travail à domicile. Puis nous proposons à l'enfant un *mot* extrait d'une conversation avec l'enfant sur un sujet dont il parle spontanément, ou que nous induisons (par exemple : papa rentre tard le soir, le petit frère ou la petite sœur a cassé un vase, le maître m'a puni, je n'aime pas travailler, etc). Dans notre exemple, nous proposons le mot *papa*. Nous recherchons ensuite d'autres mots qui peuvent s'allier avec papa et, souvent, nous donnons nous-mêmes les trois premiers mots pour que l'enfant « démarre ». Nous obtenons alors, par exemple, la série suivante : papa, il travaille, il joue avec moi. Cette série est écrite au tableau (ou sur une grande feuille, le cas échéant).

Voici une série trouvée par un enfant de 7 ans et 4 mois : papa, il travaille, il joue avec moi, il se rase, il va travailler, il part pour le bureau, il se fâche, il dort, je l'ennuie, il lit son journal.

Nous avons donc inscrit tout ceci au fur et à mesure du débit de l'enfant; parfois, ce dernier s'arrête à court d'inspiration : nous lui donnons quelques mots et il recommence sans difficulté. Il se peut aussi que l'enfant ne sache pas trouver les séries, surtout au début de la rééducation; dans ce cas, nous lui remettons une image évoquant une situation et nous lui demandons de la décrire.
Nous limitons le nombre d'associations à dix ou quinze. Il ne faut pas s'inquiéter si l'enfant ne peut lire tous les mots écrits, car le but premier de cet exercice est de lui permettre d'exprimer ce qu'il connaît pour créer ensuite des associations autour d'un point central.
Après avoir noté les séries, nous les relisons lentement et à haute voix; l'enfant lit les mots qu'il connaît. Il arrive très souvent qu'il veuille tout lire; nous le laissons faire mais nous l'aidons pour qu'il ne lise pas fautivement. Durant la lecture de l'enfant, nous notons sur une feuille les fautes qu'il commet.

Dans l'étape suivante, nous faisons trouver par l'enfant une courte phrase à partir des éléments inscrits au tableau.
L'enfant donne, par exemple : papa travaille, il joue avec moi, il se rase, il dort. La phrase est écrite au tableau. Comme nous sommes en présence d'un enfant perturbé, de fin de première année, nous admettons cette phrase qui reflète un manque d'ordre dans les idées, simplement juxtaposées.
A un stade plus avancé et/ou avec un enfant plus âgé, nous pourrions faire remarquer cette juxtaposition et ce désordre, et viser à une amélioration.

La phrase deviendra :

papa dort, il se rase, il travaille, il joue avec moi

ou

papa dort, puis (il se lève), se rase, part travailler et quand il rentre, il joue avec moi.

Quatrième étape : l'enfant copie la phrase dans son cahier *mais* nous prenons l'habitude de cacher le mot qu'il doit écrire, afin de lui donner le réflexe de bien photographier le mot. Nous relisons.

Cinquième étape : de ce qui vient d'être écrit, nous extrayons un ou plusieurs mots; par exemple : il *joue*, et nous les soulignons au tableau. Par notre dossier, nous savons que l'enfant confond ch – j; nous donnons alors tous les moyens préconisés dans la rééducation morphologique pour réduire la confusion. Si, par chance, dans la phrase se trouve un mot avec **ch** nous l'utilisons, sinon nous en donnons un.

Ce travail peut donc se faire à partir de n'importe quel mot. Dans le cas cité, nous aurions pu extraire :

— « il travaille » et construire **aille**

— « il part » et voir les inverses **ar**, **ra**, etc.

Nous pourrions aussi exploiter la grammaire en faisant apparaître la phrase sous forme de structure. Ce procédé est avantageux. Tout d'abord, il permet à l'enfant de s'exprimer comme il l'entend; pour la première fois, il peut parler sans crainte d'être rabroué. Ensuite, comme nous écrivons tout, au début, l'enfant n'est plus paralysé par le problème des graphies. Par après, il apprendra à écrire lui-même les mots qu'il connaît, se réconciliant cette fois avec le langage écrit.

Pour la rééducation des sons proches du point de vue auditif, nous insistons, durant la phase morphologique, sur l'aspect phonétique, l'analyse auditive; de même, nous ferons surtout de l'analyse spatiale pour les lettres proches du point de vue graphique.
Les lettres confondues ne sont pas immédiatement rapprochées; nous renforçons d'abord la connaissance d'une lettre, ensuite seulement son homologue phonétique, et enfin nous rapprochons les deux. En somme, nous procédons par renforcements successifs.

Les exercices de *dictée* suivent la marche que voici : nous reprenons la phrase que l'enfant a construite et/ou la série de mots vus; nous faisons lire silencieusement; immédiatement après, l'enfant écrit le mot ou la partie de phrase coupée en rhèses [1]. S'il commet des erreurs, le ou les mots fautifs sont écrits en grand au tableau; l'enfant les regarde; nous cachons et il écrit immédiatement ces mots sur son cahier. Nous pouvons aussi faire épeler, mais en prenant garde de ne pas décomposer les sons complexes. Finalement, nous reprenons la phrase.

Une séance commencera toujours par la vérification des acquis antérieurs, au moyen d'une dictée de contrôle; *on n'aborde pas une nouvelle difficulté si la difficulté antérieure subsiste.*

Remarque

Certains enfants demandent combien de points ils ont obtenus à la dictée. Comme les difficultés sont présentées de manière progressive, les enfants obtiennent normalement un bon résultat; nous leur disons alors qu'ils ont bien réussi. Nous ne chiffrons jamais, du moins au début, les résultats des enfants. Nous disons habituellement ceci : « C'est bien, mais il reste encore des difficultés. Pour les faire complètement disparaître, nous allons faire encore quelques exercices ».

[1] Unités de sens.

Première partie

Orthopédie mentale
Structuration spatiale

I Exercices d'observation, de mémoire, d'attention

1. APPRENDRE À PERCEVOIR RAPIDEMENT UN GRAND NOMBRE D'OBJETS

POUR TOUS

Sur une grande feuille de papier fort ou de carton, coller *trois* objets bien connus de l'enfant, lui présenter la feuille pendant cinq secondes puis la cacher.

L'enfant doit dire ce qu'il a vu, et l'écrire ensuite.
Augmenter progressivement le nombre d'objets.

Lorsque l'enfant est capable de retenir les noms de 6 objets (9 pour les enfants de 9-10 ans), remplacer ces objets par des dessins.

Augmenter progressivement le nombre de dessins (ceux-ci doivent toujours représenter des choses connues de l'enfant).

Variantes

On peut aussi placer les objets sur une table et les couvrir après 5 secondes.

L'enfant énumère ce qu'il a retenu; on découvre alors les objets et il contrôle ce qu'il vient de dire.

On demande à l'enfant de prêter une forte attention à un ensemble d'objets; on cache ceux-ci et on en retire un, à son insu; l'enfant doit donner le nom de l'objet ôté.

Montrer à l'enfant le dessin ci-dessous et lui demander, après 30 secondes d'observation, de citer les objets qui s'y trouvent.

En coupant des images dans des illustrés, on se constitue un matériel intéressant. On collera sur carton des vignettes choisies pour leurs belles couleurs. Les enfants peuvent réaliser eux-mêmes ce travail.

Les objets proposés à l'enfant seront, au début, de formes différentes puis de formes voisines (voir les deux exemples de la page 15).

2. HABITUER À L'OBSERVATION SUR MATÉRIEL NON VERBAL

POUR TOUS

Demander à l'enfant de dresser l'inventaire des objets qui se trouvent dans sa chambre – dans la cuisine – dans le bureau de papa – dans la pièce où se fait la rééducation – dans sa mallette.

Faire observer deux assiettes, deux tasses, *d'un même service*, et demander à l'enfant de noter les différences entre les deux objets.

Exemple 1

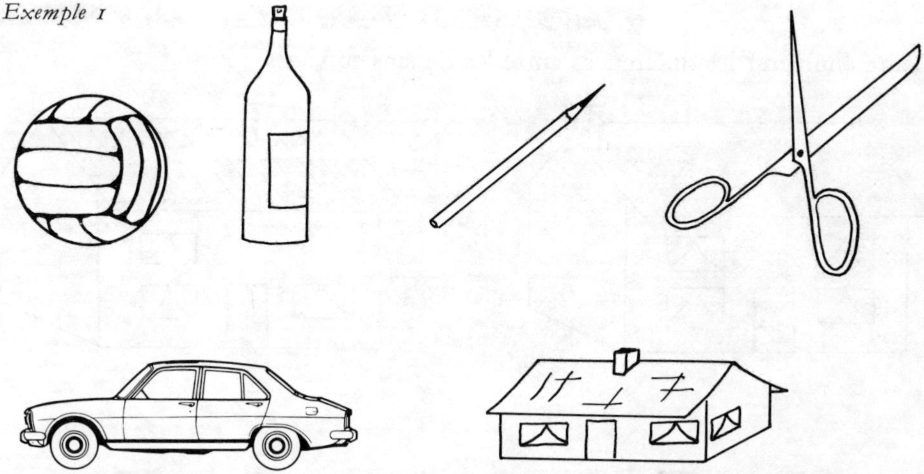

Exemple 2

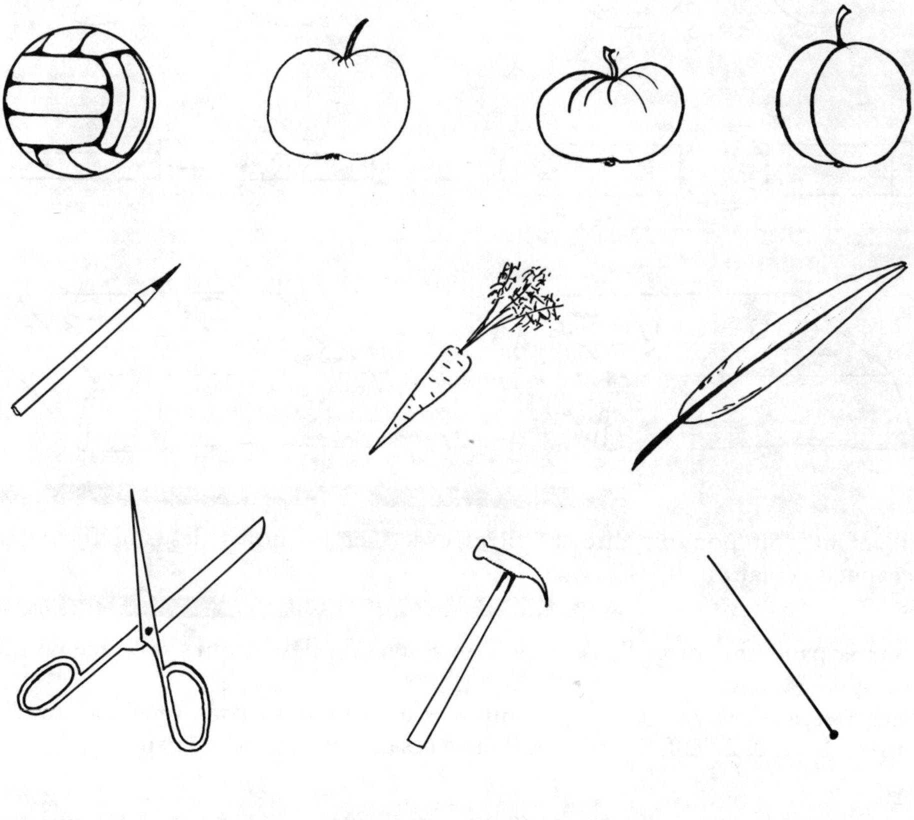

A PARTIR DE 9 ANS

Faire énumérer les différences entre les dessins suivants :

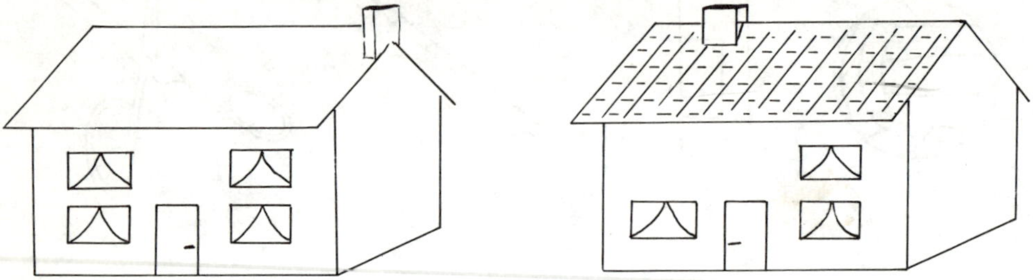

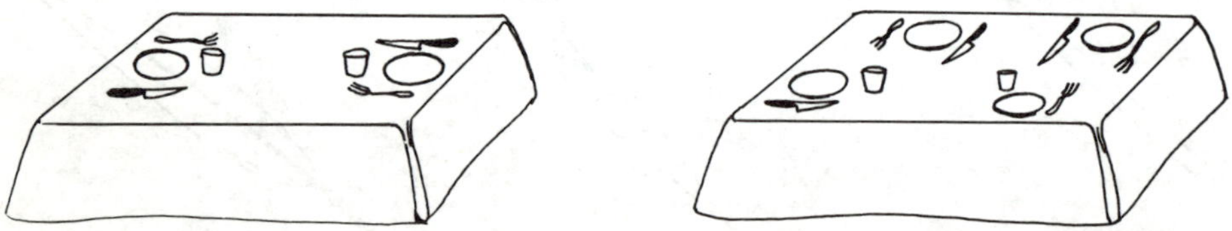

A PARTIR DE 10 ANS

L'enfant doit pouvoir dire les titres exacts et les noms des auteurs de ses manuels scolaires.

A PARTIR DE 7 ANS

Sur la page ci-contre, l'enfant doit retrouver le dessin qui est le même que celui de gauche.
Ces exercices peuvent être reproduits au duplicateur à alcool. Quelques feuilles seront remises à l'enfant pour qu'il fasse ces exercices avec ses parents.

Variante

Dans chaque colonne horizontale, tracer un cercle autour des dessins qui sont les mêmes que les modèles entourés de rouge.

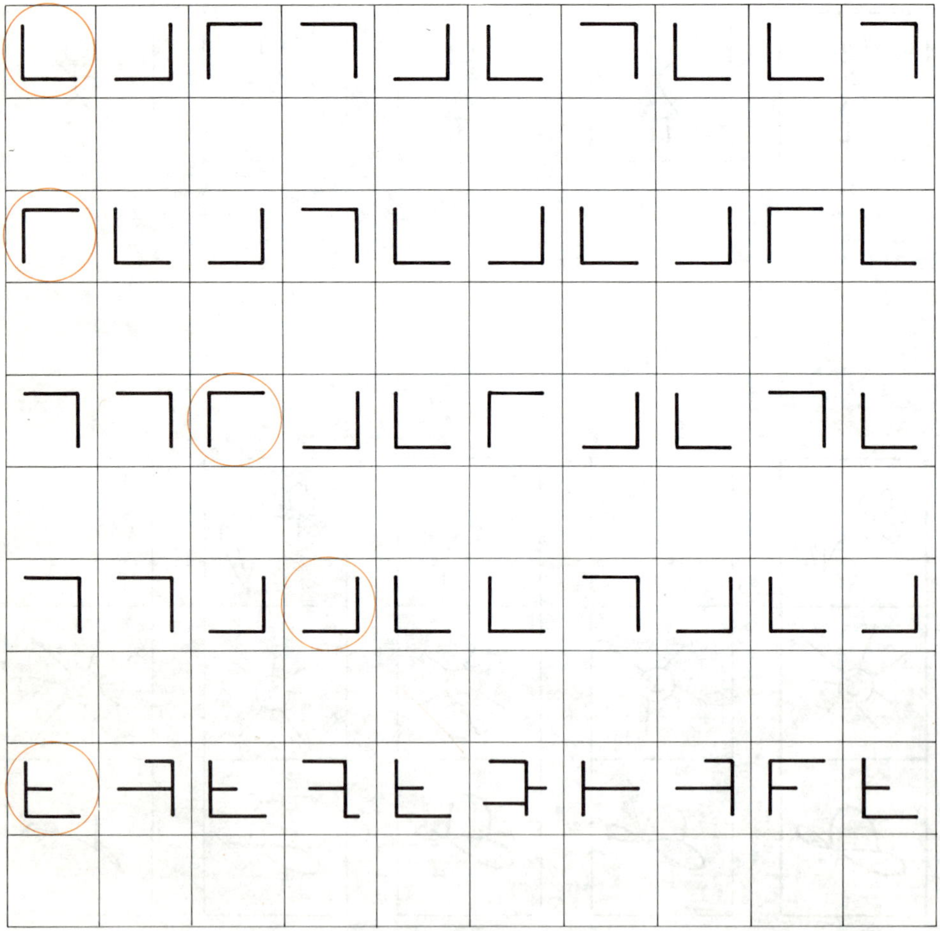

3. HABITUER À L'OBSERVATION SUR MATÉRIEL VERBAL

a) Montrer à l'enfant les syllabes et mots suivants :

— manutori – arimipono – tananari – comudinaba – nilomano – mirobolina – umonopimu – sidunoduma – fimodanimi – tanorani – duraboli – nidurana

— animal – nomade – mimosa – minute – amical – kimono –canicule – dormir – monocle – matamore – musical – normal – inutile

Lui demander combien de fois est écrite, dans chaque série : la syllabe **ma**; la syllabe **na**; la syllabe **mi**; la syllabe **ni**; la syllabe **mo**; la syllabe **no**; la syllabe **mu**; la syllabe **nu**.

b) Donner à l'enfant un article d'hebdomadaire ou de revue, imprimé en caractères assez grands, et lui demander de barrer tous les **m** en bleu et tous les **n** en rouge.

Quand cette épreuve est bien réussie (éventuellement après plusieurs essais), la faire recommencer avec un article de journal dont les caractères sont plus petits.

c) Demander à l'enfant de trouver des mots avec **ma** (par exemple : mari, martin, marron, etc). Les écrire devant lui au fur et à mesure. Lui demander ensuite de relire les mots écrits, à haute voix. Enfin, dicter ces mots et corriger les fautes.

Même exercice avec des mots contenant l'une des syllabes : na – mi – ni – mo – no – mu – nu.

d) Faire rechercher, parmi les lettres orientées en tous sens, celles qui correspondent à la lettre encadrée. Ce jeu est recommandé après chaque apprentissage nouveau (notamment après la rééducation des lettres confondues).

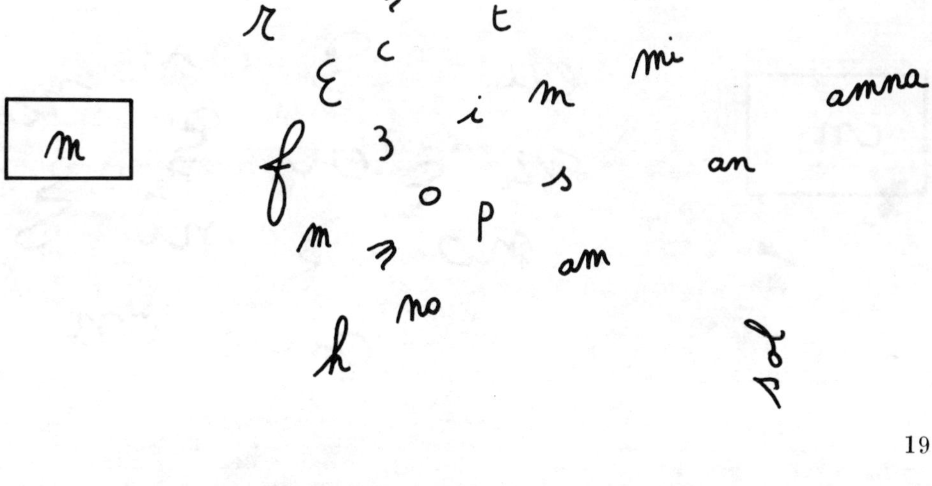

ou

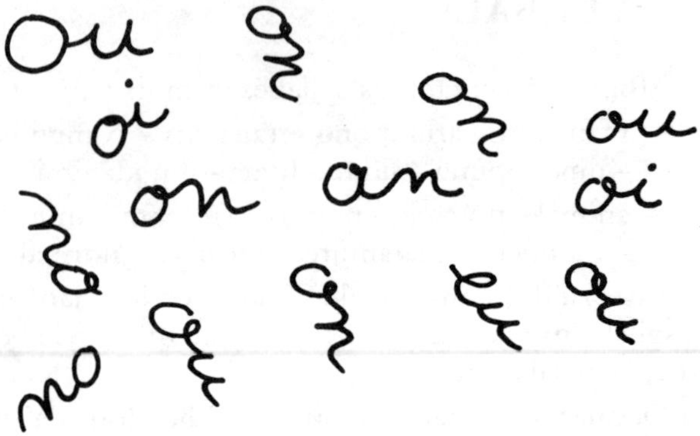

P p

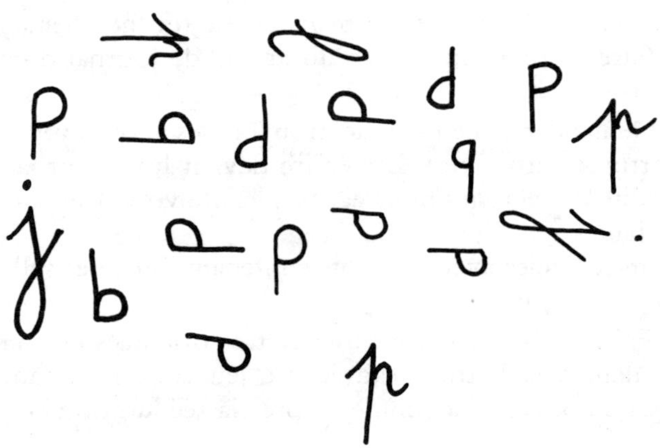

on

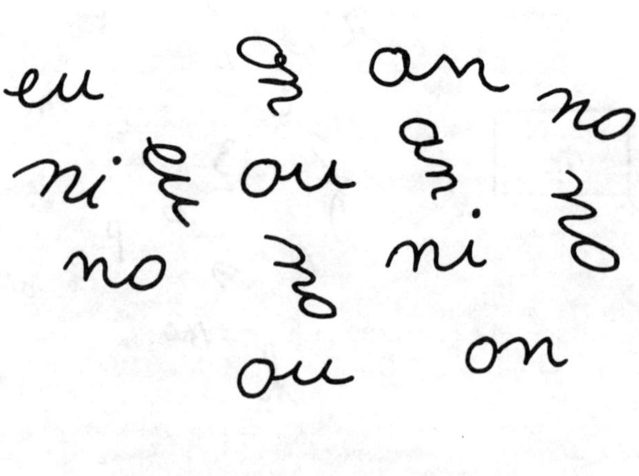

4. EXERCICE DE LA MÉMOIRE

A. Nombres et mots

POUR TOUS

Répétition immédiate de nombres :

— à 1 chiffre : 3 – 6 – 2 – 7 – 8 – 6 – 1

— à 2 chiffres : 27 – 32 – 44 – 23 – 19 – 21

Faire répéter comme ceci : les deux premiers (je dis : 3 – 6, tu répètes : 3 – 6), les deux suivants, les deux derniers, les quatre premiers, tous. Varier les combinaisons [1].

Répétition immédiate de mots de plus en plus difficiles (mots vus dans les séances de rééducation).

B. Phrases à retenir

Retenir deux phrases, puis trois ... jusqu'à dix.

A PARTIR DE 8 ANS

Phrases simples.

Première série

1. Jacques étudie.
2. Pierre joue.
3. Nous marchons.
4. André arrive.
5. Le soir tombe.
6. Papa jardine.
7. Maman cuisine.
8. Le chat ronronne.
9. Le ruisseau coule.
10. Les oiseaux chantent.

Deuxième série

1. Jacques étudie sa leçon de français.
2. Pierre joue dans le jardin.
3. Nous marchons d'un pas rapide.
4. André arrive en courant.
5. Le soir tombe vite, en hiver.
6. Papa jardine tous les jours.
7. Maman cuisine en chantant.
8. Le chat ronronne devant le poêle qui rougeoie.
9. Le ruisseau coule entre les touffes d'herbe.
10. Dès l'aube, les oiseaux chantent dans les bois.

[1] Cet exercice peut aussi se faire avec des lettres, en particulier les lettres vues en rééducation. *Exemple :* demander à l'enfant de répéter la série a, i, o, u; ensuite dans l'ordre inverse. Si l'enfant se trompe, lui redire la série plus lentement et lui faire répéter. S'il se trompe encore, passer à une autre série ou inscrire la première sur un carton et le lui mettre un court instant sous les yeux avant une nouvelle répétition. Il faut cependant éviter, au début, de donner des séries contenant des lettres que l'enfant risque de confondre; on passera ces séries quand la rééducation pour ces lettres sera terminée.

Phrases comportant des accords grammaticaux. A recopier de mémoire et sans faute : d'abord deux phrases, ensuite trois, quatre, cinq, etc.

a) *Pluriel des noms*

1. Les ouvriers commen**cent** les trav**aux**.
2. L'enfant est tombé sur **ses** genou**x**.
3. On a rep**eint** les soupir**aux** des caves.
4. Papa li**t** les journ**aux**.
5. Le coiffeur coupe mes cheveu**x**.
6. Nous avons appri**s** de nouv**eaux** jeux.
7. L'automobiliste remplace **ses** pneus.
8. Le jardinier creuse des trou**s** pour planter des chou**x**.
9. Les voyou**s** lancent des caillou**x**.
10. Les filou**s** ont volé des bijou**x**.

Note : Ces noms doivent être employés également dans d'autres phrases. L'enfant inscrira ce capital-mots dans un cahier de vocabulaire qui sera un aide-mémoire précieux [1].

b) *Groupe adjectif + nom/sujet-verbe*

1. André aime les pomme**s** mûre**s**.
2. Tu préfère**s** les pêche**s** sucrée**s**.
3. Le voyageur marche dans les rue**s** animée**s**.
4. Nous port**ons** des chaussures vernie**s**.
5. Vous **cuei**ll**ez** des cerise**s** vermeille**s**.
6. Vous êtes de gentil**s** enfant**s**.
7. Les fille**s** port**ent** des jupe**s** plissée**s**.
8. Ils sont attendu**s** par leur**s** petit**s** camarade**s**.
9. Nous avons entend**u** des cri**s** plaintif**s**.
10. Des gou**tt**es d'eau coul**ent** sur les vitre**s** salies.

c) *Numéraux/mots invariables*

1. Au zoo, on peut voir trent**e** singes qui grimp**ent** aux arbres.
2. Les quatr**e** points cardin**aux** sont : le nord, l'est, le sud et l'ouest.
3. Dans une heure, il y a soi**x**ante minute**s**.
4. André a passé avec nous les di**x** premier**s** jour**s** de l'année.
5. Les voitures fil**ent** entre les champ**s** de bl**é** parsem**és** de bleuet**s**.

[1] Nous recommandons d'utiliser, pour les enfants de 10 à 12 ans, le livre-cahier « *J'améliore mon orthographe* » (études primaires) par R. Blot et A. De Meur, paru aux Éditions De Boeck.

6. Ils sont for**t** gentils.
7. Nous marchons lentem**ent**.
8. Vous vous baignerez av**ant** de déjeuner.
9. Ces fleurs sont agréablem**ent** parfumée**s**.
10. Ils ont bu trois verres de lai**t**.

A PARTIR DE 10-11 ANS

Phrases complexes, à répéter oralement.

1. Jean me demande quelle heure il est.
2. Dès que le jour pointera, nous nous mettrons en route.
3. Je me demande si vous viendrez.
4. J'arrive au moment où l'on se met à table.
5. Il tire brusquement le fil de sa ligne au bout duquel se tord une perche argentée.

1. Quand le train s'immobilisa, la fillette baissa la vitre.
2. Perché sur un haut tabouret, les coudes sur la table, le front dans les mains, André étudie.
3. « Tandis qu'à leurs œuvres perverses,
   Les hommes courent haletants,
   Mars, qui rit malgré les averses,
   Prépare en secret le printemps. » *(Th. Gauthier)*
4. Un navire qui fait une traversée est un navire qui livre bataille. *(V. Hugo)*
5. Les fleurs sauvages ignorent l'homme qui s'épuise à les vaincre, et, dès qu'il se repose, elles poussent dans ses pas.

A PARTIR DE 11 ANS

Accords grammaticaux. A transcrire de mémoire et sans faute.

1. L'épicier n'a plus d'œufs.
2. Les arbres n'ont plus de feuilles en hiver.
3. Le désert reçoit peu de pluie.
4. Cette région est riche en pâturages, en prairies et en blé.
5. Il a acheté une boîte d'étiquettes.
6. Ils ont emporté des morceaux de pain.
7. Sa grand-mère lui a offert un pull sans manches.
8. Sur les collines tournaient des moulins à vent.
9. Le dentiste reçoit les lundi et vendredi.
10. J'ai acheté un cahier de notes.

II

Exercer l'enfant à comprendre des situations

Les exercices ci-dessous visent à faire comprendre à l'enfant la raison de l'emploi de certains mots. On lui fait répéter la phrase, puis on lui demande de dessiner ce qu'il vient de dire; ensuite, on lui redit la phrase et on le prie de vérifier s'il n'a rien oublié.

Exemple : Françoise a une belle poupée.

Le problème se situe au niveau de la représentation de l'adjectif *belle*. « Que faut-il pour qu'une poupée soit belle? » demandera-t-on à l'enfant. Il dessinera la poupée en grand, avec les attributs qu'il aura trouvés.

A. Quelques situations

Ouvre la porte.
Donne-moi le crayon qui se trouve sur le bureau.
Prends le calendrier qui se trouve sur la cheminée.
Jean joue aux billes.
Marie et Jean sont assis.
Françoise et ses amis jouent au ballon.
Sur la table, il y a deux assiettes, du pain et une cafetière.
L'arbre n'a plus de feuilles, elles sont tombées.
Le chien mange une grosse saucisse.
Andrée lave, au robinet, une belle tomate rouge.

Ces phrases peuvent être combinées.

Exemple : Ouvre la porte et donne-moi le crayon qui se trouve sur le bureau.

Note : Nous pouvons donner des phrases contenant des adjectifs. Il ne s'agit plus alors de faire dessiner les phrases mais de « converser » autour des phrases.

Exemple

Jean est très gentil	Jean est grand	Jean est poli
Marie est très gentille	Jeannette est grande	Jeannette est polie

Tous ces mots veulent dire que Jean – Jeannette – Marie, c'est « quelque chose ».

Qu'est-ce que cela veut dire que « Jean est gentil »?

— Cela veut dire qu'il fait les courses de maman — Cela veut dire qu'il obéit bien — Cela veut dire qu'il écoute bien en classe — etc.	On note ceci au tableau même si l'enfant ne peut pas relire

B. Faire exécuter une consigne

Se procurer une feuille de carton de 30 × 15 cm, quelques ronds de carton d'une autre couleur pour symboliser des assiettes, des dessins représentant des couverts; on peut y joindre d'autres objets usuels, tels un pain, du fromage, une bouteille de lait, etc.

On donne à l'enfant la consigne suivante : tu vas mettre la table. Sur la table, je veux voir deux tasses, une assiette, un verre; à côté de l'assiette, tu poseras une cuiller, un couteau.

L'enfant exécute l'ordre donné. S'il oublie quelque chose, nous répétons la consigne.

Pratiquement, nous pouvons nous constituer une réserve de consignes, notées sur des fiches.

Remarquons qu'ici n'interviennent pas de consignes nécessitant une connaissance de la gauche ou de la droite. De tels ordres ne sont possibles que lorsque l'enfant, déficient à ce point de vue, aura été rééduqué.

C. Situations représentées par des images

Après avoir découpé dans des illustrés des images diverses, nous demandons à l'enfant (en fonction de notre matériel) de rechercher les images relatives, par exemple, à la toilette d'un enfant. L'enfant va trouver l'image d'un savon, d'un essuie-mains, d'une baignoire, d'un gant de toilette, d'un robinet, d'un miroir, etc.

Nous lui demandons alors de citer le nom de chaque objet, puis nous l'invitons à coller les images sur une feuille. Nous pouvons le laisser totalement libre et, dans ce cas, les arrangements trouvés par l'enfant permettront des observations intéressantes sur l'organisation des objets les uns par rapport aux autres.

Ou bien nous lui donnons des directives : « Que fait-on pour commencer? » *On se déshabille*. Recherche l'image ou les images qui me le montrent. « Et ensuite? »... On ordonne ainsi la recherche de l'enfant.

Lorsque ce travail est terminé, nous redemandons les mots à l'enfant et nous inscrivons ceux-ci à côté ou en dessous de l'image. Ensuite, l'enfant nous racontera de nouveau la scène.

Autre procédé : donner à l'enfant des situations toutes faites et lui demander de raconter ce qu'il voit. Nous inscrivons alors les mots donnés par l'enfant.

Cet exercice, aimé des enfants, est aussi un exercice de vocabulaire. Les mots trouvés pourront servir ultérieurement lorsque nous voudrons inclure nos procédés dans un contexte plus large.

III

Exercices d'analyse, de constitution de classes, de catégorisation

A PARTIR DE 7 ANS

Exercice 1

Dire ce qui est le même pour les objets suivants, groupés deux par deux : la brouette — le vélo, etc.

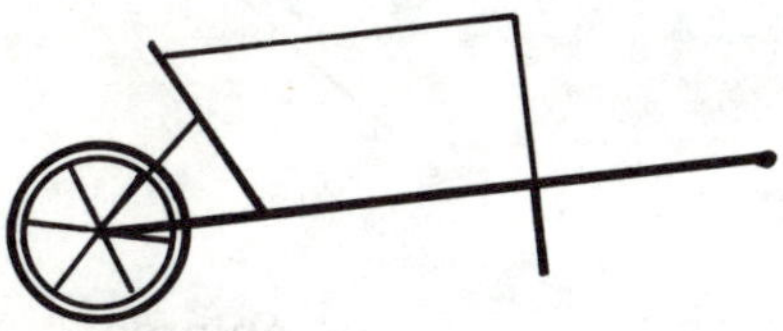

brouette

vélo

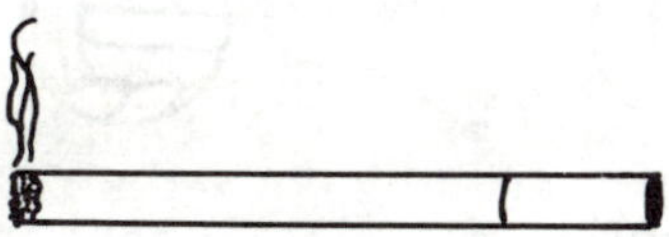

cigarette

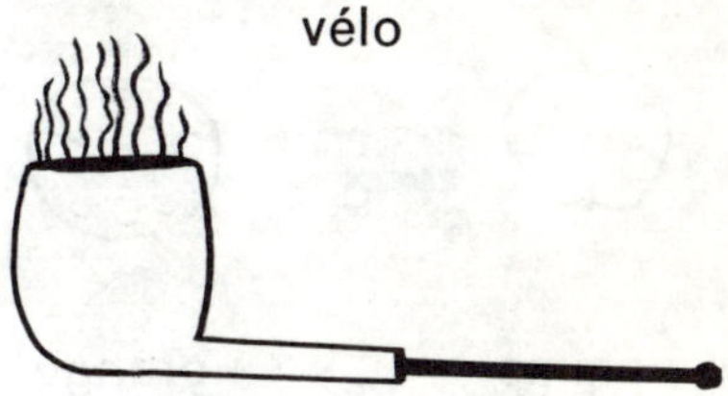

pipe

montre

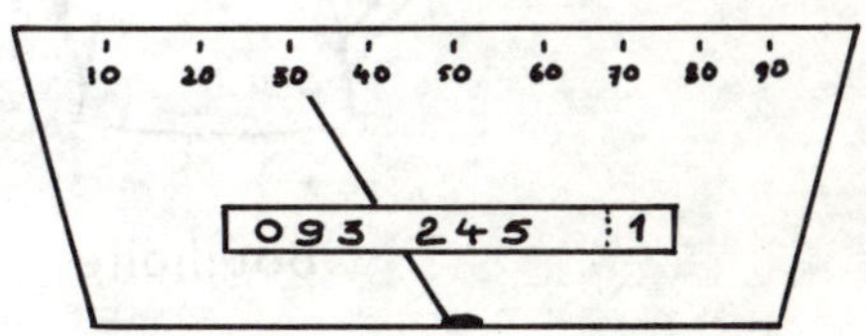

compteur kilométrique

Même exercice : deux ou plusieurs objets.

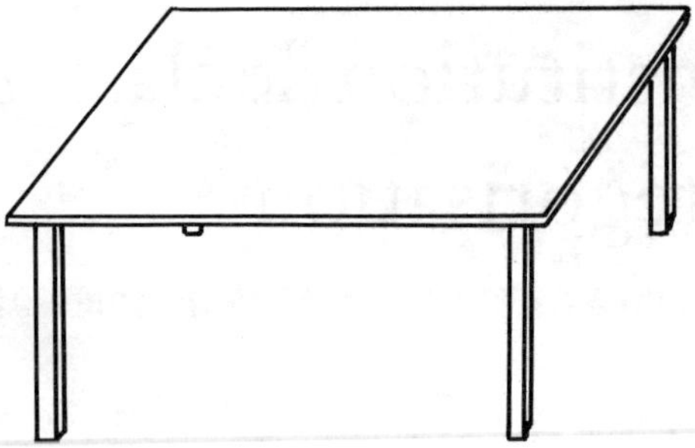

table

chaise

stylo

crayon

épingle

pomme

orange

pêche

balle

bouilloire

cafetière

Note : Différents niveaux d'abstraction sont possibles.

Par exemple, pour la brouette et le vélo, l'enfant peut répondre : « il y a des ronds » ou « ça roule ».

Dans l'exercice avec les fruits et la balle : « c'est rond ». Mais on peut aussi cacher la balle pour faire apparaître la catégorie « fruit » ou « ça se mange ».

Exercice 2

Un marchand ne dispose que de deux caisses pour ranger tous les objets suivants.

Dire : — quelles choses il va mettre dans la première caisse?
— quelles choses il va mettre dans la deuxième caisse?

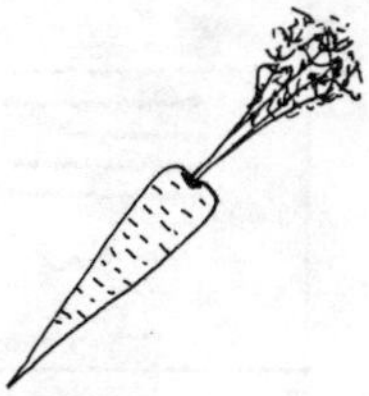

carotte

pomme

raisins

pomme de terre

poire

salade

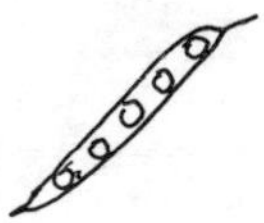

pois

fraise

poireau

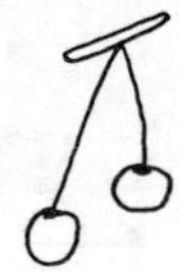

cerises

Exercice 3

Grouper les objets suivants en deux catégories.

tas de charbon

mazout

vin

pain

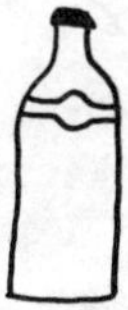

lait

sac de billes

eau

Exercice 4

Même exercice.

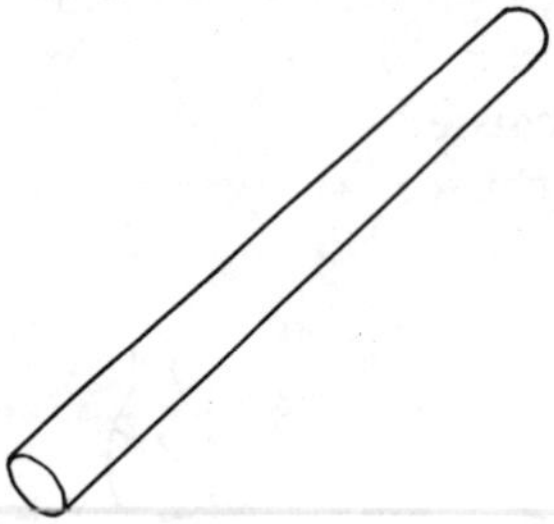

craie

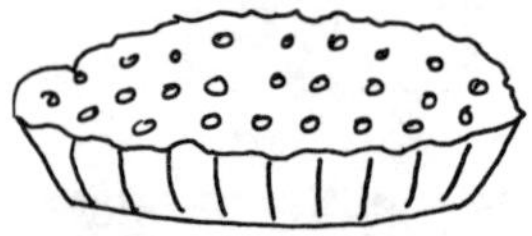

tarte

papier

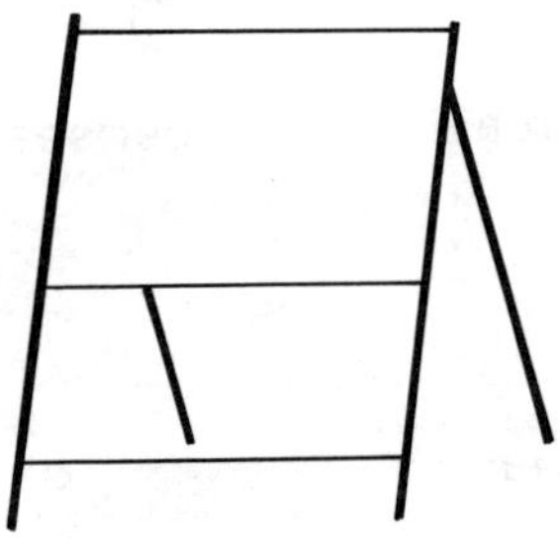

tableau

pomme

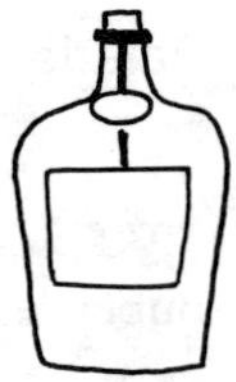

liqueur

machine à écrire

porte-plume

sucette

Exercice 5

Faire trois groupes avec les objets suivants.

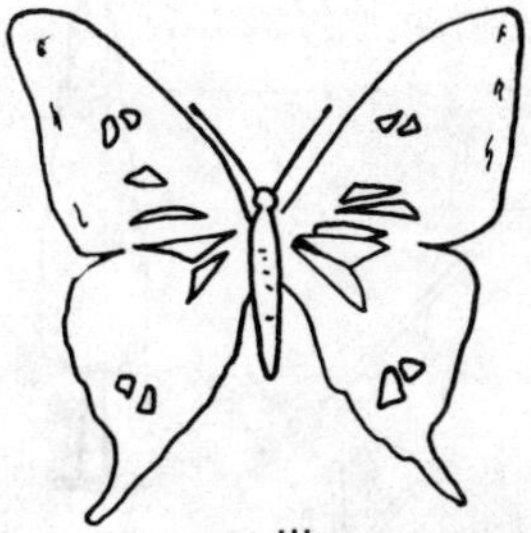

papillon

lézard

poisson

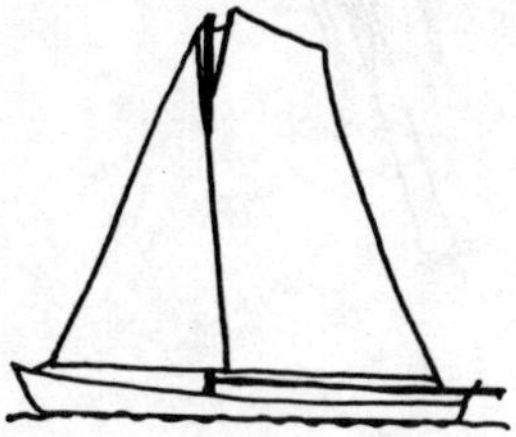

bateau

avion

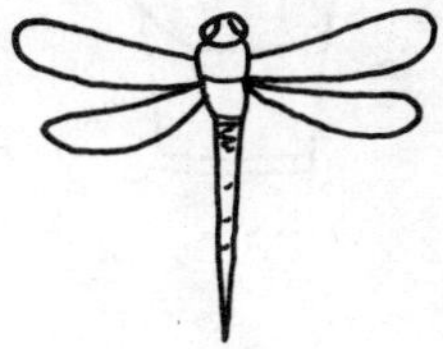

libellule

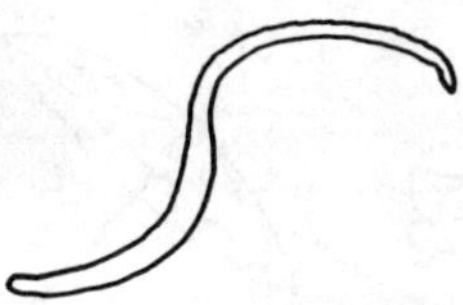

ver

hirondelle

lapin

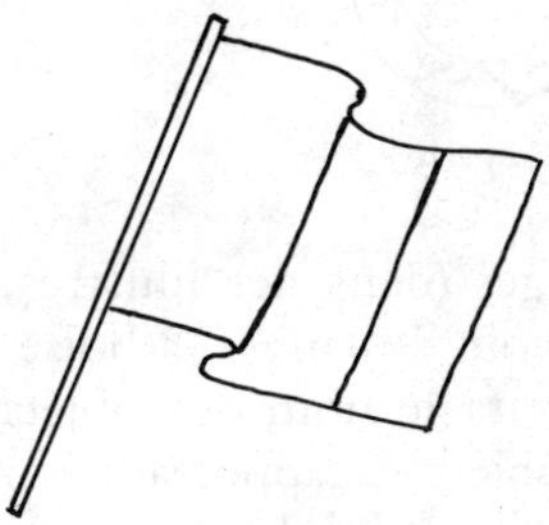

drapeau

soulier

étoile de mer

Exercice 6

Nous demandons à l'enfant de *faire des groupes*; il doit donc en trouver lui-même le nombre.

Exercice 7

Même exercice que le précédent.

Variante 1 : Demander à l'enfant de trouver des images (dans des illustrés, par exemple) représentant des objets qui servent à s'asseoir, à manger, à boire. L'enfant collera ces images sur des feuilles et on inscrira le nom des objets en dessous. On lui demandera de citer de mémoire les objets se rapportant à… L'inverse se fera également : lui citer le nom d'un objet, puis lui demander de quel groupe il fait partie.

Variante 2 : Exercer l'enfant à percevoir la ressemblance graphique des mots. Par exemple : ressemblance entre : marchand – maman; bleu – table; mouton – moudre; drap – drapeau; drapeau – chapeau, etc.

A PARTIR DE 9 ANS

Exercice 8

Demander à l'enfant d'énoncer les points communs (ce qui est le même) entre :

un livre	et	un journal
un chien	et	un chat
un ballon	et	une bille
du vin	et	de l'eau
un pied	et	une patte
un arbre	et	une fleur
un train	et	une auto
une maison	et	une tente
un jardin	et	un parc
une lampe	et	une bougie

Exercice 9

Raconter à l'enfant qu'un gardien du zoo s'est trompé. Il a placé dans des cages voisines :

un tigre	un lion	un singe	une couleuvre
un aigle	un gorille	un boa	un hibou

Demander à l'enfant de remettre les animaux dans les bonnes cages.

Exercice 10

Chez l'épicier.

Expliquer à l'enfant qu'un épicier reçoit livraison des marchandises commandées. Il veut exposer ces marchandises dans ses rayons mais il n'en a que quatre et il a reçu les marchandises suivantes :

— sucre
— sel
— lait
— chocolat
— cacao
— poivre
— farine
— sucettes
— œufs
— moutarde
— bonbons
— yaourt
— caramels
— beurre
— mayonnaise
— limonade
— muscade (noix de)
— levure
— anis
— bière

rayon 1	
rayon 2	
rayon 3	
rayon 4	

Exercice 11

Demander à l'enfant *pourquoi* le marchand de jouets a placé dans le même étalage :

étalage 1
— jeu d'échecs
— jeu de dames
— jeu de l'oie
— jeu de cartes
— ping-pong

étalage 2
— ballon de football
— jeu de boules
— billes
— balle de tennis
— raquette de tennis

IV Exercices sur le schéma corporel

a) Nous demandons à l'enfant de nommer, en les montrant, les différentes parties de son corps. Nous dessinons alors un bonhomme et nous relions chaque partie désignée au mot correspondant.

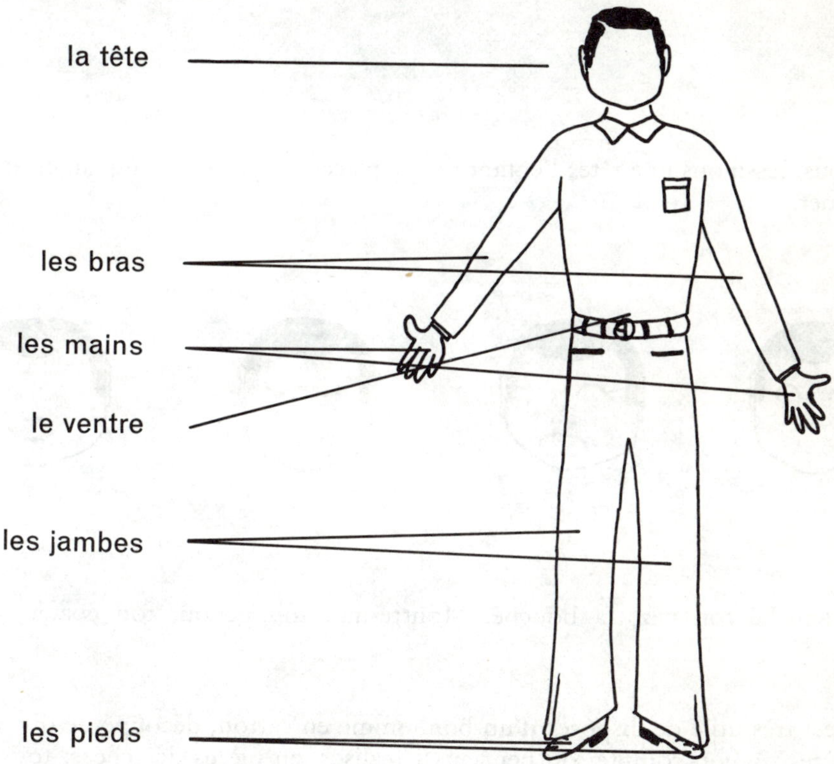

Au lieu de tracer des flèches, nous pouvons inscrire le nom de chaque partie sur le bonhomme.
On peut aussi confectionner des pancartes et les accrocher sur l'enfant; comme exercice, nous lui demandons de placer lui-même les différentes pancartes.

b) Nous dessinons des bonshommes mutilés et nous demandons à l'enfant de dire ce qui manque; il est invité ensuite à dessiner les parties manquantes.

c) Nous dessinons une tête; l'enfant doit y placer les parties manquantes et les nommer.

d) « Touche ton nez, ta bouche. Montre-moi ton genou, ton épaule, ton cou... »

e) Il est très utile de disposer d'un bonhomme en carton, découpé de diverses manières. A bon compte, on peut aussi réaliser, en pièces détachées, tous les détails du corps humain; l'enfant s'amusera à recomposer l'ensemble.

Une pomme de terre peut servir de visage; l'enfant joue à y placer le nez, les sourcils, etc.

f) Avec de la plasticine, l'enfant fabrique un bonhomme; on pourra assembler ce bonhomme en nommant chaque partie.

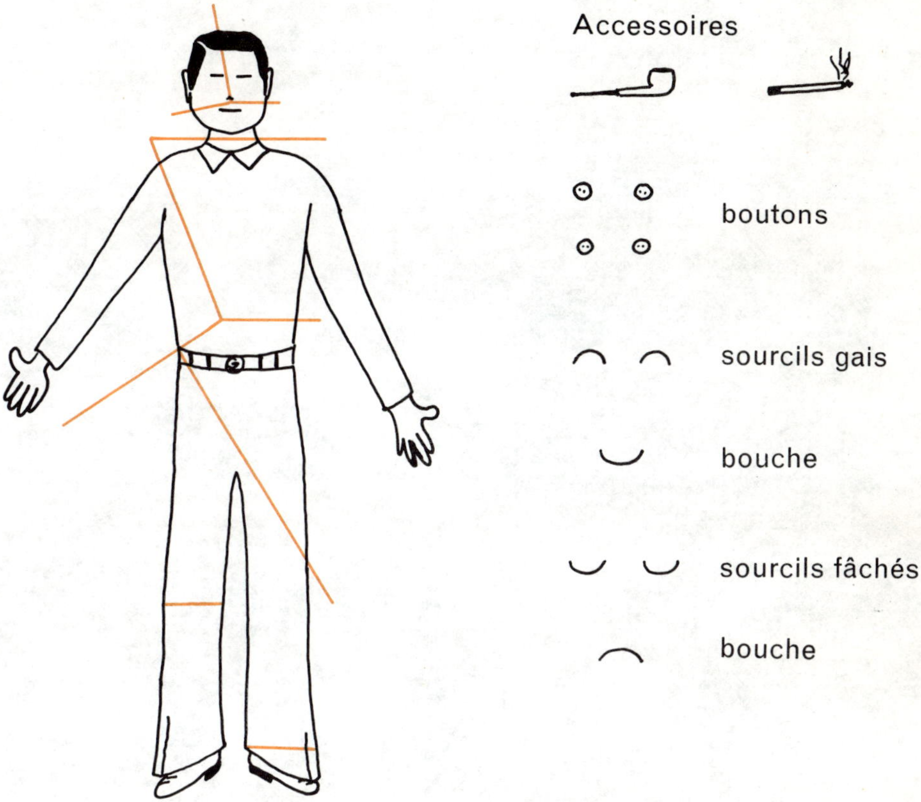

V Situer les objets

1. APPRENDRE À SITUER LES OBJETS PAR RAPPORT À SOI

A PARTIR DE 6 ANS

Exercice 1

Demander à l'enfant de montrer son bras gauche, sa jambe droite, son oreille droite, son pied gauche, etc.

Progression : on fait l'exercice : 1) les yeux ouverts
2) les yeux fermés
3) en position debout
4) en position assise
5) en position couchée

Exercice 2

Demander de poser : la main droite sur l'oreille gauche
la main gauche sur l'oreille droite
la main gauche sur l'œil droit
la main droite sur le genou droit

A PARTIR DE 7 ANS

Exercice 3

Placer deux objets devant l'enfant et lui demander celui qui est à gauche, à droite.
Recommencer plusieurs fois l'expérience avec des objets différents.

A PARTIR DE 8 ANS

Exercice 4

Idem mais avec trois objets. Introduction de la notion : « *au centre* ».

A PARTIR DE 9-10 ANS

Exercice 5

Faire accomplir par l'enfant des quarts de tours, des demi-tours, des tours complets à gauche ou à droite, en marchant.

Exercice 6

Faire nommer par l'enfant les objets qui se trouvent : devant lui, derrière lui, à sa gauche, à sa droite.

Exercice 7

Faire marcher l'enfant comme suit :

— deux pas en avant
— un pas à gauche
— trois pas en arrière
— deux pas à droite, etc.

A PARTIR DE 10 ANS

Exercice 8

Idem mais remplacer les mots : « avant », « arrière », « à gauche », « à droite » par : *nord*, *sud*, *ouest*, *est*.

Exercice 9

Faire pointer par l'enfant, sur le dessin suivant :

— haut
— bas
— gauche
— droite

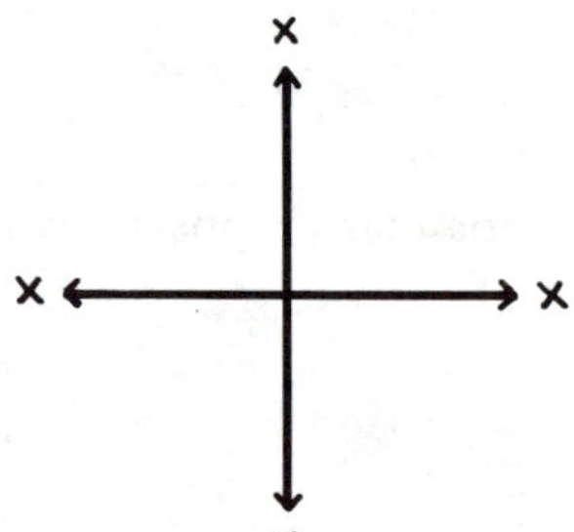

Exercice 10

Faire pointer sur le dessin suivant :

— en haut à gauche
— en haut à droite
— en bas à gauche
— en bas à droite

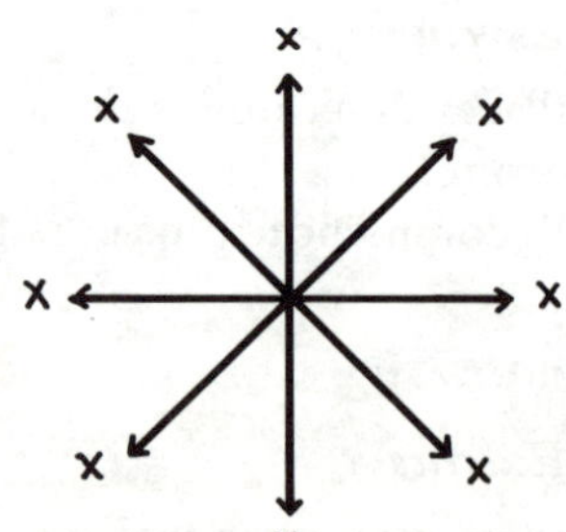

Exercice 11

La cerise est à .... du pamplemousse.

Le citron est à .... de l'orange.

L'avion est à .... des cerises.

L'auto est .... de la pomme.

Le citron est .... de la poussette.

Note : Il est utile de faire prendre conscience à certains enfants que toute chose, tout animal, a une symétrie orientée. A cet effet, on pourra montrer à l'enfant la répartition à gauche et à droite sur la feuille.

Exercice 12

Pour affiner l'analyse des notions : *haut* et *bas*.

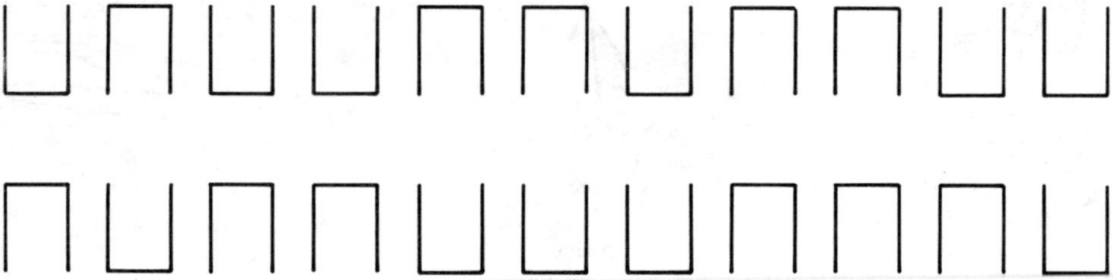

a) On lit la première ligne avec l'enfant : ouvert vers le haut, ouvert vers le bas, vers le haut, vers le haut... L'enfant lit seul la seconde ligne.

b) Même exercice, mais on remplace la parole par un geste : ouvert vers le haut... geste vers le haut, ouvert le bas... geste vers le bas.

c) On dit à l'enfant : « fais un dessin qui est ouvert vers le bas, vers le haut, deux vers le bas, un vers le haut, etc... »

d) Sur une bande de papier, dessiner les mêmes signes que ci-dessus mais de grandeurs différentes :

sur la première ligne 

sur la deuxième ligne 

sur la troisième ligne 

e) Laisser voir, durant 10 secondes, par exemple un ensemble de 3 signes. Demander à l'enfant, soit de les reproduire de mémoire, soit de dire si le premier est ouvert vers le haut, vers le bas.

Exercice 13

Le même que le précédent, mais avec des dessins ouverts à gauche ou à droite. Quand l'enfant ne se trompera plus, on pourra mélanger les différents signes.

Exemple :

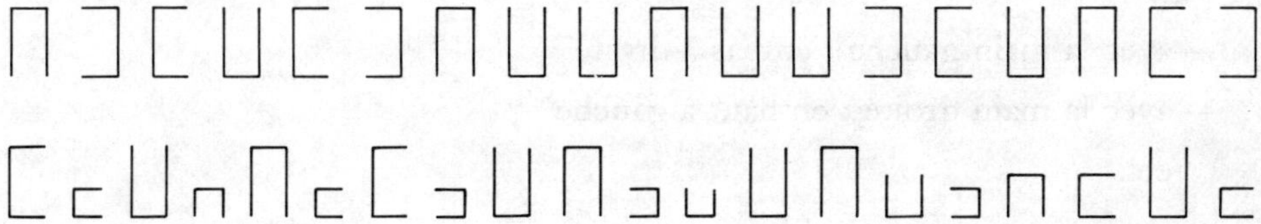

Exercice 14

Pour affiner la connaissance de la gauche et de la droite, combinée à la notion de bas et de haut.

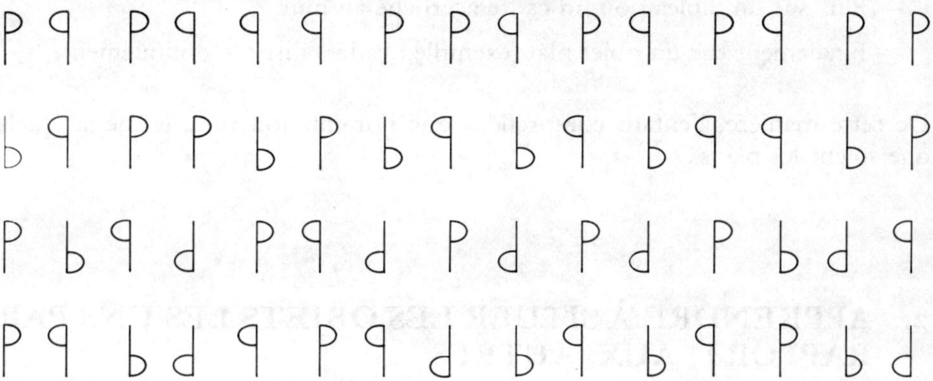

a) Lisons (première ligne) : le rond se trouve à droite, à gauche ...

b) Lisons (lignes suivantes) : le rond se trouve en bas à droite, ici en haut à gauche ...

c) Dessine : une barre avec le rond au-dessus à gauche, une barre avec le rond en bas à droite ...

d) Nous donnons les consignes suivantes :

— Quand tu vois un rond à gauche, tu donnes un coup ; quand il est à droite, tu donnes deux coups.

— Quand tu vois une barre avec le rond à gauche et au-dessus, tu donnes un coup.

Exercice 15

Compliquer l'exercice 10 en demandant de pointer

— avec la main gauche : en bas à droite

— avec la main droite : en haut à gauche

etc.

Remarque

Ces exercices se font :

— D'abord sur le papier (dessins)

— Ensuite en prenant la table comme prétexte à l'exercice

— Puis sur un tableau ou un cadre accroché au mur

— Finalement sur un objet plat (exemple : cadre) disposé obliquement.

De cette manière, l'enfant comprendra que l'orientation reste la même quels que soient les plans.

2. APPRENDRE À SITUER LES OBJETS LES UNS PAR RAPPORT AUX AUTRES

A PARTIR DE 6 ANS

Faire dire à l'enfant où se trouvent les objets dessinés les uns par rapport aux autres.

Méthode

a) Montrer un dessin.

b) Lire à l'enfant le début de la phrase (avant les points de suspension)

c) Demander à l'enfant d'achever la phrase.

Note : Les phrases notées sous les dessins sont destinées aux parents et non à l'enfant, lequel doit les découvrir tout seul. Il faut donc cacher les phrases.

Le livre est ... sur la table

Le chat se trouve ... sous la table.

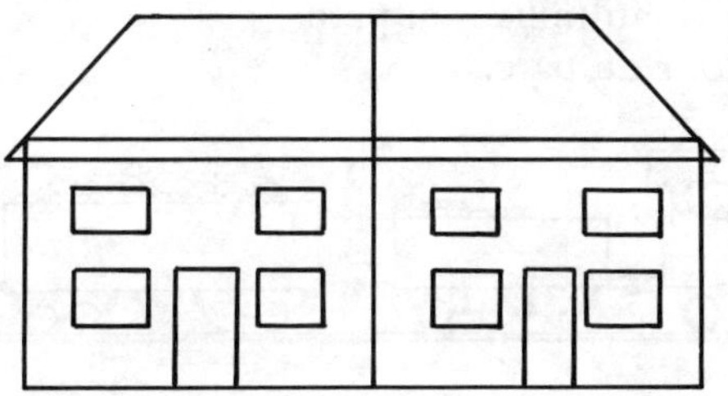

Les deux maisons sont ... l'une à côté de l'autre.

Jean regarde d'un côté, Pierre regarde ... de l'autre côté.
Ils ne sont pas assis l'un près de l'autre, ils sont ... loin l'un de l'autre.

L'échelle est posée ... contre le mur.

(Montrer le parc.)
La maison se trouve ... au milieu du parc.
Il y a un mur ... autour du parc.

Le tender se trouve ... derrière la locomotive.
... devant les wagons.
Les wagons sont... derrière le tender.
... l'un derrière l'autre.
La locomotive se trouve ... devant.

Dans le train, Jean et André sont assis ... face à face.
Pierre et André sont assis ... dos à dos.

A PARTIR DE 8 ANS

Demander à l'enfant de dessiner un caillou, (○)

— à l'intérieur du cercle

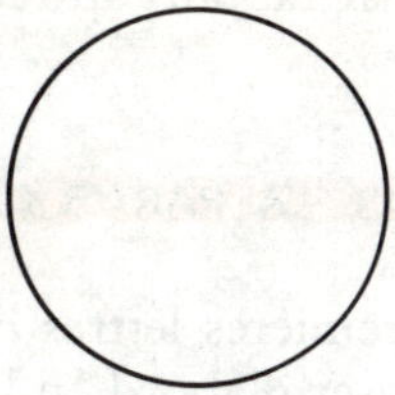

— à l'extérieur du cercle

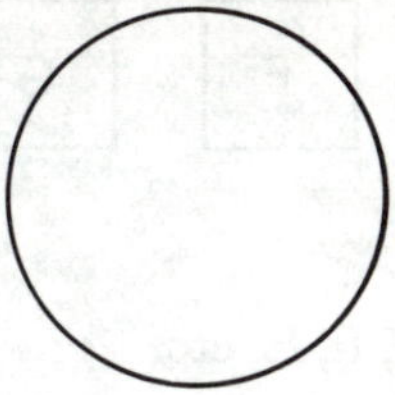

— dans le cercle, en dehors du rectangle

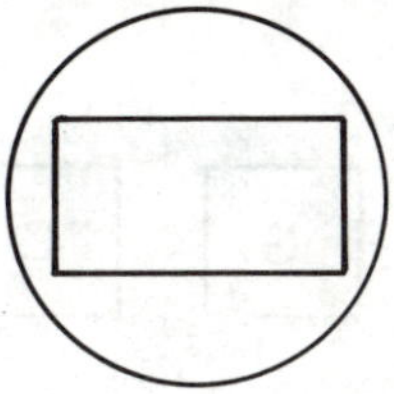

A PARTIR DE 9 ANS

a) Demander à l'enfant de dessiner une croix :

— à côté du rond (à droite, à gauche)

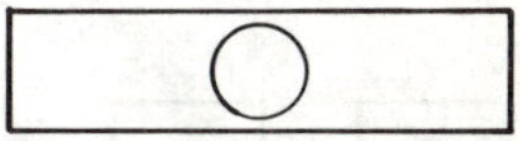

— de l'autre côté

— entre les deux ronds

b) Demander à l'enfant de dessiner un grand cercle et d'en dessiner ensuite un plus petit au centre du grand.

c) Demander à l'enfant de dire où est :

— la croix par rapport au cercle
— le carré par rapport au rectangle
— le cercle par rapport au rectangle

A PARTIR DE 9-10 ANS

a) Sur de petits bouts de papier, écrire les huit premières lettres de l'alphabet (une lettre sur chaque bout de papier), et les disposer d'abord en ligne d'après leur ordre naturel.

A	B	C	D	E	F	G	H

Demander à l'enfant :

— *par rapport à la lettre C,* où se trouve la lettre A, F, E, etc.
— *par rapport à la lettre D,* même question, mais demander d'abord où se trouve la lettre C.

b) Modifier ensuite l'ordre des lettres, par exemple :

E	A	D	F	H	G	C	B

Et poser les mêmes questions que tout à l'heure.

c) Disposer ensuite les lettres en carré (ce carré sera plusieurs fois modifié)

A	B	C
H		D
G	F	E

Poser les mêmes questions.

Les réponses devront être :

— *par rapport à la lettre C,* la lettre A se trouve à gauche; la lettre G se trouve en bas, à gauche; la lettre F, en bas à gauche
— *par rapport à la lettre B,* etc.

3. SITUATION RELATIVE DES OBJETS PAR RAPPORT À AUTRUI

A PARTIR DE 9-10 ANS

Exercice 1

Placez-vous en face de l'enfant et montrez-lui

— votre main *gauche*
— votre genou *droit*
— votre main *droite*
etc.

et demandez-lui de les nommer au fur et à mesure.

Si l'enfant se trompe, placez-vous

{ à son côté et montrez-lui votre main gauche
{ ou devant lui en tournant le dos.

Recommencez ensuite l'exercice.

Exercice 2

Face à l'enfant, demandez-lui d'imiter correctement vos gestes (par exemple, si vous levez le bras gauche, l'enfant doit lever SON bras gauche, malgré sa tendance instinctive à lever le bras droit).

Posez :

— votre main (gauche ou droite) sur votre oreille (gauche ou droite)
— votre main (gauche ou droite) sur votre genou, pied, hanche, épaule (gauche ou droit.)

Exercice 3

A PARTIR DE 10 ANS

Demandez à l'enfant d'expliquer le chemin à suivre (flèche en pointillé) pour se rendre du point A au point B de la carte.

— Une première fois, l'enfant pourra tourner la carte de façon à se trouver dans le sens de la marche.
— Ensuite, la carte et l'enfant devront rester dans la même position.

Réponse-type à attendre : tourner à la première rue à gauche,
tourner à la ...
etc.

Voir carte page suivante.

On demandera ensuite à l'enfant d'expliquer le chemin inverse : du point B au point A.

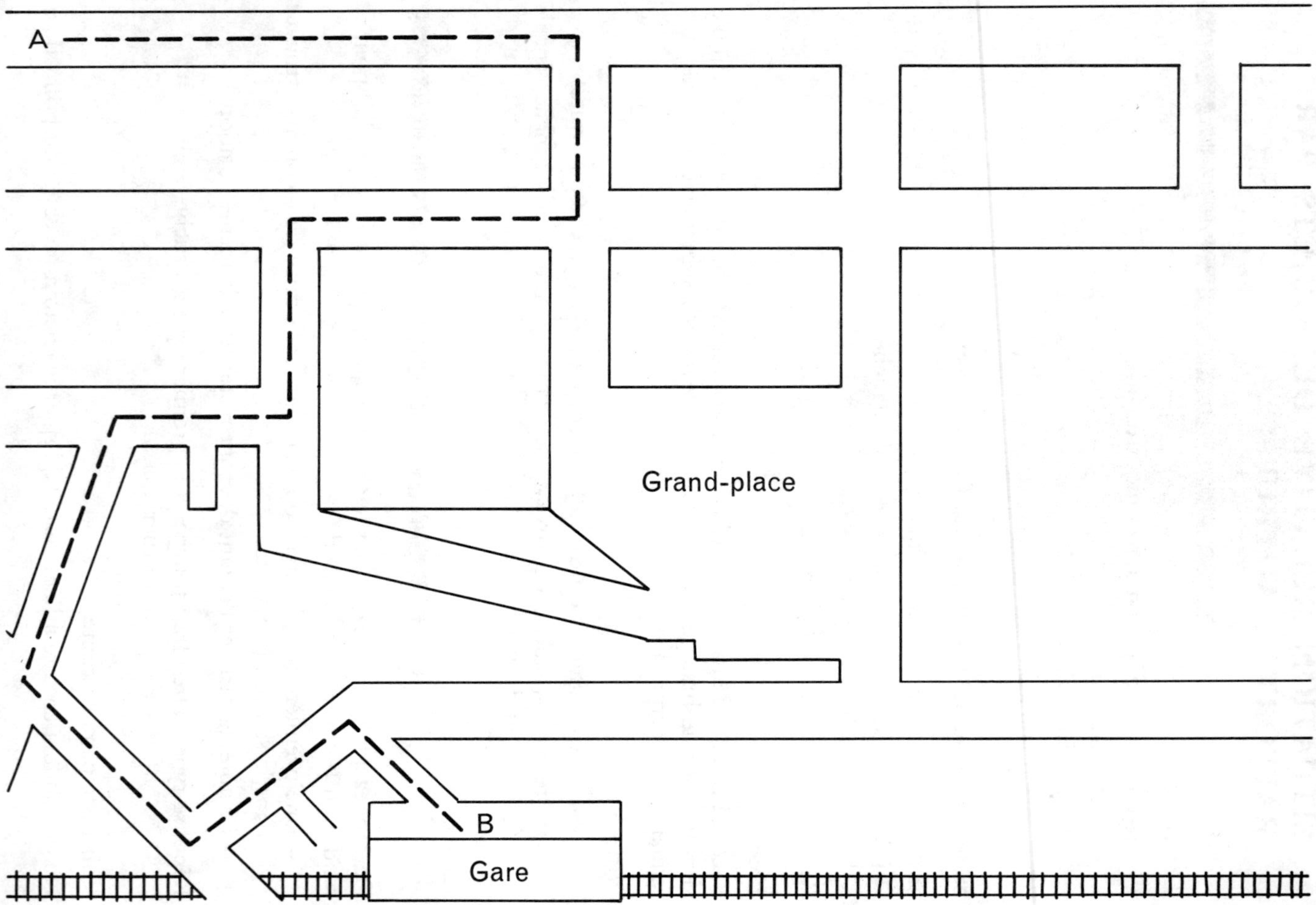
A
Grand-place
B
Gare

VI Exercices de structuration dans l'espace

A PARTIR DE 8 ANS

Exercice 1

Prendre une feuille de papier quadrillé et la plier en deux parties égales. Sur la moitié gauche de la feuille, tracer une croix et demander à l'enfant de tracer sur la moitié droite la croix *symétrique* à la première.

Bien lui expliquer ce qu'on attend de lui en tenant le langage suivant :

La feuille de papier a été pliée exactement en deux.

Sur la moitié gauche, j'ai tracé une croix qui se trouve (par exemple) :

— à 4 carrés du bord gauche et à 5 carrés du pli

— à 6 carrés du bord supérieur (au-dessus) et à 8 carrés du bord inférieur (au-dessous).

Il faut maintenant tracer une croix sur la moitié droite, qui se trouve également :

— à 4 carrés du bord *droit* et à 5 carrés du pli

— à 6 carrés du bord supérieur et à 8 carrés du bord inférieur.

La croix que tu vas dessiner est donc symétrique à la première : c'est ainsi que nous allons l'appeler.

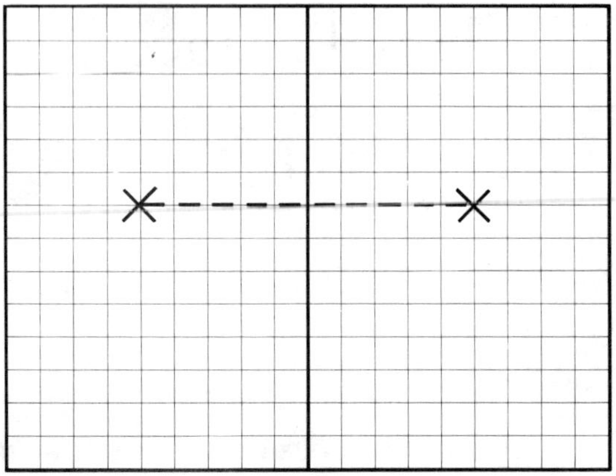

Exercice 2

Même exercice que le précédent, mais avec un segment à partir de deux points symétriques.

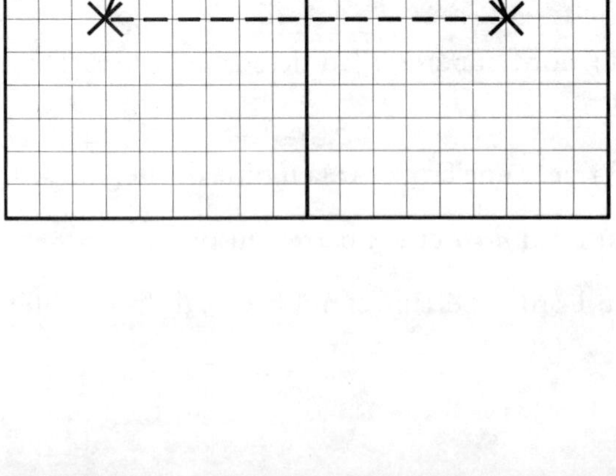

Exercice 3

Même exercice avec des angles et des triangles.

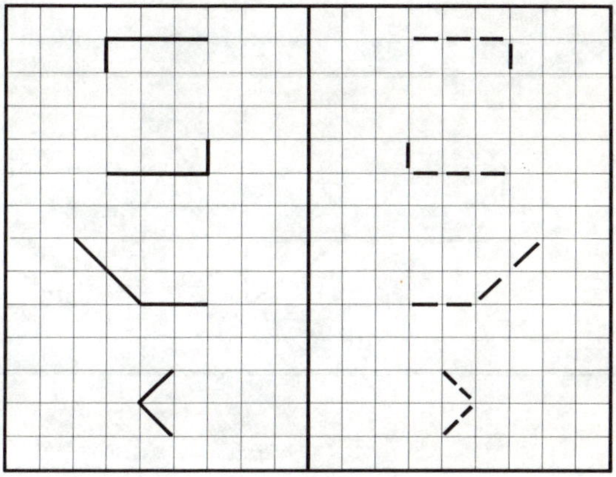

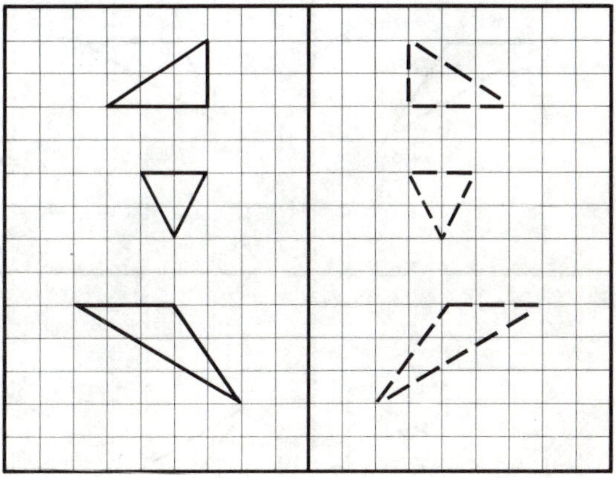

Exercice 4

Même exercice que le précédent, mais en tenant compte d'un axe horizontal.

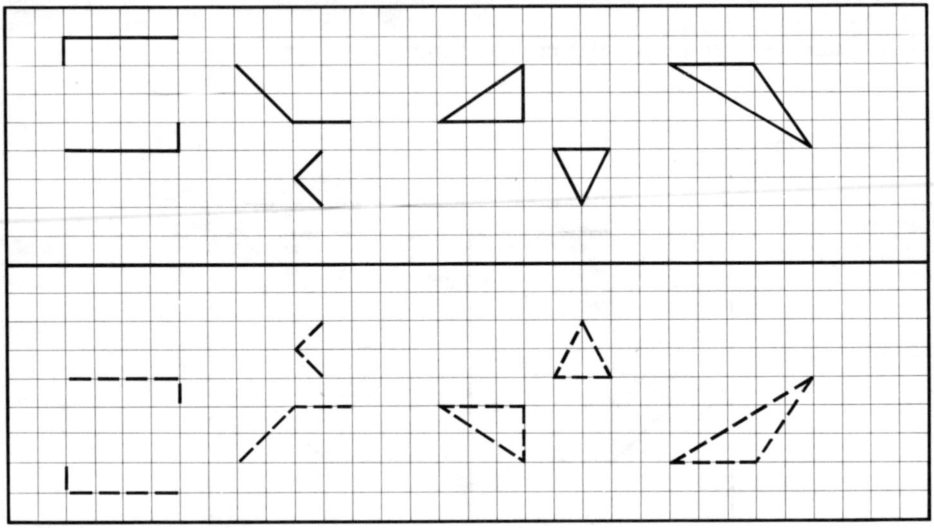

Exercice 5

Même exercice en tenant compte de deux axes.

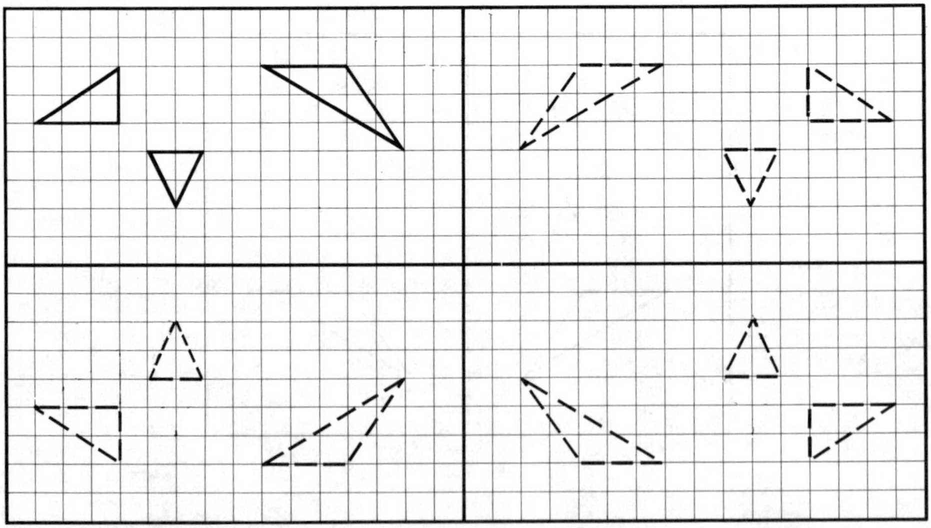

Exercice 6

Faire copier plusieurs fois, jusqu'à la reproduction exacte, les dessins suivants :

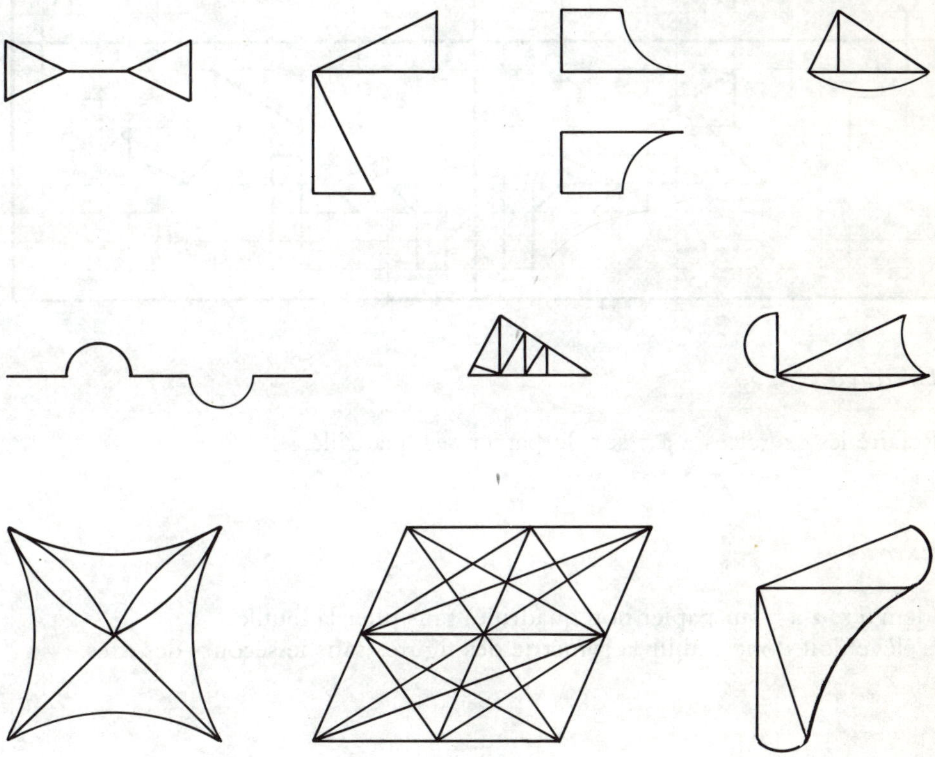

Exercice 7

Compléter une figure dont le premier quart seulement est dessiné.

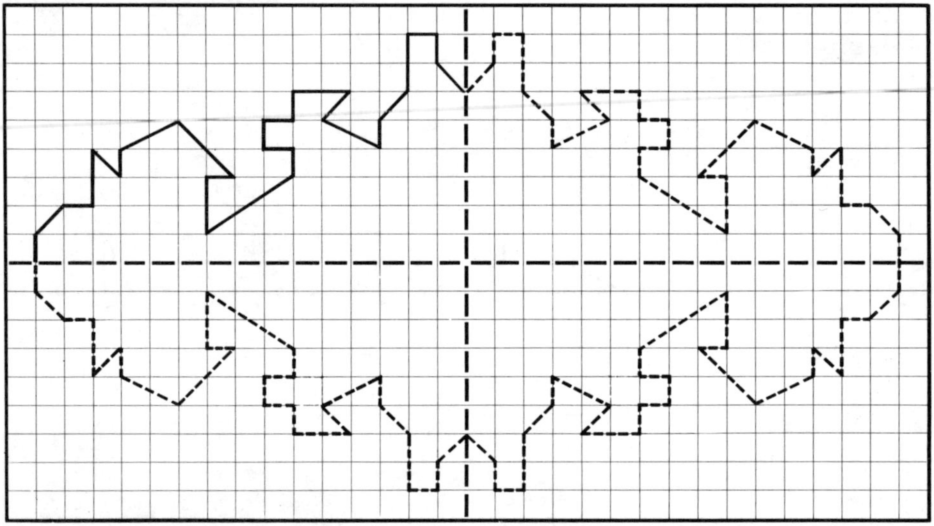

Exercice 8

Refaire les exercices 2 à 7 sur du papier *non* quadrillé.

Exercice 9

Idem (ex. 2 à 7 sur papier non quadrillé) sans plier la feuille.
L'élève doit donc établir la symétrie des figures sans le secours des axes.

Deuxième partie

Rééducation de la lecture

I Confusion de lettres auditivement proches

1. EXEMPLE GÉNÉRAL DE RÉÉDUCATION DES CONFUSIONS

V F

Il est conseillé ici de relire la « méthodologie générale », page 8 à 10.

a) Nous commençons par donner oralement une série de mots contenant la lettre V :

vélo	ville
voiture	avion
vite	trouve
voisin	avide
vide	civilisé
vacances	arrivée
visage	clovis
vieux	veau
visite	victoire

Nous posons la question à l'enfant : « Qu'entend-on dans ces mots qui est le même? »

— Si, par exemple, l'enfant répond : « vi », nous répétons la série plus lentement et en détachant bien les syllabes. Nous reposons alors la question initiale.

— S'il se trompe encore, on lui dit : « Non, on n'entend pas cela dans tous les mots; si je dis *vélo*, entend-on **vi**? Et dans *vacances*? »

Le rééducateur écrit V sur une fiche qui se trouve devant l'enfant, en prononçant V.

b) Nous faisons alors prononcer V en mettant la main sur la gorge (bien prononcer V et non ve).

Nous faisons prononcer V en fermant les oreilles.

(Ces exercices visent à rendre l'enfant conscient que cette lettre produit un bruit que l'on sent dans la gorge).

On pourra également associer l'aspect des lèvres aux exercices de prononciation.

c) Pour montrer que « cela tremble ou bouge », nous notons un signe ~ au-dessus de la lettre inscrite sur la fiche, et, pour renforcer cette image, nous lui associons une autre image qui servira de référence.

Pour le V, nous pouvons associer le mot *vélo* et dessiner ce « symbole de la lettre » sur la fiche.

Il faut toujours s'efforcer de trouver des mots susceptibles de donner lieu à une représentation aisée. Éventuellement, nous pouvons demander à l'enfant quelle image conviendrait pour mieux retenir un mot. Lorsque nous disposerons d'une série de mots (et donc d'images de référence), nous donnerons les images et demanderons à l'enfant de dire à quels mots ils correspondent.

De même, nous lui demanderons d'inscrire sur une feuille la lettre qui correspond au dessin montré.

Il est possible également d'associer la lettre à un geste : pour V, nous disons « l'oiseau vole » et, en même temps, nous faisons onduler la main. Bien entendu, tous les signes fournis par les méthodes gestuelles conviennent également.

Ici encore, on peut demander à l'enfant de trouver un geste qui lui soit propre, mais il faut se méfier que l'enfant n'invente un signe sans rapport avec la lettre étudiée et qui, dès lors, ne peut pas soutenir la mémoire.

d) Nous reprenons la série initiale en demandant à l'enfant de répéter après nous.

e) Au tableau ou sur une feuille, nous écrivons **va** en le prononçant, dans le même temps nous disons que « ça bouge » et nous indiquons le signe ~ ; nous écrivons ensuite : **vi, vo, vu.**

Nous relisons, l'enfant lit avec nous, puis il lit seul.

Nous pouvons aussi écrire les inverses : **av, iv, ov, uv.**

Remarque

L'enfant peut éprouver des difficultés à lire les syllabes inverses. Dans ce cas, il faut pointer la première lettre en lui faisant remarquer qu'on doit l'entendre, la dire la première. Exemple : v...a.

Si ce procédé ne réussit pas, il faut faire appel, en plus, à la méthode gestuelle.

La difficulté en question peut provenir d'un trouble de latéralisation, ainsi que d'une organisation spatiale déficiente. On fera alors les exercices appropriés.

f) A ce stade, la fiche se présentera comme suit :

Ṽ

va,	ve,	vi,	vo,	vu			
av,		iv,	ov,	uv			
va,	iv,	ov,	vu,	ve,	av,	vo,	iv

A ce moment, il est parfois utile de faire exécuter par l'enfant des mouvements respiratoires : ouvrir la fenêtre et inspirer profondément, avec lenteur. Si l'enfant se plaint, après avoir écrit, d'une certaine douleur au poignet, lui faire ballotter les mains ou lui demander de les secouer comme pour les faire sécher sans essuie.

Nous abordons maintenant la lettre F, avec la série : ficelle, flûte, foulard, ferme, fort, fusil, affiche, rafle, gifle, gonfle, touffe, siffle, griffe, souffle.
Nous reprenons alors la même progression que précédemment.
Comme geste, nous imiterons le coup de griffe du chat. Comme image : une fusée.
Finalement, la fiche se présentera comme suit :

I Ṽ

va, ve, vi, vo, vu
av, iv, ov, uv
va, iv, ov, vu, ve, av, vo, iv

II F̄

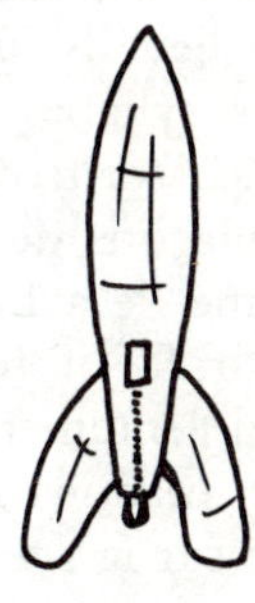

fa, fe, fi, fo, fu
af, if, of, uf
fa, if, af, fi, fo, af, of, fu, fa

III v, f, f, v, v, v, f, f, v, f
va, fe, vi, fo, vu, fa, ve, fu
av, uf, vo, if, fe, of, uv, af

Note : En ce qui concerne le choix des mots, il se peut que l'enfant en propose qui contiennent des sons difficiles, comme dans f**aim**, par exemple. Dans ce cas, il est inutile de faire lire ces mots, que nous pouvons cependant inscrire au verso de la fiche. En effet, ce qui importe pour l'instant, c'est de distinguer v de f. Ces mots pourront être utilisés d'une autre manière, quand on étudiera les sons qu'ils renferment.

Mise en rapport des lettres étudiées

— Dis-moi ce que je te montre? (Nous montrons f ou v.)

— Dis-moi ce que je te montre? (Nous pointons au hasard dans I ou II sur la fiche).

Nous rédigeons ensuite la partie III de la fiche (lettres mélangées, syllabes contenant ces lettres); nous faisons lire l'enfant en suivant l'ordre, puis au hasard.

Dictées

1) les lettres isolées du III; 2) les syllabes; 3) les mots des séries initiales.

Exercices complémentaires

a) *Pour exercer l'attention de l'enfant*

- Écrire au tableau une série telle que **fa, av, fi, fu, of, fi,** etc. Dans la série, nous cachons **fi**, par exemple, et nous demandons à l'enfant d'écrire au tableau, sur sa feuille ou sur son cahier, la syllabe cachée; l'enfant corrige s'il y a lieu. Nous recommençons plusieurs fois le même exercice avec d'autres syllabes. Nous pouvons aussi en augmenter le nombre, mais sans dépasser trois au début, et deux avec de tout jeunes enfants.
- Nous plaçons devant l'enfant une feuille sur laquelle sont inscrites une quinzaine de syllabes (le nombre peut augmenter avec l'entraînement) : fo, vu, if, fa, of, fe... Nous les lisons une à une dans un ordre quelconque, d'abord lentement, puis plus vite mais toujours en articulant distinctement, et nous demandons à l'enfant de pointer du doigt au fur et à mesure sur la syllabe prononcée.
- Nous écrivons trois mots sur une feuille (par exemple : vélo, ferme, fumée). Nous faisons observer pendant dix secondes, puis nous cachons la feuille. Nous demandons à l'enfant d'écrire de mémoire les mots observés. Nous lui enlevons sa copie et remettons sous ses yeux le texte original pendant quelques secondes. Nous cachons de nouveau ce texte et lui rendons sa copie afin qu'il corrige ses fautes éventuelles, de mémoire (il est très important que la correction ne se fasse pas en laissant le texte original sous les yeux de l'enfant). Avec l'entraînement, ajouter un mot, puis deux, jusqu'à dix maximum. Ne jamais forcer l'attention de l'enfant

et n'augmenter le nombre de mots que lorsque celui-ci n'éprouve plus de difficultés dans les épreuves antérieures.

b) Nous donnons à l'enfant une série de syllabes, telles que : favu, vifo, fuve, vefa, etc. Nous plaçons aussi devant l'enfant une carte sur laquelle se trouvent V F. L'enfant doit dire si cela tremble ou pas. Exemple : l'enfant dit *favu* et ajoute : **f** ne tremble pas, **v** tremble.

c) L'enfant sera invité à reconnaître les lettres étudiées dans des mots ayant une signification. Il trouvera ces mots dans son livre de lecture, dans des journaux.

d) Lors des dictées, nous pouvons remplacer nos signes conventionnels par d'autres. Par exemple, au lieu de ~ on fermera la main ou on frappera une fois sur la table; pour — on ouvrira la main ou on frappera deux fois.

e) Nous préparons une fiche avec ~ et —. Nous donnons des mots (ceux de la série initiale, par exemple) et nous demandons à l'enfant de retrouver le signe correspondant à la lettre.

f) Pour aiguiser son sens de l'ouïe, nous nous plaçons à quelques mètres de l'enfant et nous prononçons un mot à voix basse. Nous lui demandons s'il a reconnu dans le mot, une des lettres (ou les deux) dont on vient de parler.

g) *Petite histoire*

Le chat sort ses griffes,

la souris file se cacher.

Le vilain se faufile derrière elle.

Gare, souris! Sauve-toi vite!

La rééducation des confusions d'autres lettres pourra s'opérer de la même manière que celle qui vient d'être indiquée pour V – F.

Nous pourrons donc nous contenter, dans ce qui va suivre, d'esquisser les grands axes de cette rééducation, en priant le lecteur de s'en référer à l'exemple général.

Pour terminer, nous ajoutons encore quelques *conseils pour le travail à domicile.*

Faire lire la fiche chaque jour à l'enfant.

Quand la fiche sera lue sans difficulté :

— aider l'enfant à trouver des mots avec la lettre étudiée (mots très simples ne contenant que les sons parfaitement connus de l'enfant);
— dicter les syllabes figurant au recto de la fiche;
— lorsque cette épreuve sera parfaitement réussie, dicter les mots notés au verso de la fiche;
— ces dictées seront répétées le plus souvent possible et au moins trois fois par semaine.

2. CONFUSION DE « c » ET DE « g »

Type de fiche de synthèse en fin de séance

C

ca, co, cu

ac, oc, uc

G

ga, go, gu

ag, og, ug

c, g, g, c, g, c, c, g

c, g, g, c, g, g, c, g

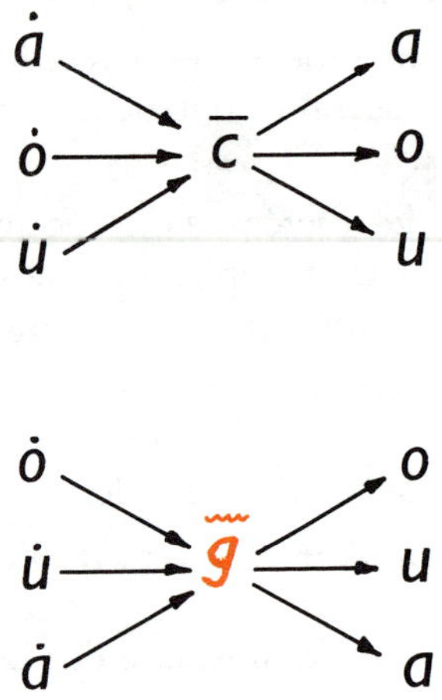

ca, cu, go, gu, ga, co, uc, ag, ug, ac, oc, ag, og, go, ac

coca, gare, car, gala, cale, cor, col

rigole, cure, galop, lac, colis, cal, cacao

gaga, gale, gogo

Note : Certains enfants peuvent éprouver des difficultés pour prononcer R ou L. Dans ce cas, les exercices purement orthophoniques doivent se faire en premier lieu.

La liste de mots que nous donnons ci-après peut servir à compléter la fiche (au verso). Nous ne les avons pas notés sur la fiche même parce qu'ils contiennent des lettres ou des sons pouvant être confondus.

Par exemple : *goulu* ne convient pas si l'enfant confond **on** et **ou.**

Exercices complémentaires du type montré aux pages 64 et 65

Contrôle de la connaissance de « c » et de « g »

a) *Dictée auditive*

Donner oralement la série ci-dessous; l'enfant doit classer ce qu'il entend en deux colonnes : C – G.

courbé	—	accuse
gare	—	goûter
agrume	—	classe
casse	—	accomplir
glace	—	cube

b) *Dictée par écrit*

curé – col – gala – coca – gala – rigole – cacao.

c) *Compléter les mots* (mettre « C » ou « G »)

. are, . ar, . afé, lé . ume, . omme, a . . ompagne, . oupe, . oûte, a . . roche, ro .

3. CONFUSION DE « ch » ET DE « j »

Mots se trouvant au recto de la fiche

chic, jus, chat, arche, fâche, cache, arrache, je, jars, joli, jure, cheval, fichu.

Liste complémentaire

— château, chaque, chèvre, choix, chapeau, charme, chaleur, chaud, marche, fraîche, sèche, mèche, potache, gâche, gauche, avachi
— joue, joie, jaloux, jouet, jupon, juin, jute, juste, juriste, jeu, jour

Exercices complémentaires : voir pages 64 et 65

Petite histoire

Voici Minouche, mon chat.
Il se faufile entre les cheminées.
Gare aux rats!
Il marche sans bruit sur ses pattes satinées,
Il se frotte à moi et ronronne comme une toupie,
Il me fait du charme, mon chaton à moi.

Contrôle de la connaissance de « ch » et de « j »

a) *Lecture*

chavu – fica – jago – chaju – juca – jocha – chofiga – jachivo – vijochu – cachiju – gachofi – jachivu – juchaca – gajico – guchica – jucochi – jichuco – jochica – juchucho

b) *Dictée*

— *de mots :* arche – fâche – cache – jars – jure – cheval – joli – jouet – juriste – jeu – marche – chèvre – fichu – lâche – vache

(inscrire en deux colonnes : **« ch »** *ou* **« j »***)*

— *de syllabes :* chovi – jucha – jacho – jofichu – fichu – gafija – joficha – chujuga – jochuji – jochogo – gacaja – chuchuju – chivafi

(inscrire en deux colonnes : **« ch »** *ou* **« j »***)*

— *avec symboles*

Préparer une feuille sur laquelle se trouvent — et 〰. Dicter ce qui suit et demander à l'enfant de montrer chaque fois le symbole qui convient (à faire lentement car l'enfant doit, au début, se référer au geste : « se toucher la gorge ») :

— j – ch – ch – j – j – j – ch – ch – j – ch – ch – j

— che – ja – chu – cho – ju – cha – je – che – jo

— cheja – chucho – choju – jecha – chaju – jacha

— arche – cache – cheval – jure – jars – juriste.

Note : A partir d'ici, nous conseillons d'intercaler une séance portant sur **on** et **ou**, afin de pouvoir créer de petits textes.

Pour introduire cette séance, il suffit de se reporter à la page 83. Cependant, on peut également continuer la rééducation lettre par lettre. Nous continuerons à donner une petite histoire et nous y joindrons un texte avec **on** et **ou.**

Texte de lecture si on a rééduqué « on » et « ou »

Jean joue dans la cour.

Il a un chat, un joli mouton, une jolie chèvre, un cheval.

La chèvre avale un chou, le mouton rit, le cheval se fâche.

Note : Les mots soulignés peuvent être donnés par le rééducateur si l'enfant ne peut pas les lire.

4. CONFUSION DE « p » ET DE « b »

Outre les confusions sourdes-sonores, il faut prévoir la possibilité de troubles de l'organisation spatiale et de difficultés de latéralisation.
Si de telles déficiences ont été mises en évidence (par le dossier individuel), nous conseillons de faire les exercices prévus aux sections IV et V.

Recto de la fiche

bon – pou – bout – pie – pâle – papa – pape – balle – râpe – pull – parole – abat – barre – bulle – baba – bib-bib – bol – rabat – robot – buvard – bavarde – parc

Liste complémentaire

pain, patte, puce, père, peine, prière, papier, papillon, nappe, frappe, attrape, sape, pelle, pile, poule, porc, pouce, place
botte, bouteille, rabote, club, tube, sabote, boude, banc, bus, bois, boire, bête, blanche, branche, bambou, balançoire, bouder, abattre

Exercice complémentaire

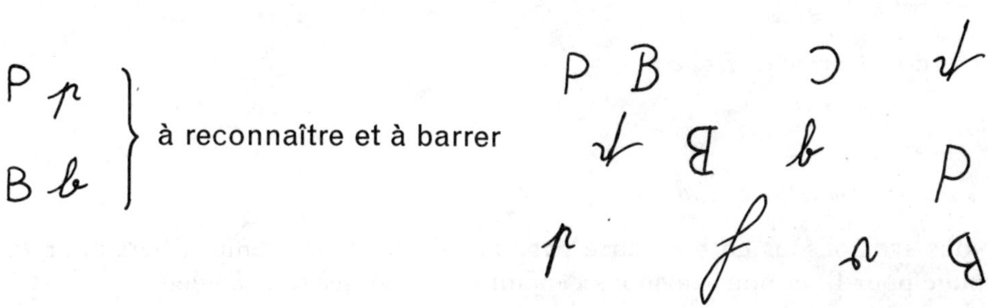

Petite histoire

Papa fume sa pipe,
La fumée monte, monte.
J'essaie de l'attraper
Elle file entre mes doigts, la vilaine
Dis papa, aide-moi
Papa rit : la fumée n'aime pas d'être prisonnière
Laisse-la.

Contrôle de la connaissance de « p » et de « b »

a) *Lecture*

— *Si* **ou** *et* **on** *sont rééduqués*

Je joue à la balle, elle roule sous le pont

Je joue à la balle dans le parc

Je joue à cache-cache avec papa.

— *Si* **ou** *et* **on** *ne sont pas rééduqués*

La pipe de papa fume

Papa fume la pipe

Jean cache la balle.

pipe, papa, pot

balle, bulle

cache, arrache, fâche.

b) *Association lettre-couleur*

Nous symbolisons chaque lettre par une couleur (par exemple, vert pour P, rouge pour B) et nous amenons l'enfant à associer lettre et couleur.

Nous commençons par donner des lettres séparées : p – p – b – p – b – p – b – p – p – p – b – b – p, et nous demandons à l'enfant de montrer la couleur qui correspond à la lettre.

Même exercice avec des syllabes simples : pa, bi, bo, pi, pu, bu, po, pe, be.

Ensuite avec des syllabes complexes : bipo, pubi, poba, pabo, bupe, pebu.

c) *Dictée*

pipe, papa, balle, parc, pot, bulle.

d) *Exercice de compréhension*

Nous donnons quelques dessins; l'enfant inscrit le nom en dessous.

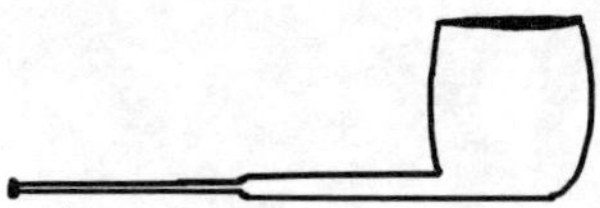

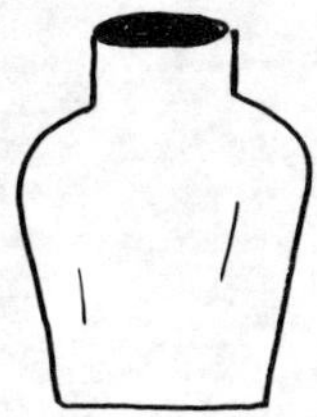

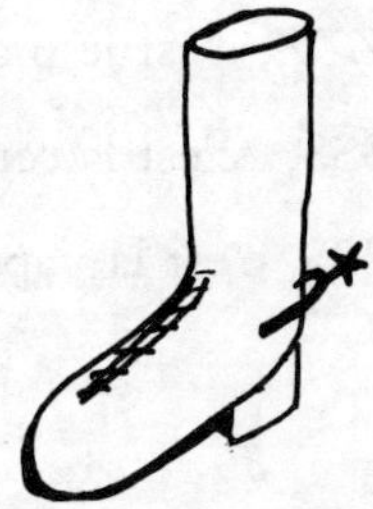

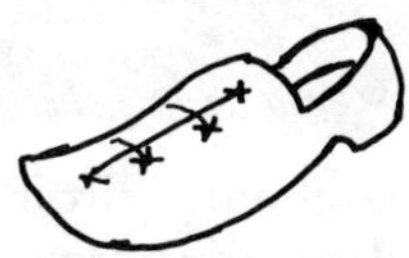

5. CONFUSION DE « s » ET DE « z »

Recto de la fiche

sac – si – gaz – sot – zut – sabot – salir – bus – os – bosse – fosse – gosse – Zola – azur

Verso de la fiche

son – salade – sonnette – sultan – repasse – casse – basse – si – savon – semaine – sable – serpent – suisse – sorte – azote – azalée – azyme – azimut – zèle – zinc – zèbre – zone – zona – zigzag – zouave – zoulou – zeste – Zanzibar – dizaine

Petite histoire

ZZZ, c'est l'abeille

ZZZ, c'est la mouche

ZZZ, c'est le moustique

SSS, c'est la scie

SSS, c'est la vapeur

6. CONFUSION DE « t̄ » ET DE « d̃ »

Recto de la fiche

date – table – ton – don – tape – toupie – tapis – tache – tabac – talc – tacot – talus – tapioca – tardif – dada – dame – dard – de – dos – duc – dur – dire - douche

Verso de la fiche

tambour – tiroir – trou – tenir – duo – duvet – dureté – docteur – drapeau – dent – dispute – dînette – daim – dalle – drôle

Contrôle de la connaissance de « t » et de « d »

Il peut se faire sous forme de jeu (celui-ci étant d'ailleurs valable pour d'autres lettres), après avoir fait relire la fiche.

a) *Explication du matériel*

Nous choisissons des mots aisés à figurer par le dessin (par exemple : table, tasse, tambour, toupie, tapis, tiroir; dame, danse, docteur, deux, doigt, dentiste).

Les dessins peuvent être puisés dans des illustrés.

Pour chaque mot, nous préparons trois morceaux de papier ou de carton.

Exemple pour *table* et *dame*.

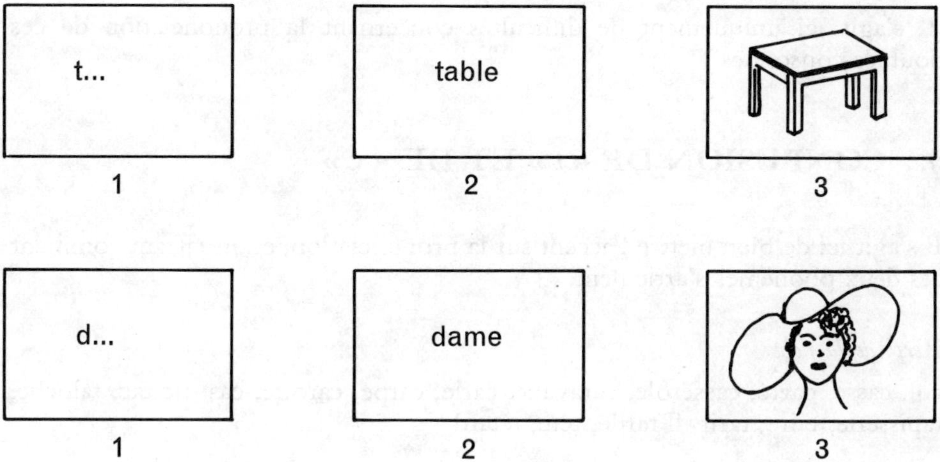

Marche à suivre

— On mélange les cartons et on les distribue (on joue à deux).
— Nous disons le mot *table*, en déposant la troisième image.
— L'enfant cherche si, dans son jeu, un carton correspond à ce mot; il doit donc déposer soit **t**, soit **table**, ou rien.
— On joue jusqu'à épuisement des cartons : chaque fois que l'enfant (ou le rééducateur) dépose un carton, il dit ce qui est écrit dessus.

b) *Phase ultérieure*

Les mots sont remplacés par des phrases, également représentées par des dessins. L'enfant est invité à chercher, parmi les dessins, celui qui correspond à la phrase qui apparaît sur le carton.

Types de phrases

— Sur la table, il y a une tasse.
— Il y a deux tasses sur la table.
— La dame danse.
— La toupie tourne.
— Jean a une toupie.
— Papa achète une toupie.
— Le tapis est en dessous de la table.

Note : Si l'enfant hésite sur une lettre qui n'a pas été vue, la lui donner sans attendre qu'il la trouve.

c) *Exercice sur les doubles consonnes*

tr – truc – tram – troc – tra – trop – tri – trou

(Il s'agit ici uniquement de difficultés concernant la prononciation de ces doubles consonnes.)

7. CONFUSION DE « t » ET DE « c »

Il s'agit ici de bien mettre l'accent sur la prononciation, en montrant comment ces deux phonèmes s'articulent.

Recto de la fiche

col, casse, carré, casserole, caravane, carie, carpe, carotte, cas, tic-tac, taloche, tapisserie, taire, tarir, il tarde, tête, têtard

Verso de la fiche

têtu, tibia, timbre, tableau, tablier, tonnerre, trompette, tissu, toréador, tortue, tube, tulipe, titre, tôle, la rate, rature
calcul, cadre, colis, cloche, couleur, cochon, coin, corniche, cacao, câble, cadavre, cachette, cale, caneton, caracole

Petite histoire

Tic-tac fait l'horloge
C'est la course des jours,
Toc-toc fait la pluie
C'est la chanson des jours,
Tic-tac, toc-toc, c'est le bruit de la vie.

Contrôle

Mêmes exercices que pour les autres séances.

8. CONFUSION DE « p » ET DE « t »

Recto de la fiche

pou, porte, pomme de terre, petite, tambour, pour, par, parle, parole, tasse, attrape, passe, potasse, tapis, ratisse, partir, pupitre

Verso de la fiche

peu, plouf, panade, parure, poire, pluie, prière, pierre, peur, pacte, pâle, palissade, palme, pâlotte, paperasse, parabole, parachute

tombe, tâche, tâcheron, attache, touche, truc, tricheur, truite, tue, tiède, tranche, talon, tir, tirade, tire-bouchon, tuba, ton, torchon

Petite histoire

Bébé mange sa panade,
Paf, sa petite main friponne,
Fait sauter le plat,
Ses petits pieds s'agitent,
Il va se mettre à pleurer.

II

Confusion de lettres à graphies proches

I. CONFUSION ENTRE « m – n », « M – N »

A. Exercices sur les facteurs associés

Exercices d'attention : section 1, pages 13 à 23.
Exercices d'organisation gauche-droite : section 5, pages 41 à 52.

B. Exercices portant sur le matériel verbal

a) *Différenciation sur le plan perceptif-visuel*
Barrer en bleu tous les M – m, en rouge tous les N – n.

M a w A w
o q
m r v t N
w w M
s
n

Même exercice sur des textes imprimés; choisir différents corps de lettres.

un confort moderne dans une an

de plus, ses frais réduits de consommatio

réparation d'une crevaison étendue dans un tuyau de plomb par soud

Écrire sur de petits papiers les mots suivants :

muméro – munéro – ménuro – nunéro – numéro – numro – muméro

Les petits papiers sont disposés devant l'enfant qui doit découvrir parmi eux celui qui porte le mot « numéro ».

Cet exercice peut être varié en utilisant les mots suivants :

munir : mumir – nunir – minur – ninur – nimur – mimur

Namur : Numar – Manur – Mamur – Munar – Mumar

marine : narime – mirane – marime – marne – narine – nirame

Monique : Momique – Nonique – Minoque – Nimoque

Monaco : Momaco – Nomaco – Namoco – Mamoco – Nonaco – Nanoco

minet : mimet – ninet – nimet – menit – nemit – nenit

minute : mimute – nimute – ninute – nunite – mumite

b) *Différenciation articulatoire*

Devant un miroir, montrer à l'enfant le mouvement des lèvres pour les deux consonnes, les émettre et les tenir.

Associer un mot à chaque consonne, celle-ci devant se trouver en position initiale; le mot sera trouvé de préférence par l'enfant.

En prévenant l'enfant que la lettre à trouver sera toujours la première dans les mots que nous allons donner, nous articulons *sans émission de voix* une série de mots : l'enfant doit désigner, sur un carton ou au tableau, la consonne reconnue.

Exemple : nous articulons le mot « malin »; l'enfant désigne **m**.

Recommandation

L'exercice étant difficile, on donne d'abord la même consonne initiale pour dix mots, puis on change. Si l'enfant ne différencie pas correctement (c'est-à-dire s'il commet plus de 50 % d'erreurs au premier essai), il faut en revenir à la différenciation avec miroir et donner alors les mots de manière audible avant de passer à l'exercice muet.

Exemples de listes de mots :

— navire, nature, nuage, note, Nivelles, nappe, nu, notaire, noce, nid

— moto, moteur, malin, maison, mal, militaire, mutuelle, museau, mille, meule

Quand cet exercice est bien réussi, on peut essayer des mots tels que : numéro, maman, minable, animal, matinal, minute.

c) *Lecture sur éléments non significatifs*

ma – no – mi – nu – me
mano – minu – noma – numi
manomi – nominu – minume
monamu – minome – menimu

d) *Lecture sur éléments significatifs*

nappe, napperon, napper
mappemonde, monde, mondain, monte, montre, monticule
nippes, nipper, nipponne
nature, naturel, naturellement, naturaliste
malade, maladie, maladif, maladresse
machine, machiniste, machinerie, machinal, machinalement, machination
lune, lunatique, illuminé, allumer, illumination, lumineux, lumière, luminaire, lumignon
marche, marcher, marcheur, marchand
rame, rime, Rome, roue, lame, lime, loue

C. Exercices complémentaires

a) On écrit : Macunopane, aroNilNermobuMant, moNuriMenoN, orinoporMebaMounnom.

— On demande de souligner tous les **n** et les **m** (consigne donnée oralement pour éviter l'omission des M et des N).

— Question 1 : dans le premier mot, combien trouve-t-on de **m**? (Consigne orale.)

— Question 2 : combien trouve-t-on de **M** en tout pour les quatre mots? (Consigne écrite.)

b) Classer des lettres mobiles.

c) Reconnaître, les yeux bandés, des lettres en relief.

d) Écrire en grand : M ou m ou n ou N. L'enfant, les yeux bandés ou fermés, promène le doigt sur la lettre, guidé par le rééducateur, qui lui demande de la reconnaître puis de la tracer.

e) Marcher sur une lettre écrite en grand sur le sol.

2. CONFUSION DE « é » ET DE « è »

A. Exercices sur les facteurs associés

Les mêmes que pour la confusion entre **m** et **n**.

B. Exercices sur matériel verbal

a) Au tableau se trouve

é	é	é	è	è	è	é	è	è	è	é	é	è

— Le rééducateur lit lentement chaque lettre en la désignant. L'enfant écoute, le rééducateur relit dans les mêmes conditions.
— Rééducateur et enfant lisent, l'enfant se contentant de répéter avec un léger retard ce que lit le rééducateur. Relecture.
— Le rééducateur lit seul, un peu plus vite et en cachant la lettre lue.
— L'enfant lit seul; s'il hésite, on l'aide; on cache la lettre lue.

b) Lecture « gestuelle »

Le rééducateur lit en faisant un geste de la main : pour **é**, il fait un geste de la main gauche (la main droite s'il a affaire à un gaucher) *vers* le corps; pour **è**, un geste qui s'écarte du corps. Il invite l'enfant à faire de même.

Note : C'est à dessein que nous n'utilisons pas, au début, un geste faisant appel aux notions de gauche et de droite : ceci viendra plus tard, quand ces notions seront intégrées sur le plan non verbal.

c) Le rééducateur rythme les mouvements par un bruit (battement du pied ou des mains) :

1 2 1 2
é è é è l'enfant fait les gestes

Cet exercice s'accomplit sans support visuel.

d) Au tableau : e e e e e e e e e e

Le rééducateur lit é è è é ...; l'enfant fait le geste.

Ensuite, le rééducateur fait le geste (sans rien dire); l'enfant place les accents.

e) On donne un mot repère : *éléphant*, et on dessine la trompe vers le corps.

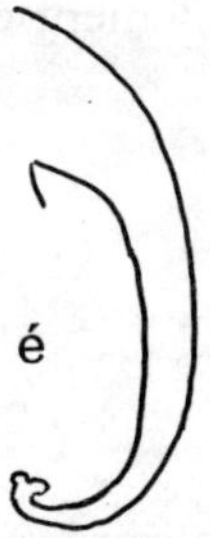

f) Exercices de transition portant sur la gauche et la droite. Si l'enfant s'en tire sans que nous utilisions les notions *gauche* et *droite*, ne pas le perturber en les employant pour distinguer **é** de **è**; les employer s'il se trompe encore dans 30 % de sa lecture.

g) Exercices de pose des accents, avec ou sans consigne (celle-ci consistant à faire noter les accents aigus en rouge, les accents graves en bleu). Exercice de lecture.

h) Exercices au choix sur matériel significatif :

— mère, mèche, sèche, flèche, sève, brève
— difficulté, imprimé, marché, lavé
— éléphant, égaré, général, réfléchir
— élève, sévère, éphémère, sévérité

3. CONFUSION DE « b » ET DE « d »

A. Exercices sur les facteurs associés

a) Exercices d'orientation : par rapport à soi, par rapport à autrui (8 ans), d'un objet par rapport à un autre, exercices écrits d'orientation (voir section 5, page 41).

b) Exercices d'attention : voir section 1, pages 13 à 23.

B. Exercices de prononciation devant un miroir

Montrer à l'enfant comment se prononcent les deux lettres; obtenir un point d'articulation correct.

C. Exercices sur matériel verbal non significatif

a) Lire les deux colonnes horizontalement et verticalement.

ba	da
bo	do
bi	di
bu	du
be	de

b) Tracer une ligne verticale au tableau **|**.
Découper un demi-cercle dans du carton, le placer à gauche puis à droite de la ligne verticale et faire lire.

c) Les yeux fermés, reconnaître une lettre sur laquelle on promène son doigt.

d) Le rééducateur prononce **b** ou **d**; l'enfant désigne sa droite ou sa gauche, en répétant la lettre.

D. Exercices sur matériel verbal significatif

balle – boule – bulle – dalle – Dyle – bal
adore – doré – dorure – rude – rôde – dur – dormir – rade
ballot – lobe – bol – obole – ballade – dalle – dallage – daller
boucher – boucherie – bouche – douche
biche – bûche – bûcher – bûcheron – bâche
babouche – balourd – lourde – lourdeau – lourd

Je m'appelle b; comme bébé, j'ai un gros ventre.
Je m'appelle d et j'ai mal au dos.

Je suis la balle qui roule
Je suis le ballon qui tourne
Je suis la biche qui joue
Je suis dédé le petit garçon
Je suis le lit où il fait dodo.

Elle est belle la balle qui roule
Il est beau le ballon qui monte.

III Confusion des sons simples

1. CONFUSION ENTRE « ou » ET « on »

A. Exercices sur les facteurs associés

Sont particulièrement importants les exercices d'orientation haut – bas et gauche – droite (Première partie : section 5).

B. Exercices sur matériel verbal non significatif

a) *Le son isolé*

Au tableau (ou sur une feuille), nous écrivons :

on   ou
on ou
ou   on
ou   on

Nous faisons donc varier l'écart entre les deux sons; nous pouvons également faire varier la grandeur des lettres : on OU.

L'enfant observe les sons écrits quelques instants; puis nous cachons *un son*, n'importe lequel, et nous demandons à l'enfant d'*écrire* sur une feuille le son caché.

L'exercice est répété jusqu'à la réussite complète. D'abord nous exposons les sons écrits durant un même laps de temps; nous diminuons ensuite graduellement le temps d'exposition.

Nous retrouvons au tableau la même disposition que ci-dessus ou une disposition linéaire.

Nous *prononçons* les sons **ou – on** et nous leur associons un mot significatif (outil – ongle).

Les mots significatifs sont inscrits au tableau, lequel se présente comme ceci :

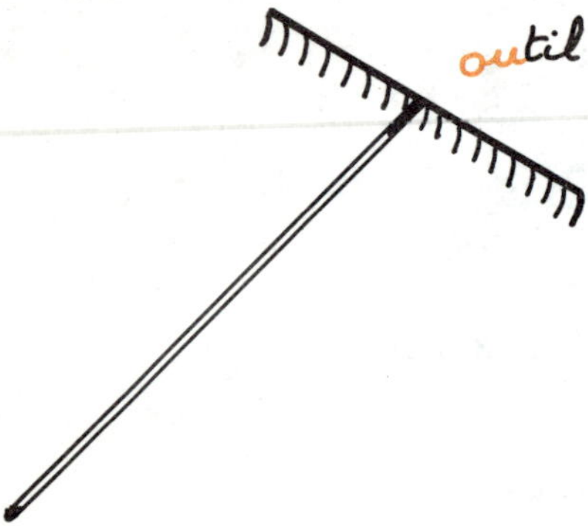

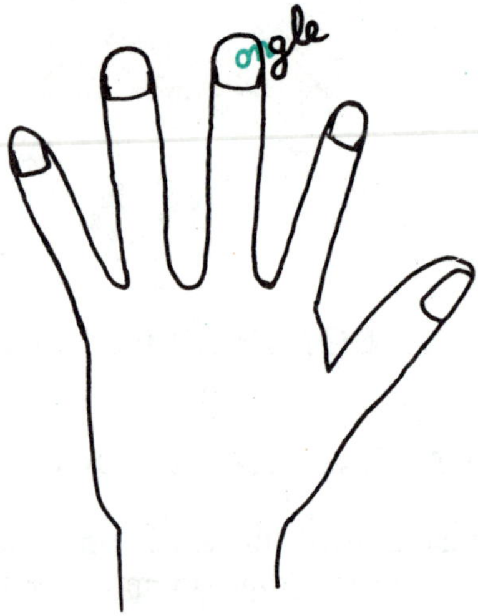

on ou
on ou
ou on
ou on

ou bien : on ou on ou on OU on on ON ou

Nous lisons *seul* le tableau en désignant chaque fois le son *complètement* (c'est-à-dire les deux lettres dont il est composé); en dessous, nous pouvons tracer le signe ‿ en lisant. *Nous relisons seul.*

Nous lisons accompagné par l'enfant. Nous relisons seul.

L'enfant lit *seul.*

Le rééducateur cache un son *au hasard*; l'enfant prononce.

Le rééducateur prononce; l'enfant *écrit* le son.

Note : Beaucoup d'autres exercices du même genre sont possibles.

b) *Le son associé*

Nous écrivons une série de consonnes connues de l'enfant, nous les associons avec **ou** et **on** en lisant de façon *liée* (mou et non **m** puis **ou**).

m	
r	ou
l	
n [1]	on
p	
s	
.	
.	
.	
.	

Certains enfants éprouvent des difficultés devant cette disposition. On adopte alors la disposition suivante :

mou	mon
rou	ron
lou	lon
nou	non
pou	pon
sou	son

Nous faisons lire de gauche à droite, de haut en bas, de bas en haut; *jamais* de droite à gauche.

Lecture en cachant.

Cacher, faire prononcer, puis écrire.

Lecture d'un assemblage continu de lettres et de sons (à condition qu'il ne s'y trouve que des lettres et des sons connus de l'enfant); lecture en cachant.

Exemple : roulonsitapacondalionsifonratoulavonranou

▨ lonsitapacon...

rou ▨ sitapacon...

roulon ▨ tapacon...

[1] Il est évident que si l'enfant confond m – n, p – b, etc, la rééducation de ces lettres doit faire d'abord. Ici, il ne faut pas donner les séries inverses.

C. Excrcices sur matériel significatif

Proposer à l'enfant les séries suivantes (à choisir en fonction de son niveau, de son âge et de sa compréhension) :

jour – ajourné – journal – journée – bonjour
rond – ronde – arrondi – arrondie – rondeur
fond – fonder – fondre – fondation – fondateur
sourd – sourde – assourdissant
foudre – foudroyer – foudroyant
mouton – moudre – ton – raton – savon – mon – mou

Dicter de la manière suivante : choisir un mot, inviter l'enfant à bien le regarder, puis cacher le mot pendant que l'enfant écrit.

Petite chanson

Il est fou, fou, fou,
le vent qui souffle,
il tourne autour des arbres,
autour de nos moutons,
il est fou, fou, fou,
le vent qui hurle
autour de nos maisons,
il est fou, fou, fou,
le vent qui tourne en rond.

D. Synthèse de la séance et travail à domicile

En fin de séance, si on a travaillé au tableau, on termine la fiche (voir le modèle) en tenant compte du niveau de récupération de l'enfant.

ou → **on**

ou	on	on	ou	on	ou	ou
on	on	ou	on	ou	on	ou

pou	pon	pou	pon	pon	pou
tou	sou	fou	bon	son	bou
cou	chou	chon	don	jou	jon
gou	ron	ton	fon	gon	lou

jour	goujon	foudre	fourgon	cochon

a) *Au verso de la fiche*

Tracer une ligne verticale la divisant en deux colonnes : dans la première colonne, l'enfant inscrira des mots contenant le son **ou** (à l'exclusion des mots contenant le son **on**), et dans la seconde colonne des mots contenant le son **on** (à l'exclusion des mots contenant le son **ou**).

b) *Dictée*

Dicter à l'enfant des sons **ou** et **on**, puis des syllabes contenant **ou** et **on**, puis des mots contenant ces sons.

REMARQUE IMPORTANTE

Si vous commencez la rééducation avec des séries de mots trouvés par l'enfant (cf. Méthodologie, p. 8 à 10), il est utile de procéder de la manière suivante :

a) *Exemple de série*

fusée, monte, hurle, part, bondit, fond, ralentit, peur, bruit, il soupire

b) *Classement*

monte	soupire
bondit	
fond	

c)

outil

soupire

ongle

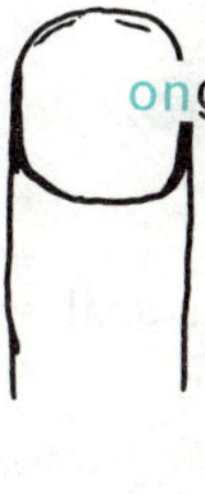

bondit
monte
fond

d) On repasse en couleur les sons **ou – on**, en les prononçant.

e) On extrait **ou – on**, et on procède comme il est indiqué à la page 85.

f) L'exercice sur des mots significatifs peut être, ici, la lecture des phrases composées lors de la séance.

2. CONFUSION DE « eu – en »

La même méthodologie sera suivie que pour la rééducation de **ou – on.**

Ne pas oublier d'exercer l'enfant à la prononciation correcte : il doit apprendre à *écouter* un son et à le reproduire automatiquement. Dans ce but, nous préconisons l'emploi d'un enregistreur, dont les avantages sont les suivants :

— l'appareil en lui-même intéresse l'enfant,

— il renouvelle le mode de relation,

— il permet de réutiliser le matériel.

Il faut toutefois prendre la précaution d'*espacer les sons bien régulièrement* pour permettre ensuite au rééducateur de rythmer, avec le doigt, la « lecture auditive ».

Au début, l'enfant se contentera d'écouter une fois tout l'enregistrement.

Ensuite, il pointera du doigt le son entendu sur une carte placée devant lui :

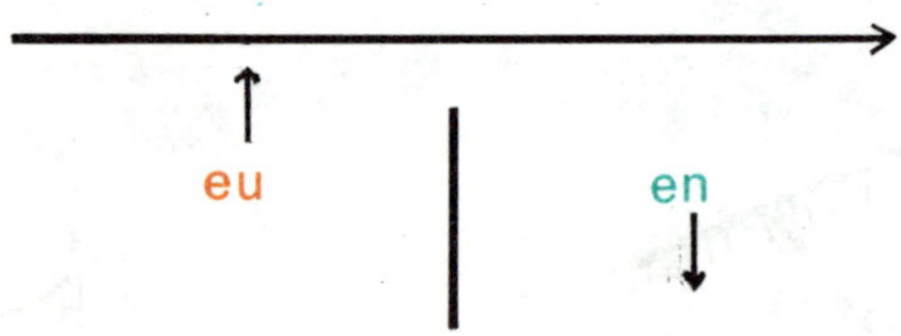

A la fin de cette analyse auditive, il passera à la reproduction écrite.

Note : Temps d'espacement

— du 1er au 10e : 10 secondes,

— du 11e au 25e : 5 secondes,

— à partir du 26e : entre 4 et 2 secondes.

FICHE DE SYNTHÈSE

eu **en**

eu	en	eu	eu	en	eu	en
eu	en	en	eu	eu	en	eu
den	peu	deu	den	feu	peu	fen
peu	den	deu	pen	peu	den	deu
sen	feu	jeu	beu	gen	ren	teu
eur	leu	enf	ens	eud	reu	ten

jeudi	gentil	neuf	peuple	enflure
tente	beurre	endive	neveu	encens

TRAVAIL A DOMICILE

a) *Au verso de la fiche*

Diviser en deux colonnes : dans la première, l'enfant inscrira des mots contenant **eu**; dans la seconde, des mots contenant **en**.

b) *Dictée*

Dicter à l'enfant des sons **eu** et **en**, puis des syllabes contenant **eu** et **en**, puis des mots contenant ces sons.

c) *Texte de lecture*

Henri et son neveu font une tente dans le jardin.
C'est un jeu non violent.
Pendant qu'ils jouent, ils sont gentils.
Pour passer l'après-midi, ils ont beurré de bonnes tartines.
Ils sont heureux sous leur tente.

3. CONFUSION DE « on – no », « an – na », « in – ni », « en – ne », « oi – io » ET « ai – ia »

A. Exercices sur les facteurs associés

Exercices d'attention (Première partie : section 1), d'analyse (Première partie : section 3).

Exercices d'orientation gauche – droite (Première partie : sections 4 et 5).

B. Exercices sur matériel verbal non significatif

a) Au tableau, nous écrivons :

on

no

Nous analysons *avec* l'enfant : « Ici (nous montrons **on**), la première lettre c'est... (o) : alors nous mettons ^{1}; la deuxième, c'est... (n) : alors nous mettons ^{2}. »

A ce moment, nous avons donc $\overset{1\ 2}{\textit{on}}$.

Nous appliquons le même procédé pour $\overset{1\ 2}{\textit{no}}$.

Nous constatons l'inversion. A ce moment, il est permis d'introduire les autres confusions (an – na, etc.), ce qui permet de faire la même constatation.

Nous dressons ainsi le tableau des confusions à traiter. Il est recommandé de « chiffrer » avec des couleurs différentes.

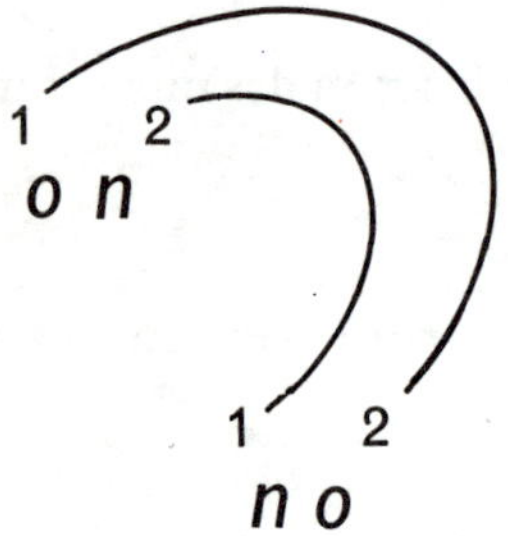

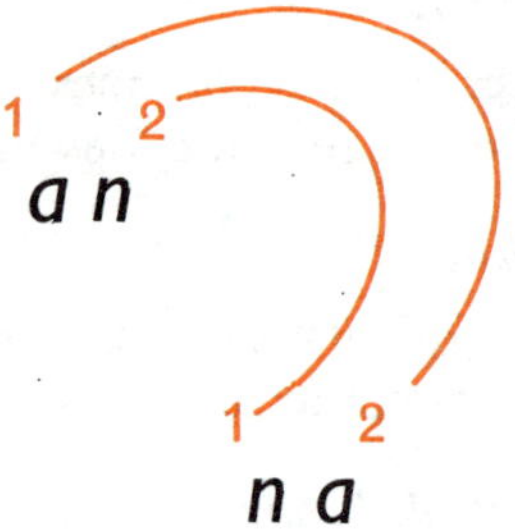

b) L'enfant, les yeux fermés, entend le rééducateur dire : **on**; *il répète et trace le son dans l'espace.*

c) Lecture d'une série disposée verticalement : le rééducateur lit d'abord seul, puis accompagné de l'enfant; enfin celui-ci lit seul.

	on	no
	no	no
	no	on
« *Lis ce que j'ai caché* »	on	on
	on	on
	no	on
	on	no

d) Selon le même procédé : lecture de séries horizontalement.

e) Lecture au hasard, en cachant (éviter « non » pour l'instant).

f) Lire puis *effacer* un mot; l'enfant vient *réinscrire* le mot effacé (on l'écrit sur une feuille).

g) Prévenir l'enfant que l'exercice qui va suivre est un peu plus difficile, et lui donner un exemple pour expliquer :
« Je vais ajouter à ... (montrer **on** ou **no** sans les prononcer) une lettre; tu devras me montrer si ce petit mot contient **on** ou **no** ».

Exemple : « Je dis : ron; tu me montres ... »

Si l'enfant se trompe, écrire **ron** et ajouter : « Tu vois, tu devais me montrer **on.** »

je dis ton ...	je dis nor...
je dis son ...	je dis nol...
je dis von ...	je dis noc...

C. Exercices sur matériel significatif

Série : je fonds, nos amis, son ami, le chat fait ronron, un pont, une note, un marmiton, un canot, le nord.
« Mets en colonnes les **on**, les **no.** »
« Ferme les yeux et dis-moi comment s'écrit *ronron.* »
« Je cache un mot; écris-le. »

D. Exercices complémentaires

no ni na non
c'est ma chanson
non ni na no
c'est ta chanson
allons, ensemble chantons
no no ni na non non

non, non, dit mon petit chat
tu ne prendras pas mon bon lait
non, non, dit mon petit chat
tu ne l'auras pas, na!

FICHE DE SYNTHÈSE

→

on **no**

on	no	no	on	no	on	on	no
no	on	no	no	on	on	no	on
nou	non	no	on	non	nou	no	on
bou	bon	nop	ron	nol	pon	nob	lon
noc	fon	nor	son	no	ton	ron	nos
rou	ron	non	mon	nob	no	nor	nol

ronron	noble	fondu	noce	nocturne	piano
montre	ronde	houblon	mouton	avion	marmiton

TRAVAIL A DOMICILE

a) *Au verso de la fiche*

Diviser en deux colonnes : dans la première, l'enfant inscrira des mots contenant **on** (mais ne contenant pas no); dans la seconde, des mots contenant **no** (mais ne contenant pas on).

b) *Dictée*

Dicter à l'enfant des sons **on** et **no**, puis des syllabes contenant **on** et **no,** puis des mots contenant ces sons.

FICHE DE SYNTHÈSE

→

an **na**

an	na	na	an	na	an	an	na
na	an	na	na	an	an	na	an
tan	na	nat	van	nab	ban	nac	an
nav	can	dan	nar	nad	fan	lan	ran
gan	nal	naf	ina	rona	an	pan	na
ani	san	jan	lina	nap	dan	nadi	lan

ancre	navire	nage	animal	anorak
nature	ange	pantalon	naval	je chante

TRAVAIL A DOMICILE

a) *Au verso de la fiche*

Diviser en deux colonnes : dans la première, l'enfant inscrira des mots contenant **an**; dans la seconde, des mots contenant **na.**

b) *Dictée*

Dicter à l'enfant des sons **an** et **na,** puis des syllabes contenant **an** et **na,** puis des mots contenant ces sons.

c) *Lecture*

Dans le port, j'ai vu un grand navire;
Il a jeté l'ancre dans la rade, près du chantier naval.
Sans heurt, il est venu se ranger le long du quai comme un animal docile.

navire – naviguer – navigateur – navigant – navigation
nage – nageur – nageuse – natation – nageoire

FICHE DE SYNTHÈSE

——————→

in **ni**

in	ni	ni	in	ni	in	in	ni
ni	in	ni	ni	in	in	ni	in
tin	ni	nir	vin	nib	bin	nic	lin
nif	din	fin	nit	nil	ino	jin	nip
pin	ina	ind	niv	din	chin	roni	in
nia	tin	nif	din	niro	indo	inro	vin

niche	lapin	malin	canif	uniforme
mutin	fini	rondin	tenir	manitou

TRAVAIL A DOMICILE

a) *Au verso de la fiche*

Diviser en deux colonnes : dans la première, l'enfant inscrira des mots contenant **in**; dans la seconde, des mots contenant **ni.**

b) *Dictée*

Dicter à l'enfant des sons **in** et **ni**, puis des syllabes contenant **in** et **ni**, puis des mots contenant ces sons.

c) *Lecture*

Le lapin se cache dans le bois, je le vois qui passe derrière les rondins de la cabane de Firmin Nicolas. Il est malin, le petit lapin, il évite le garde-chasse en uniforme qui fait le malin avec son fusil. Il a des ruses de Sioux, mon ami le lapin; par le grand manitou, c'est un malin que j'aime bien.

FICHE DE SYNTHÈSE

⟶

en **ne**

en	ne	ne	en	ne	en	en	ne
ne	en	ne	ne	en	en	ne	en
ten	ne	nef	ven	neb	den	nec	len
neg	den	enf	ned	nel	eno	gen	nep
pen	ena	end	nev	den	ren	gone	en
neu	sen	enc	neg	endo	une	fen	ine

pendu	colonel	brune	encore	genre
divine	envie	fente	dune	nectar

TRAVAIL A DOMICILE

a) *Au verso de la fiche*

Diviser en deux colonnes : dans la première, l'enfant inscrira des mots contenant **en**, dans la seconde, des mots contenant **ne**.

b) *Dictée*

Dicter à l'enfant des sons **en** et **ne**, puis des syllabes contenant **en** et **ne**, puis des mots contenant ces sons.

c) *Lecture*

pendu – pendre – pendaison – penderie – pendule
fente – fendre
brune – brunette – brunâtre – brunir

FICHE DE SYNTHÈSE

→

eu **en** **ne**

eu	eu	en	ne	eu	ne	en	en
ne	en	eu	en	ne	eu	ne	en
peu	deu	den	ten	nef	ven	nec	leu
sen	neg	pen	enf	ned	nep	ren	eur
reu	gone	ena	jeu	end	gen	feu	nel
eud	enc	neg	euro	beu	teu	nev	gen

coureur	couvent	mine	rendu	meute
centime	corne	primeur	intense	marne
voleur	rendort	lune	demeure	je pense

TRAVAIL A DOMICILE

a) *Au verso de la fiche*

Diviser en trois colonnes : dans la première, l'enfant inscrira des mots contenant **eu**; dans la seconde, des mots contenant **en**; dans la troisième, des mots contenant **ne**.

b) *Dictée*

Dicter à l'enfant des sons **eu, en** et **ne,** puis des syllabes contenant **eu, en** et **ne,** puis des mots contenant ces sons.

Exercices complémentaires

ninaturienlanivatonsouraoutuvoudrasituolencoronven

— Combien de **en**? Souligne-les en bleu

— Combien de **na**? Souligne-les en . . .

— Combien de **ou**? Souligne-les en . . .

annaannaannaannaanna

— « Continue la série en prononçant. »

Après un certain temps, le rééducateur peut imposer un rythme en frappant sur le bureau. Ce rythme, qui peut varier, doit être à la portée de l'enfant.

niounaniounaniouna

nananaanaannananaanaanna...

(Même exercice.)

FICHE DE SYNTHÈSE

→

oi **io**

oi	oi	io	oi	io	io	oi	io
io	oi	oi	io	io	oi	io	oi
loi	moi	lio	rio	roi	toi	dio	coi
bio	foi	goi	vio	voi	soi	noi	pio
gio	mio	boi	doi	sio	émoi	rio	loi
aloi	choi	nio	cic	ior	ios	occi	abio

manoir	iode	avoine	couloir	vitriol
chariot	poire	histoire	idiote	luciole

TRAVAIL A DOMICILE

a) *Au verso de la fiche*

Diviser en deux colonnes : dans la première, l'enfant inscrira des mots contenant **oi**; dans la seconde, des mots contenant **io**.

b) *Dictée*

Dicter à l'enfant des sons **oi** et **io**, puis des syllabes contenant **oi** et **io**, puis des mots contenant ces sons.

c) *Lecture*

Le cheval mange son avoine, il adore cela.

Papa me raconte l'histoire de la luciole qui se prenait pour un phare. Quelle idiote, alors!

moi roi bois loi

mio rio chiot

FICHE DE SYNTHÈSE

→

ai **ia**

ai	ai	ia	ai	ia	ia	ai	ia
ia	ai	ai	ia	ia	ai	ia	ai
lai	mai	nia	rai	tai	dia	bai	sai
bia	fia	gai	via	sia	pia	dai	nai
onai	gia	diac	lia	fai	cai	jia	lair
air	mia	vai	ial	aig	iaf	rai	iab

chair diable piano dialecte aile aise
diagonale laine diamètre paire diamant

TRAVAIL A DOMICILE

a) *Au verso de la fiche*

Diviser en deux colonnes : dans la première, l'enfant inscrira des mots contenant **ai**; dans la seconde, des mots contenant **ia**.

b) *Dictée*

Dicter à l'enfant des sons **ai** et **ia**, puis des syllabes contenant **ai** et **ia**, puis des mots contenant ces sons.

c) *Lecture*

Le noir diable secoue ses ailes.
Le diamant noir roule sous la table.
La laine se déroule sous le piano.

Exercices complémentaires

a) Écris le contraire (l'inverse) de : oi ...

ai ...

en ...

ior ...

na ...

b) Complète : pia.. - ...re - ..le - bru.. - f..te

..ge - ani..l - ...ire - ronr..

c) Je dis : **oi**, tu *écris* le contraire

na, tu *écris* le contraire.

4. CONFUSION DE « gne – ille » ET « gue – cue »

On applique les mêmes procédés de rééducation que pour les autres sons simples.

FICHE DE SYNTHÈSE

gne → **ille**

gne	gne	ille	ille	ille	gne	ille
ille	gne	gne	ille	gne	ille	gne
gna	illa	illa	gna	gno	illo	illa
gnon	illon	gni	illou	gnou	illi	illi
ogne	ugne	bille	illeur	agni	gnoc	gnouf
igna	illin	ognac	illou	illi	igni	agne

pagne	cognac	sillon	pastille	ignorance
quille	brillant	ligne	rognon	campagne
pillard	carillon	bagne	pétille	ignoble

TRAVAIL A DOMICILE

a) *Au verso de la fiche*

Diviser en deux colonnes : dans la première, l'enfant inscrira des mots contenant **gn**; dans la seconde, des mots contenant **ill**.

b) *Dictée*

Dicter à l'enfant des sons **gne, gna, gni, gno, gnu, gnou, gnon, ille, illa, illi, illo, illu, illou, illon,** puis des syllabes contenant ces sons, puis des mots contenant ces sons.

FICHE DE SYNTHÈSE

$\longrightarrow$

gue **cue** [1]

gue	gu	ga	ce	ci	gi	can	co	cue
go	cou	cy	gy	gon	ca	cue	gou	ci
cé	cin	gin	gui	gen	gue	cun	cue	ge
guy	cue	can	gue	cou	gi	ce	ca	cin

ogue uci agi icou cep oca guli col

chacun cueille argue cétacé goulu gypse

galop	rigole	aigu	caporal	coron
culotte	ménage	agir	gymnaste	cerise
citron	cylindre	ligue	guitare	Guy
écueil	guerre	cueillette	gage	menace

gourmandise gracile agile cosmonaute

[1] Prononciation : **ghe** et **ke**

TRAVAIL A DOMICILE

a) *Au verso de la fiche*

Diviser en six colonnes : dans la première, l'enfant inscrira des mots contenant **ga, go,** et **gu**; dans la seconde, des mots contenant **ca, co** et **cu**; dans la troisième, des mots contenant **ge, gi** et **gy**; dans la quatrième, des mots contenant **ce, ci** et **cy**; dans la cinquième, des mots contenant **gue** et **gui**; dans la sixième, des mots contenant **cue.**

b) *Dictée*

Dicter à l'enfant des mots contenant les sons ci-dessus.

IV Confusion des syllabes et de certains sons complexes

1. CONFUSION DE SYLLABES COMPLEXES DU TYPE « car – cra – arc »

Faire les exercices d'attention (Première partie : section 1) et d'orientation spatiale (Première partie : section 5).

A. Exercices sur matériel non significatif

a) Lecture par l'enfant de syllabes simples inscrites au tableau

ca – ac – ra – ar – co – oc – ro – or – cu – uc – ru – ur – ca – ca – ca – r – co – co – co – r – cu – cu – cu – r – ra – ra – ra – c – c – c – ra – c – c – c – ro – c – c – c – ru – ar – ar – ar – c – or – or – or – c – ur – ur – ur – c – ca – ca – ca – car – ac – ra – or – ro – c

b) Lecture de syllabes complexes

Au tableau, nous écrivons : ca – ca – ca – ca r.

Nous demandons à l'enfant de *regarder* ce que nous faisons, pendant que nous soulignons les syllabes ca – ca – ca – ca r.
Recommencer plusieurs fois. Nous faisons lire à haute voix.

Pour **ca r**, nous marquons le raccord : *car*. Nous faisons relire cinq ou six fois, puis nous cachons la syllabe et nous faisons relire encore. On procède de même pour **cu – co**.

Pour **cra**, nous partons de ceci : c – c – c – ra – cra – c – c – cra.

Même procédé pour **cru – cro**.

B. Exercices sur matériel verbal significatif

Nous partons d'un mot, par exemple le mot | cravate. |

Avec l'enfant, nous comptons à haute voix les lettres que contient le mot et nous les numérotons

1234567
cravate

Nous l'invitons ensuite à encore bien regarder le mot. Nous cachons le mot, l'enfant l'écrit, puis compare avec le mot inscrit au tableau. S'il y a une faute, nous effaçons et l'enfant écrit de nouveau le mot. Quand celui-ci est exact, l'enfant numérote les lettres.

Nous lui demandons de nous dire à haute voix quelle est la première lettre, la deuxième, celle qui se trouve avant la troisième, après la quatrième, etc...

Après avoir effacé le tableau, nous recommençons les mêmes exercices : « Écris la première lettre, la troisième, celle qui vient avant la troisième, après, celle qui est avant t, avant r, après, etc. »

Faire écrire ensuite, de nouveau, le mot entier (deux ou trois fois); on peut aussi dicter une courte phrase contenant ce mot : papa a une belle cravate, la cravate de papa est belle, etc.

Mêmes exercices avec le mot *carpe*, puis *Marc* ou *arc*.

En fin de série (la série, dans ce cas-ci, étant **cra** – **car** – **arc**), nous donnons une liste de mots comme celle-ci :

cravate – crabe – crapaud – cravache – crâne

carpe – carpette – carnivore – carne – carbonnade

arc – arcade – arcane – Marc

Remarques

1 2 3 4

a) Les sons ne sont pas décomposés : mouche

b) L'enfant doit, le mieux possible, respecter l'écart entre les lettres et leur situation réelle.

Par exemple c ra est mauvais; il faut : c r a.

C. Exercices complémentaires

a) *Vrai ou faux?*

— Le crabe a une belle cravate?
— La carpette est une petite carpe?
— L'arc est un outil qui sert au menuisier?
— Le carnaval est une fête où l'on s'amuse beaucoup?

b) *Lecture* [1]

crocodile – corps – corbillard – roc – ocre – crosse
crudité – cruel – cruauté – crispé – curviligne

c) Au tableau, nous écrivons :

crabe – arc – car – orc – crocodile
urc – cur – roc – ric – rac
arcade – carpette – cravache

A l'aide d'un carton, nous cachons un mot *au hasard*; l'enfant essaie de l'identifier. Parfois nous lui demandons de l'écrire, s'il ne présente pas trop de difficultés.

d) Nous donnons oralement une série, que l'enfant reproduit par écrit :

ca – ra – or
car – rac – ac
cravache – crabe – Marc

FICHE DE SYNTHÈSE

		car →	cra →	arc →	
car	cra	cra	arc	cra	car
arc	car	arc	car	car	cra
cor	cro	orc	cro	cor	cro
orc	cor	cro	arc	cor	cor
cur	cru	cru	cur	urc	cru
ourc	cour	crou	ourc	crou	cour
car	cru	orc	cra	urc	cro
urc	crou	arc	cru	ourc	cour

[1] Ne pas donner de mots trop difficiles pour l'enfant ou alors lui laisser lire seulement la partie rééduquée dans ces mots, le rééducateur lui lisant le reste. Ces mots ne peuvent faire l'objet d'une dictée.

a) Ces différentes syllabes seront lues par l'enfant (correction des erreurs au fur et à mesure).

Ensuite, ces syllabes seront dictées et l'adulte corrigera immédiatement les erreurs, après répétition du son.

b) Établir des fiches analogues à la précédente *en remplaçant la consonne* **c** par : **p,** puis par **t – d – b – m**, etc., (autant de consonnes qu'il faut en fonction des erreurs habituellement commises par l'enfant).

c) Établir ensuite une fiche récapitulative (recto-verso) contenant toutes les syllabes des fiches ci-dessus *mélangées*.

Exemple : cor – tur – par – dri – bor – brou

mor – tri – arb – cra – far – etc...

d) Établir des fiches comme dans l'exercice complémentaire 1 *en remplaçant la consonne* **r** par **l**.

Établir ensuite une fiche récapitulative (recto-verso) avec des syllabes contenant les consonnes **c** et **r** et des syllabes contenant **c** et **l**.

Cet exercice est particulièrement important pour les enfants qui confondent les consonnes **r** et **l**.

Remarque

Les fiches ci-dessus seront lues par l'enfant, au fur et à mesure de leur rédaction ; l'adulte corrigera toujours les erreurs *immédiatement*.

Ensuite, l'adulte dictera à l'enfant chacune des syllabes, et ce dernier les copiera. Ici encore, la correction des erreurs doit être immédiate, après répétition de la syllabe mal copiée.

2. CONFUSION DE SYLLABES COMPLEXES DU TYPE « ain – ian »

A. Exercices sur matériel non significatif

a) *Lecture*

in – ni – na – an – ani – nia – ain – no – on – na – ian

ain – ni – a – ni – an – i – an – i – ni – na – ain

b) *Identification* [1]

in – ni – ou – an – na – ian – na – ai

iou – oui – ni – en – ai – ain – nia – eu

eu – oi – ai – ia – niou – ouni – ou

ai – ian – nia – ani – nai – ien

na – ein – nei – nai – ina – nia – ou

Dans ces séries, l'enfant doit rechercher les **ain** et les **ian.** Il peut les souligner d'une couleur différente ou simplement les désigner.

c) *Identification avec l'intervention d'un symbole : la couleur* [2]

Nous montrons à l'enfant les deux cartons suivants :

ain		i an

Nous lui faisons remarquer que, sur le premier carton, **ain** est d'une couleur et qu'il se lit en une fois (ain = ain), tandis que sur l'autre carton, on commence par lire la lettre en bleu, puis le son qui suit : on prononce en deux temps.

Pour habituer l'enfant au symbole de la couleur, nous lui faisons lire les graphies suivantes (pour aider l'enfant, le rééducateur peut inclure la graphie **ain** dans un mot (main) ou l'illustrer par un geste).

ain ain i an ain i an

i an

i an ain i an ai n ain

[1] Comme il s'agit *d'identification* et non de lecture, nous pouvons intégrer du matériel non encore traité.

[2] Les couleurs choisies n'ont pas d'importance, mais il faut s'en tenir à son choix.

Lecture en cachant l'inscription

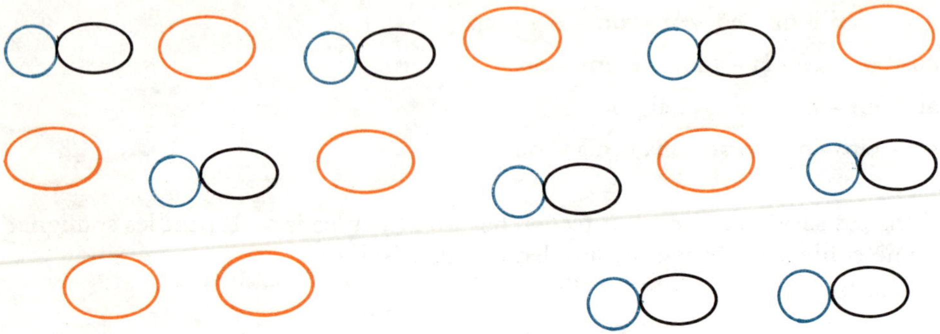

Dans la série suivante, entourer les **ain** ou/et les **ian** :

ain – ain – ian – ian – ain – ian – ain – u – n

ou – ai – ni – a – ina – ain – nia – ian

d) *Dictée*

Utiliser le tableau qui a servi à lire en cachant et procéder comme suit : nous montrons 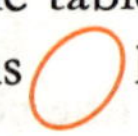 l'enfant écrit ain; nous montrons  l'enfant écrit ian, etc.

B. Exercices sur matériel verbal significatif

a) *Lecture*

copain – sain – prochain – main – soudain
liant – mendiant – étudiant – dépliant – servant

Faire les mêmes exercices que ceux pour *cravate* (pages 102-103).

b) *Lecture*

Mon copain est mon ami.
Mon prochain est mon frère.
Ma main est un outil.
Le mendiant tend la main.

c) *Vrai ou faux?*

La main est un outil?
Le mendiant est un homme?
Mon copain est tout noir?

d) *Complète les mots*

cop... / étud...t / soud...
proch... / m... / serv...

3. CONFUSION DE « oin – ion », « ein – ien », « oui –iou »

Les procédés sont identiques.
Voici quelques exercices supplémentaires pour **ein – ien.**
Au tableau se trouvent :

frein chien

Nous prononçons les deux mots (en articulant avec exagération); ensuite, nous écrivons ceci devant l'enfant :

ein	ien	ein	ein	ien	ien
ien	ien	ein	ien	ein	ein
ien	ein	ein	ein	ein	ien

Nous prenons deux cartons de 10 × 7 cm.

Le maniement de ces cartons est connu, ceux-ci ayant été introduits pour **ain – ian**. Le rééducateur prononce **ein**, l'enfant doit placer son carton sur un ein; il prononce **ien**, l'enfant cache ien.
Le rééducateur fait effacer progressivement tous les ein ou ien, par l'enfant; chaque fois que l'enfant efface un ein ou un ien, il le prononce.
Au tableau ou sur une feuille, le rééducateur dessine une série de rectangles; dans certains d'entre eux, il trace une barre verticale.

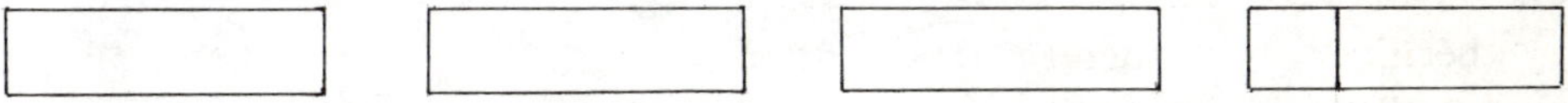

etc.

L'enfant doit écrire, soit **ien** (dans le rectangle avec une barre), soit **ein** (dans le rectangle vide).
On peut aussi présenter une série de mots écrits comme suit :

p▭ ture gard◫

Dans un premier temps, l'enfant lit les mots; dans un second temps, il complète les rectangles.

Lecture

La peinture du gardien ne tient pas.
Le mien, le sien pas le tien.
Le rein du peintre n'a rien.

Note : Pour *oui - iou,* procéder à des exercices de lecture avec insistance sur la première lettre : celle-ci sera en couleur ou soulignée.

Dire de plus en plus vite ou . . . i, ou-i, oui oui.

4. CONFUSION DE « ail – ial », « eil – iel », « euil – ieul »

Mêmes exercices que pour **ain – ian,** auxquels nous ajoutons les suivants :

a) *Lecture*

al – el – eu – eul – i – a

ial – iel – ieu – ieul

cordial – mondial – jovial – bestial

miel – fiel

dieu

b) *Exercices d'analyse mentale*

On dit à l'enfant : « Ferme les yeux et dis-moi comment on écrit *miel, cordial, dieu.* » L'enfant épelle les lettres et les écrit au tableau au fur et à mesure.

c) *Jeu*

Sur des fiches séparées, nous notons les sons **ail, euil** et **eil** englobés dans des mots repères :

bétail	deuil	orteil
ail	euil	eil

Nous remettons ces fiches à l'enfant qui nous les présente ensuite comme s'il avait en mains des cartes à jouer. Nous tirons une carte et l'enfant nous dit : « C'était... »

Nous prenons les trois cartes, nous les montrons rapidement une à une à l'enfant, puis nous les cachons. L'enfant nous dit : « C'était... » et il écrit au tableau ou sur une feuille ce qu'il vient de dire.

Nous compliquons le jeu en introduisant des cartes avec **ial, iel, ieul.**

Ensuite, nous dressons ce tableau que nous faisons lire :

al – li – la – eu – leu – ia – le – el – il

ial – lia – ali – ieu – eui – ieu – eil – ieul

ail – euil – eil – ial – iel – ieul – li – la

Nous exerçons l'enfant à percevoir rapidement en le prévenant que nous allons effacer un son au hasard, qu'il devra redire en l'écrivant.

Pour **euil – ieul**, nous procédons aux exercices d'analyse mentale, nous numérotons les lettres et nous en faisons l'analyse en employant les termes : *la lettre avant...*, *la lettre après...*, *celle qui vient avant...*, *celle qui vient après...*, etc.

5. CONFUSION DE « ail – y »

FICHE DE SYNTHÈSE

ail → **y**

al   il   al   yan   yon   aye

ral   rail   ril   rille   rayon

rail   rayon   rayon   rail   rail

travail   balayer   crayon   layette

elle travaille   elle balaye   il bégaye

nous payons le paysan pour son travail

rayure   essayer   essayons ce chandail rayé

émail   délayer   effrayer   déblayer   paye

Dictée

Dicter à l'enfant des mots contenant les sons ci-dessus.

Correction immédiate des erreurs.

Les mots mal orthographiés seront reproduits correctement par l'enfant au verso de la fiche (divisée en deux colonnes).

V

Lettres dont la prononciation peut changer

I. RÉÉDUCATION DE « ge », « ga », « gue »

Lire la série suivante [1] *en cachant* le texte :

range
mange
nage
rage
cage

ge

Demander ensuite à l'enfant d'identifier l'élément commun à ces cinq mots. Relire la série, *en la découvrant* cette fois. Isoler ge.
Appliquer le même principe avec la série suivante :

la girafe
une gifle
le gilet
la girouette

gi

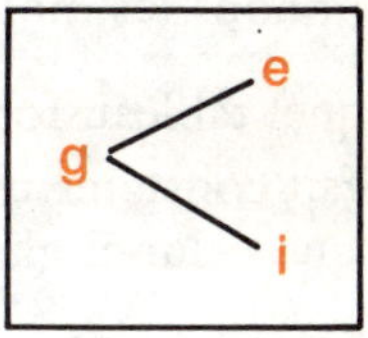

Nous dressons alors un petit tableau-synthèse
On procède de même avec les séries suivantes :

gamin
galopin
garnement

ga

gosse
il gobe

go

légume
lagune

gu

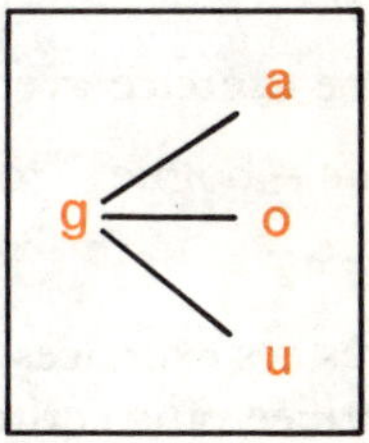

[1] Surveiller la prononciation. Par exemple, « lange » devient, pour beaucoup d'enfants, « lanche ».

Nous formulons alors la constatation suivante :

— Le **e** rend doux, il glisse : on symbolise par — ge / gi

— Le **u** rend dur, il râpe : on symbolise par ~ gu [1]

Tableau-synthèse

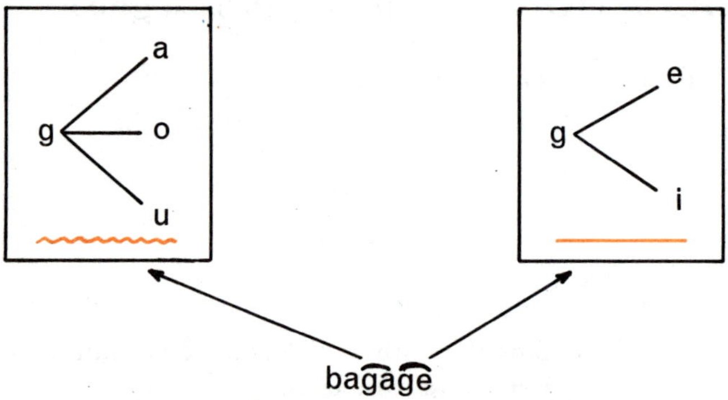

Examinons les mots suivants : goûter, gouffre, gambader.

De quel tableau font-ils partie?
On fait constater que c'est la lettre qui suit immédiatement **g** qui entraîne le fait que celui-ci glisse ou ne glisse pas.

Dans la série suivante, trouver si le **g** est dur ou non :

mage – goudron – gant – garage – gauche – gaufre
gouache – gorille – genou – golf – goinfre – gogo

Même exercice avec cette autre série :

bague – bogue – rogue – dogue
dogue – guitare – guide – guimauve

Après ces exercices, le rééducateur peut composer une série qui sera lue par lui, identifiée puis écrite par l'enfant.

[1] Il est évident que a et o rendent « dur » également ; nous insistons ici sur le *u* afin de préparer *bague*...

TABLEAU DE SYNTHÈSE

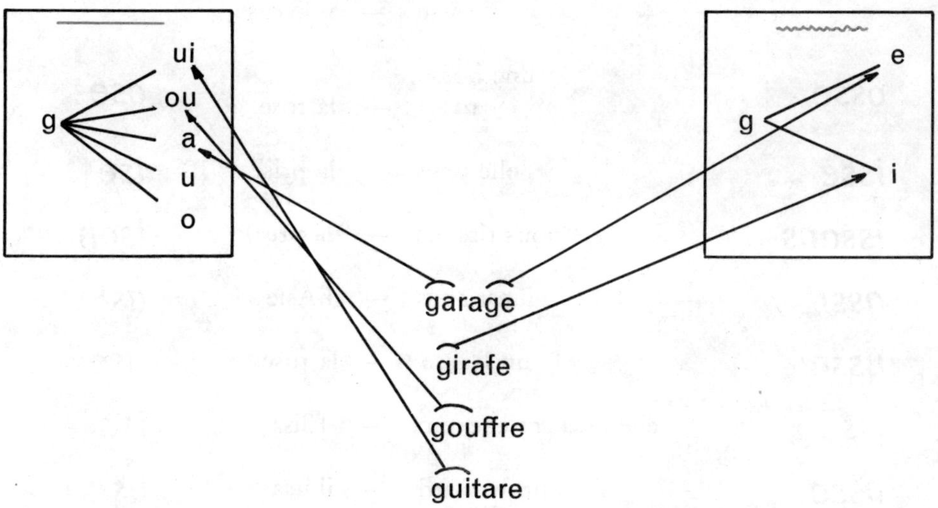

2. RÉÉDUCATION DE « s » ENTRE DEUX VOYELLES

Le rééducateur présente à l'enfant la liste ci-dessous :

	1		2	
asse	classe crasse basse il casse	 — — —	 écrase base une case	ase
osse	une bosse rosse	 —	 la rose	ose
isse	elle tisse	—	la prise	ise
issons	nous tissons	—	la prison	ison
assi	il est assis	—	l'Asie	asi
usse	un Russe	—	la ruse	use
issa	elle lissa ses cheveux	—	Élisa	isa
ussa	un hussard	—	il usa	usa
ussi	j'ai réussi	—	une usine	usi
esse	la messe les fesses			

Le rééducateur lit la première colonne à haute voix [1]. Ensuite, il entoure les quatre premiers mots et il demande à l'enfant « ce qu'il y a de semblable dans ces quatre mots »; il isole la graphie **asse**, tout d'abord en la repassant dans le mot, puis en la notant à gauche des mots.

Il passe ensuite aux deux autres mots; il isole **osse**. Le rééducateur relit les six premiers mots, puis **asse** – **osse** [2].

[1] Il arrive très souvent que l'enfant se mette à lire après le troisième ou le quatrième mot. Il faut le laisser faire et lire en même temps que lui.

[2] Bien prononcer le e final.

Après avoir lu « tisse », le rééducateur isole **isse**; il relit les graphies isolées et continue de la même manière pour tous les mots de la première colonne.

A la fin de cette analyse, le rééducateur relit tous les mots et toutes les graphies isolées.

Le même procédé s'applique pour la seconde colonne, mais on emploie une autre couleur pour isoler les graphies. Finalement le tableau se présente sous la forme indiquée à la page 114.

Exercices complémentaires

a) Inscrire au tableau les graphies isolées, les disposer en ligne en n'employant qu'une seule couleur.

Exemple : asse – osse – isse...
ase – ose – ise...

Faire une lecture suivie de ces graphies.
Ensuite une lecture « mélangée » : asse – ise – ussa...

b) Présenter au tableau les graphies de la manière suivante :

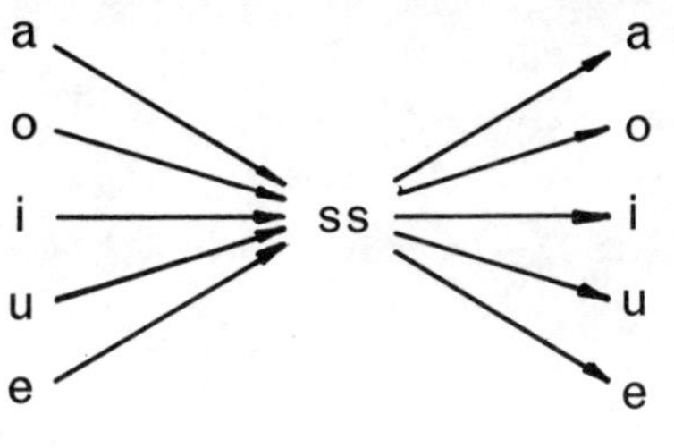

comme dans classe

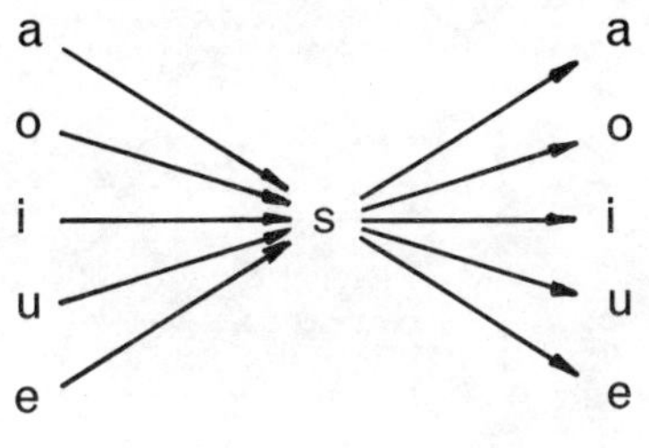

comme dans rose

Le rééducateur lit une série de mots, l'enfant montre la graphie correspondant sur le schéma.

Série à lire : classe – masse – rose – base – brasse – tisse – brase – frise – frisson – polisson – prise – rose

c) Écrire au tableau : maison – raison – fenaison
blason – laisse – un baiser
un passant – une plaisanterie

Demander à l'enfant de lire.

d) Montrer à l'enfant, rapidement, une structure quelconque à partir du tableau de l'exercice b, cacher, demander de dire à haute voix la structure aperçue et de la reproduire par écrit.

e) Partir des mots de la série indiquée à l'exercice b et faire écrire la structure.

Par exemple : je dis « classe », tu écris : asse
je dis « brosse », tu écris : osse

f) Jeu à partir des mots

— basse : si j'efface un s, cela donne . . .
— il casse : si j'efface un s, cela donne . . .

Pour terminer la séance, faire recopier le tableau de l'exercice b, dans le cahier ou sur une feuille.

VI Rééducation de « sp - st - sc - sb - sg »

MÉTHODOLOGIE GÉNÉRALE – EXEMPLE : RÉÉDUCATION DE « sp »

Exercices préliminaires

a) Lecture : sa – pa – as – sap – pas – as – pa – ap – sap –
as – pi – os – pa – es – pa – es – pè – pa – sa – is – pi

b) Faire émettre un **s** prolongé (bruit de la scie), le faire suivre du **p** en faisant remarquer le mouvement des lèvres (exercice à faire devant un miroir).
Faire émettre des **s…p,** de plus en plus vite et les deux lettres de plus en plus proches, pour arriver à **sp.**
Faire lire au tableau : sp – sp – sp – sp – a – a – sp – spa [1]

```
                         a
                       /
c) Écrire au tableau : sp — o
                       \
                         i
```

L'enfant lit.

d) Lecture : spi – spo – spa – ol – al – il – lo – la – li – ol – la – sp – sp – sp –
spli – splo – spla – sp – spol – spal

Rédaction de la fiche

Après les exercices de lecture, grouper d'abord des syllabes comme **spa, spo,** et des mots tels que *spahi*, *spécial*, etc; puis, à part, les mots comme *aspirine*, *hospice*; enfin, une ou deux lignes de mots mélangés.

[1] Si l'enfant éprouve des difficultés à lire à haute voix, cet exercice peut être précédé d'une lecture purement visuelle.

s p

spa	spo	spi	spé	spu	spy
spo	spi	asp	esp	spé	spa
isp	asp	spo	spi	usp	spu
sap	spa	spol	spi	sip	spou
aspa	ispa	aspi	ospi	spiro	esp

spahi	spécial	sparadrap	spirale
aspirine	sapeur	espèce	espoir
spongieux	sapin	espace	sportif

Exercices complémentaires

a) Prononcer, par exemple, le mot *store* et demander à l'enfant quelles sont les deux premières lettres; les lui faire écrire.

b) Dire à l'enfant : « Je te donne *st*, si tu ajoutes *i*, cela se dira… »

c) Présenter le tableau suivant : sp a et faire lire.

o

i

e

A l'aide d'une lettre mobile tracée sur du carton ou du papier fort, changer la seconde consonne : on cache le *p* en plaçant dessus [t] , par exemple.

d) *Lecture*

respirer stimule l'activité
le spahi, droit comme une statue, galope à toute allure
l'espace est hostile, la peur est stupide
dans l'espace le vieillard vit d'espoir.

s t

sta	sto	sti	sté	stu	sty
sto	sti	ast	est	sté	sta
ist	ost	sto	sti	ust	stu
sat	sta	stol	sti	sit	stou
esta	ista	asti	osti	stiro	est

statue	store	estime	ustensile
steppe	stimuler	hostile	stupide
stérile	style	estafette	asticot

Au verso de la fiche, l'enfant inscrira des mots contenant **st.**

Dictée

Dicter à l'enfant des mots contenant **st.**

Correction immédiate des erreurs.

Les mots mal orthographiés seront reproduits correctement par l'enfant au verso de la fiche.

s c

sca	sco	scou	scu	sco
sco	scau	asc	esc	scou
isc	osc	sco	scau	usc
sac	soc	sca	sco	scou
isca	esca	ascou	oscau	esc

escale	scorpion	scalpel	escorte
scarlatine	scrupule	scolaire	scout
escroc	scandale	scarole	rescousse

Au verso de la fiche, l'enfant inscrira des mots contenant **sc.**

Dictée

Dicter à l'enfant des mots contenant **sc.**

Correction immédiate des erreurs.

Les mots mal orthographiés seront reproduits correctement par l'enfant au verso de la fiche.

		sb	sp	
sbi	spi	sbou	sbu	spu
sbo	sbof	spif	sbon	spon
asbe	aspe	esbe	espe	isbi
aspi	esbrou	espron	nesbu	sbu
spour	rousbi	naspo	nasbo	esba
risbu	trisbon	raspa	sbol	spol
sbire	spirale	aspirateur	Lisbonne	
esbrouffe	isba	asbeste	aspic	

Dictée

Dicter à l'enfant des syllabes ou des mots contenant **sb** et **sp.**

Correction immédiate des erreurs.

Les mots mal orthographiés seront reproduits correctement au verso de la fiche et feront l'objet d'une lecture quotidienne à haute voix jusqu'à parfaite assimilation.

		sp	ps		
spa	psa	spi	psi	spu	psu
pseu	psau	spou	psou	speu	spau
spé	psé	psy	spin	psin	espin
apso	aspo	ipsu	opsi	espi	ispo
sip	pos	spilo	psycho	pseudo	
aspir	repsu	lepsi	auspar	sport	
psaume	spontané	spirite	rhapsodie		
pseudonyme	splendeur	sprinter	lapsus		
psychologie	spongieux	psalmodie	relapse		

Dictée

Dicter à l'enfant des syllabes et des mots contenant **sp** et **ps.**

Correction immédiate des erreurs.

Les mots mal orthographiés seront reproduits correctement par l'enfant au verso de la fiche (divisée en deux colonnes).

FICHE RÉCAPITULATIVE

sp	**st**	**sc**	**sb**	**sg**	
spa	sti	sco	sbu	sgou	usp
este	usc	isb	asg	ispec	osti
spora	astic	escou	asbu	esgu	spo
sopo	ospo	stica	lasco	esbra	
sutic	stuc	ausculté	saba	sbaran	
saga	sgana	asgur	espron	rascaf	
aspar	astar	ascar	asbar	asgar	
sguri	sburi	scari	stari	spari	
spatule	statue	scrupule	Ratisbonne		

Dictée

Dicter à l'enfant des syllabes avec les sons ci-dessus.
Correction immédiate des erreurs.

Tableau-synthèse

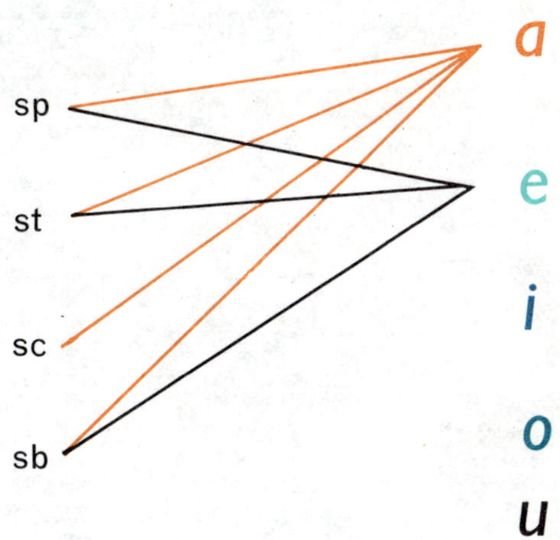

Ce tableau restera sous les yeux de l'enfant au moins durant trois ou quatre séances; il lui servira de point de repère.

Les flèches de couleur ne servent qu'à montrer les liaisons à faire lire : spa – sta – sca – sba – spe – sti –, etc.

Texte de synthèse

Stany a la scarlatine, il n'ira pas avec les scouts cette semaine. Son travail scolaire est arrêté pour l'instant. Le médecin lui a administré un sirop pour le stimuler.

Stany respire difficilement. Il a fait une chute stupide dans l'eau. Son oncle est venu spécialement de Lisbonne pour le voir. Guéris-toi vite, mon ami Stany.

Troisième partie

Rééducation de l'orthographe d'usage

Introduction

Un dyslexique est toujours un dysorthographique en puissance.

La dysorthographie peut se manifester par les aspects suivants :

a) Difficulté à mémoriser les graphies correctes d'un mot.

b) Difficulté à séparer les mots en unités, ce qui signale souvent une incompréhension du langage : l'enfant n'individualise pas les mots en tant que signifiants; ne saisissant pas le sens des mots, il ne peut en organiser correctement le déroulement graphique.

c) Difficulté à comprendre les distinctions logiques correspondant aux distinctions grammaticales. L'enfant ne procède pas aux opérations logiques nécessaires à l'intelligibilité du langage; par exemple; il saura que le sujet de la phrase se met au pluriel, mais il oubliera d'accorder le verbe.

En résumé, le dysorthographique commet des fautes au niveau de l'orthographe d'usage où intervient la mémoire visuelle et motrice, et au niveau de l'orthographe grammaticale où interviennent les rapports logiques entre les mots.

Nous en tirons deux principes généraux :

a) Écrire correctement est davantage un automatisme qu'un acte de réflexion, surtout pour l'orthographe d'usage. En rééducation, il ne faut pas vouloir expliquer l'orthographe mais la rendre automatique.

b) Toute phrase est une structure composée d'éléments liés entre eux par une ou plusieurs relations bien définies. Il faut donc amener l'enfant à développer ses facultés de comparaison, d'évaluation. Ce sera l'objet de la quatrième partie de ce livre.

INDICATIONS MÉTHODOLOGIQUES POUR LA RÉÉDUCATION DE L'ORTHOGRAPHE D'USAGE

a) *Confusion de lettres*

Exemples : b pour d, c pour g, f pour v, etc.

Reprendre les exercices prévus pour la rééducation de la lecture, page 61 et suivantes. Il faut insister davantage sur la série dictée que sur la série lue et procéder à de fréquents exercices d'orientation.

b) *Inversion de lettres*

Exemples : car – cra; oin – ion; ail – ial, etc.

Voir également les fiches pour la rééducation de la lecture et procéder à de fréquents exercices d'orientation.

c) *Addition ou omission de lettres*

Exemple : l'enfant écrit *trin* pour *train.*

Le grand principe à appliquer ici sera l'identité de structure. Nous proposons plus loin une méthodologie spéciale pour ce type de faute.

EXEMPLE DE SÉANCE : TRAITEMENT DES GRAPHIES « ain – ein – in – un – ym »

Nous donnons d'abord un texte de lecture [1]

Demain mon *parrain* commandera un joli petit *train* à *saint* Nicolas.
Dans la cour de la ferme, le petit *poussin* picore du *grain.*
Les *freins* du vélo de mon *cousin* sont usés.
Le *lapin* gambade dans le *thym* et le *romarin.*
Lundi, de bon *matin*, papa prendra le *train* pour *Louvain.*

Marche à suivre

a) *Relire :* l'enfant lit seul les mots soulignés.

b) *Remarquer :* dans tous ces mots nous entendons un son identique qui s'écrit de différentes manières.

[1] Le texte peut être présenté sur une fiche.

c) *Rechercher comment ils s'écrivent :* On aligne au tableau les colonnes suivantes : [1]

ain	in	ein	ym	un

d) *Classer* les mots que nous trouvons dans le texte.

e) *Dictée*

Nous dictons à l'enfant une série de mots contenant le même son orthographié de la même manière, par exemple grain, demain, forain, humain, craintif, etc, jusqu'à ce qu'il intègre parfaitement le ou les mots qu'il orthographiait mal. La série doit comporter au moins dix mots.

Quelques minutes après cette dictée ou à la séance suivante : dicter une nouvelle série dans laquelle le mot qui était mal orthographié par l'enfant (par exemple, le mot *train*) est présenté avec des mots contenant le même son et la même graphie (ain), mais aussi avec des mots pièges contenant **in, ein, ym, yn, un, en** (prononcé **in**, comme dans *moyen*).

f) *Rédiger la fiche* des mots en **ain, in, ein, un, ym, yn** selon les modèles présentés plus loin. L'adulte commence la rédaction de la fiche et l'enfant complète ultérieurement sous la direction de l'adulte.

Répétition : la fiche sera répétée plusieurs jours de suite jusqu'à ce que l'enfant ne fasse aucune faute dans ces mots. Ne jamais oublier de revenir souvent en arrière pour contrôler si les connaissances orthographiques de l'enfant sont absolument fermes.

Exercice complémentaire 1

Cet exercice vise à :

— renforcer l'image visuelle du mot
— renforcer la mémoire motrice du mot
— exercer la mémoire.

[1] On peut n'employer qu'une couleur.
Prendre garde à la prononciation de **un**, comme dans *lundi*; ne pas prononcer l**in**di.

Exemple : pour intégrer davantage la graphie du mot *train*, nous demandons à l'enfant :

— d'épeler le mot les yeux fermés : tr = t r
ain = a i n
a i n = ain

— les yeux toujours fermés [1], d'écrire le mot avec le doigt sur la table ou avec une éponge mouillée au tableau

— d'écrire le mot les yeux ouverts.

Exercice complémentaire 2

L'enfant dispose de cartons sur lesquels sont inscrits les différentes graphies. Le dos tourné au tableau, il est invité à montrer le carton correspondant à la graphie d'un mot prononcé à haute voix par le rééducateur et choisi parmi ceux qui figurent au tableau.

Remarques

a) Plus l'enfant est jeune, plus le travail doit être simplifié.

Dans le cas ci-dessus où l'on étudie les sons **ain, ein, in,** etc, on décomposera l'étude pour les plus jeunes enfants (8 ans) en donnant d'abord les mots en **ain** seuls. Lorsque la série est bien assimilée, on commencera un autre jour les mots en **ein,** puis ceux en **in,** etc. Lorsque chaque groupe est bien connu isolément, on récapitulera tous les mots.

b) Tous les mots doivent être compris, qu'ils soient dictés par l'adulte ou trouvés spontanément par l'enfant. *Il importe donc d'adapter soigneusement le vocabulaire choisi au niveau de l'enfant et surtout de consacrer tout le temps nécessaire pour expliquer très clairement la signification de chaque mot.* En effet, le vocabulaire des enfants dyslexiques est généralement pauvre ou plein de confusions, notamment pour les mots voisins par la sonorité : pointe et pinte, marais et marin, etc.

c) Ne pas oublier d'alterner l'étude des fiches et les dictées de mots avec d'autres exercices, pour éviter la monotonie et le dégoût : exercices d'attention et d'orientation, exercices sur les structures de phrases, voire exercices simples d'arithmétique.

[1] Il va de soi que si l'enfant se trompe dès le premier essai d'épellation, on lui demandera de bien regarder à nouveau le mot.

Étude systématique de l'orthographe d'usage

1. MOTS AVEC LES SONS « ain – ein – in – yn – ym – un »

ENFANTS DE 8-9 ANS

TYPES DE FICHES

ain	
grain	bain
demain	poulain
train	terrain
nain	forain
pain	soudain

in	
vin	malin
raisin	voisin
poussin	cousin
dessin	coussin
gamin	bassin

ein	
frein	peinture
plein	ceinture
teint	peindre
les reins	éteindre
teinture	atteindre

un	yn
brun	lynx
chacun	thym
aucun	
lundi	
parfum	

Exercices complémentaires

a) L'enfant complétera les fiches *au verso* avec les mots nouveaux rencontrés au cours de ses études.

b) Compléter les mots suivants :

— Le pouss... aime le bon gr...

— Le poul... galope sur mon terr...

— Le v... se fait avec du rais...

— Mon cous... mange peu de p... ; il a souvent mal aux r...

— Nous admirons le t... frais de ce gam...

— Mon vois... prend un b... chaque jour.

— Ce n... fait de beaux dess...

— Le for... a un œil de l...x.

— Chac... de nous aime le parf... du th...

— Ce n'est pas très mal... de p...dre cette porte en chêne.

c) Phrases à remettre dans l'ordre :

— La maison à venu le peintre est.

— Dans le petit lapin joue l'herbe malin.

— Grignote une grappe de raisins le gamin.

— La campagne siffle en traversant le train.

d) Choisis le mot qui convient le mieux pour achever la phrase.

— Jean-Claude est sale, sa maman lui donne son...

(poulain, bébé, forain, bain)

— Le boulanger cuit le … (fromage, pain, les tartes)

— Tu es mon ami, je te salue, je te donne la … (mallette, main, balle)

— Pour dîner, j'ai bu du … (vin, potage, l'eau)

— A la foire avec mon cousin, j'ai vu des … (forains, un peintre, des poussins)

— Papa a acheté une belle … (cravate, ceinture, peinture)

FICHE RÉCAPITULATIVE

ain	**in**	**ein**	**un - um**
grain	vin	frein	brun
demain	raisin	plein	chacun
train	poussin	teint	aucun
nain	dessin	les reins	lundi
pain	gamin	teinture	parfum
bain	malin	peinture	
poulain	voisin	ceinture	
terrain	cousin	peindre	**yn - ym**
forain	coussin	éteindre	lynx
soudain	bassin	atteindre	thym

Exercices (suite)

a) Compléter la fiche au verso avec les mots nouveaux rencontrés au cours des études.

b) Dicter à l'enfant des mots extraits au hasard de la fiche (mélanger des mots en ain, ein, in, etc.)

c) Mettre sous les yeux de l'enfant un texte quelconque (extrait de livre ou de revue) et lui demander de « cueillir » tous les mots contenant les sons **ain, in, ein, un, yn.**

d) Sur un morceau de papier, écrire en grands caractères trois mots, par exemple :

soudain – ceinture – raisin

Montrer ces mots à l'enfant pendant 5 secondes, puis les cacher et demander à l'enfant de les écrire de mémoire. Correction immédiate des erreurs.

Recommencer l'expérience avec d'autres mots, jusqu'à ce que l'enfant la réussisse parfaitement avec tous les mots de la fiche.

RECTO

ain	in	ein	yn - ym
bain	arlequin	ceinture	larynx
certain	assassin	dessein (= projet)	lynx
châtain	bambin	empreinte	pharynx
châtelain	bouquin	enceinte	syncope
copain	brin(d'herbe)	étreinte	syntaxe
dédain	bulletin	frein	synthèse
demain	butin	peinture	
écrivain	calepin	plein	lyncher
étain	chagrin	rein	
forain	chérubin	sein	cymbale
fusain	cintre	serein	symbole
gain	clavecin	teint	sympathie
grain	clin (d'œil)	teinture	symphonie
hautain	craquelin	astreindre	thym
humain	cristallin	atteindre	
levain	déclin	ceindre	
main	dessin	enfreindre	
maintenant	destin	éteindre	
nain	écrin	étreindre	
pain	enfin	feindre	
parrain	engin	geindre	
daim	félin	peindre	
faim	fin	teindre	
essaim	fortin		

VERSO

ain	in	en	un - um
plainte	(menu) fretin	européen	aucun
poulain	gourdin	examen	brun
prochain	gradin	herculéen	chacun
refrain	gredin	lycéen	commun
sacristain	lapin	méditerranéen	défunt
sain	larcin	pyrénéen	embrun
saint-sainte	malin	vendéen	emprunt
soudain	marin		(les) Huns
souterrain	médecin	citoyen	importun
suzerain	moulin	doyen	jungle
terrain	mutin	mitoyen	lundi
train	oursin	moyen	opportun
urbain	pantin		tribun
(en) vain	pétrin		Verdun
vilain	pin		
contraindre	plinthe		humble
craindre	potin		lumbago
plaindre	poussin		parfum
	raisin		
	requin		
	romarin		
	sapin		
	serin (= oiseau)		
	serpentin		
	traversin		
	tremplin		

Exercices

Ils sont analogues à ceux qui sont prévus pour les enfants de 8-9 ans. Seul le choix des mots sera différent (bien veiller à la compréhension parfaite de tous les mots).

REMARQUE IMPORTANTE

Nous venons d'établir le principe général de la rééducation de l'orthographe d'usage et nous avons proposé des modèles de fiches. Nous pouvons nous borner maintenant à *citer* les principales difficultés que rencontrent les enfants et, sans les ordonner ici sur des modèles de fiches (ce qui prendrait inutilement beaucoup de place), énumérer les mots-clés qui peuvent figurer sur celles-ci.
Ces mots seront recopiés sur des fiches réelles (en carton léger) que l'on complétera éventuellement au fur et à mesure de l'avancement scolaire de l'enfant.
Nous nous sommes efforcés d'être aussi complets que possible, aussi n'est-il pas nécessaire d'étudier avec l'enfant *toutes* les difficultés orthographiques que nous allons passer en revue, mais uniquement celles auxquelles l'enfant se bute.
De-ci de-là, nous ajouterons encore quelques remarques pour garantir à ce procédé le maximum d'efficacité.
Nous ajoutons quelques textes pouvant servir d'introduction aux séances de rééducation.

2. MOTS TERMINÉS PAR « o – au – eau »

ENFANTS DE 8-9 ANS

a) *Lecture*

Bravo Jean, regarde ton bateau qui vogue sur l'étang.
Pauvre Claude, tu as mal au doigt, tu t'es pincé dans l'étau de papa.
Jean, tu dois boire ton cacao, puis tu joueras avec ton château fort.

b) *Mots à choisir*

Dans le pré, l' ... bêle (moineau, bébé, agneau, veau)
Tante Jeanne joue du ... (pipeau, piano, pinceau)
Dans le désert avance péniblement ... (le tuyau, le chameau, le taureau)

c) *Fiche*

Mots en -o : allô, bravo, cacao, domino, loto, numéro, piano, zéro

Mots en -au : étau, fléau, gruau, joyau, noyau, préau, tuyau

Mots en -eau : agneau, bateau, berceau, cerceau, chapeau, château, moineau, peau, pinceau, poteau, rideau, tableau, seau d'eau, veau

(Ces trois séries de mots seront transcrites sur une seule fiche.)

a) *Lecture*

Le soldat se traîne péniblement dans le sombre boyau.
Le taureau furieux fonça à toute allure sur le matador.
Les Indiens hurlants se lancent à l'assaut.
Le levraut, le lapereau s'amusent sous les sapins.
Dans l'étang, j'ai vu un vilain crapaud.

b) *Mots à choisir*

Je suis muet comme une ... (tombeau, crapaud, carpe)

Pour ma fête, je recevrai un bon ... (pinceau, gâteau, berceau)

J'aime beaucoup les ... (artichauts, poireaux, saucissons)

c) *Phrases en désordre*

Mon est papa costaud.
L'assaut montent à les soldats.
Sur le moineau la branche chante.
Poussé le chapeau par le vent s'envole.

d) *Fiche*

Mots en -au : boyau, étau, fabliau, fléau, gruau, joyau, landau (s), noyau, préau, sarrau (s), tuyau

Mots en -aud : badaud, chaud ($\neq$ froid), costaud, courtaud, crapaud, échafaud, finaud, lourdaud, maraud, nigaud, noiraud, pataud, penaud, réchaud

Mots en -aut : artichaut, assaut, défaut, gerfaut, haut, levraut, saut, soubresaut, sursaut

Mots en -aux : (la) chaux, faux, taux

Mots en -eau :

— agneau, anneau, bateau, bourreau, carreau, chalumeau, chameau, chapeau, château, écriteau, escabeau, faisceau, flambeau, fourreau, gâteau, hobereau, jumeau, lambeau, lapereau, maquereau, marteau, moineau, oripeau, passereau, peau, plateau, plumeau, poteau, rameau, râteau, rideau, sceau (= cachet), tableau, taureau, terreau, tombeau, tonneau, tréteau, veau.

— arceau, berceau, cerceau, jouvenceau, lionceau, monceau, morceau, pinceau, souriceau.
— arbrisseau, ruisseau, seau (d'eau), trousseau, vaisseau, vermisseau.
— ciseau, fuseau, museau, naseau, oiseau, réseau.

e) *Lecture*

Le vent pousse de gros sanglots dans les branches des arbres.
Dans son abri souterrain, le mulot s'endort.
Le bûcheron rapporte ses fagots sur son dos, il prendra un bon repos.
Son chien l'attend; quand il arrive, il part au galop en aboyant joyeusement.
Si bébé est malade, donnons-lui du sirop.

f) *Mots à choisir*

Je lance mon ... (sabot, javelot, haricot)
J'entends ... de la vallée (l'écho, le duo, bravo)
J'ai fait un ... à mon pantalon (croc, accroc, escroc)
J'ai pris un ... bien mérité (dos, héros, repos)
J'ai reçu un beau jeu de ... (loto, numéro, mécano)

g) *Phrases en désordre*

Le coquelicot est rouge une belle fleur.
Le chariot tire le lourd tracteur.
Les jardins poussent dans les haricots.

h) *Fiche*

Mots en -o : alto, auto, bravo, brio, cacao, casino, credo, domino, duo, écho, fandango, flamenco, grosso modo, imbroglio, impresario, indigo, lavabo, loto, lumbago, moto, numéro, piano, primo, recto, secundo, silo, sirocco, solo, tertio, trio, vélo, verso, zéro.

Mots en -ot : abricot, bibelot, boulot, cachalot, cachot, cahot (de la route), camelot, canot, chariot, complot, coquelicot, dépôt, écot (part), entrepôt, ergot, escargot, fagot, falot, gigot, haricot, idiot, impôt, javelot, loriot, mulot, sanglot, sot, trot (du cheval).

Mots en -os : chaos (= désordre), clos, dispos, dos, gros, héros, huis clos, os, propos, repos.

Mots en -oc : accroc, broc, croc, escroc.

Mots en -op : galop, trop (beaucoup trop), sirop.

3. MOTS AVEC « ch », « c », « k »

ENFANTS DE 8-9 ANS

a) *Lecture*

Le perroquet fait autant de bruit seul que tout un orchestre.
Le kangourou file à plus de quarante à l'heure, sa queue lui sert pour se reposer.
J'ai un fameux hoquet, je n'ai pas digéré le kilo de bonbons que je viens d'avaler.
Dans mon quartier, les autos n'arrêtent pas de klaxonner à cause des embouteillages.

b) *Fiche*

Mots avec ch : archange, chrétien, christ, christophe, chronomètre, écho, orchestre.

Mots avec q : coq, équerre, hoquet, perroquet, quai, qualité, quantité, quarante, quartier, quatre, queue.

Mots avec k : bifteck, kaki, kangourou, képi, kilo, kiosque, klaxon, ticket.

ENFANTS DE 10 ANS ET PLUS

a) *Lecture*

Bientôt les cimetières seront remplis de chrysanthèmes.
Mon frère vient d'entrer à l'école technique.
J'aurais bien voulu être un mousquetaire ou un jockey.
Nous avons reçu la visite du mikado.

b) *Mots à choisir*

Je n'ai plus de cheveux; il me faudrait une … (perruque, quenouille, chrysanthème)

D'Artagnan était un courageux … (moustiquaire, mousquetaire, jockey)

Au zoo, j'ai vu des … (perruches, antiquaires, kangourous)

Je vais acheter le journal dans un … (képi, kiosque, quartier)

Ma sœur étudie le chant, elle est dans une … (chrysalide, chorale, quincaillerie)

Je me suis fait une … au bras (ankylose, ecchymose, chronique)

Quelque chose de très ancien, c'est … (archaïque, fréquent, coquin)

c) *Phrases en désordre*

Sur son chante le coq fumier.
J' bifteck aime bien de manger du.
Le m'a moustique piqué la main à.
L'épée le mousquetaire du sort fourreau.

d) *Fiche*

Mots avec ch : archaïque, archange, chaos (= désordre), chlore, chloroforme, chlorophylle, chœur, choléra, chorale, chrétien, christ, christophe, chronique, chronomètre, chrysalide, chrysanthème, ecchymose, écho, psychologie, technique.

Mots avec q : antiquaire, antiquité, coq, coquin, équerre, fréquent, hoquet, laquais, laque, loque, loquet, moquette, mousquetaire, moustique, perroquet, perruque, quadrille, quai, qualité, quantité, quarante, quartier, quatrain, quatre, queue, quenouille, quincaillier, quinte (de toux), quiproquo, quolibet, quote-part.

Mots avec k : ankylose, bifteck, coke, jockey, kaki, kaléidoscope, kangourou, kaolin, képi, kermesse, kilo, kimono, kiosque, kirsch, klaxon, kyrielle, mikado, moleskine, nickel, teck (bois), ticket.

4. MOTS AVEC « gn », « ni »

ENFANTS DE 8-9 ANS

a) *Lecture*

Mon compagnon et moi, nous allons nous baigner dans la Meuse.
Robert est tombé, il saigne, il faut le soigner.
Le jardinier ratisse les allées, les marronniers perdent leurs feuilles.
Le bananier et le citronnier sont des arbres des pays chauds.
Mon soulier est abîmé, je le porte chez le cordonnier.

b) *Mots à choisir*

Le marron est le fruit du ... (poirier, bananier, marronnier, châtaignier)
Maman a préparé de bons ... (souliers, beignets, paniers)

c) *Fiche*

Mots avec gn : accompagner, agneau, araignée, (se) baigner, beignet, cogner, compagnon, gagner, grogner, saigner, signer, soigner, souligner.

Mots avec ni : bananier, charbonnier, citronnier, cordonnier, cuisinier, dernier, douanier, grenier, jardinier, marronnier, meunier, panier, poissonnier, prunier.

ENFANTS DE 10 ANS ET PLUS

a) *Lecture*

Bébé pleure; en tombant, il s'est fait une égratignure mais ce ne sera pas grave.
Le vigneron s'en va de bon matin soigner sa vigne.
Quand il pleut, c'est amusant de jouer dans le grenier : on y découvre des trésors, de vieux habits bons pour le chiffonnier, un vieux canon et son canonnier.

b) *Mots à choisir*

Les premiers seront les ... (cordonniers, derniers, jardiniers)

Le marchand de poissons est un ... (meunier, menuisier, poissonnier)

Le vent secoue les fenêtres comme un ... (denier, prunier, pigeonnier)

Je pleure mais je n'ai pas de chagrin : c'est à cause des ... (pruniers, vignobles, oignons)

J'ai mis le beurre dans mon petit ... (panier, grenier, chansonnier)

c) *Fiche*

Mots avec gn : accompagner, agneau, aligner, araignée, (se) baigner, beignet, châtaigner, cligner, cogner, compagnon, daigner, dédaigner, égratigner, égratignure, éloigner, empoigner, gagner, grignoter, grognard, grogner, hargneux, imprégner, indigner, lorgner, montagnard, oignon, régner, rechigner, renfrogner, renseigner, répugner, rogner, rognure, saigner, signer, soigner, souligner, témoigner, trépigner, vigneron, vignoble.

Mots avec ni : aumônier, baleinier, bananier, biniou, braconnier, cancanier, canonnier, cantonnier, carabinier, caravanier, casanier, chansonnier, charbonnier, chaudronnier, chiffonnier, citronnier, cordonnier, cotonnier, cuisinier, dernier, denier, douanier, grenier, jardinier, lanière, manier, manière, marronnier, meunier, minier, nier, panier, pigeonnier, pionnier, plafonnier, poissonnier, prunier, renier, ténia.

5. MOTS SE TERMINANT PAR LE SON « u »

ENFANTS DE 8-9 ANS

a) *Lecture*

Le vilain barbu se promène dans la rue.
La tortue a été battue par le lapin.
Un inconnu est venu cambrioler notre maison.
L'obus a écrasé le talus.

b) *Mots à choisir*

Le laboureur se sert d'une ... (rue, tortue, charrue)
Les arbres bordaient l'... (rue, avenue, revue)
Le soldat fait un beau ... (jus, obus, salut)

c) *Fiche*

Au recto : noms masculins

— terminés par **u** : barbu, bossu, cru, fichu, inconnu, tissu
— terminés par **us** : dessus, jus, obus, pus, talus
— terminés par **ut** : but, début, salut

Au verso : noms féminins

— terminés par **ue** : avenue, battue, charrue, crue, laitue, retenue, revue, rue, statue, tortue, venue

ENFANTS DE 10 ANS ET PLUS

a) *Lecture*

Un individu barbu s'introduit à mon insu dans l'institut.
Il y a un malentendu, ce n'est pas ce que j'ai voulu.
Quel tohu-bohu dans cette avenue!
Le vieillard est perclus de rhumatismes.

b) *Mots à choisir*

L'orange donne un bon ... (jus, morue, vue)
Je n'aime pas l'huile de foie de ... (grue, sangsue, morue)
Je connais l'histoire du lièvre et de la ... (verrue, statue, tortue)
Les arbres bordent l'... (massue, avenue, issue)
Les eaux de la Meuse sont en ... (crue, rue, revue)
Les gens se bousculent : c'est une vraie ... (étendue, bévue, cohue)

c) *Fiche*

Au recto : noms masculins

— terminés par **u** : barbu, bossu, convaincu, cru, détenu, écu, fétu, fichu, inconnu, individu, ingénu, (à l') insu, malentendu, menu, parvenu, reçu, résidu, superflu, tissu, tohu-bohu, vaincu

— terminés par **us** : abus, camus, confus, dessus, diffus, inclus, intrus, jus, obtus, obus, perclus, pus, rébus, reclus, refus, surplus, talus

— terminés par **ut** : affût, attribut, bahut, but, canut, chahut, chalut, début, fût, institut, rebut, salut, substitut, tribut

— terminés par **ux** : afflux, flux, influx, reflux

Au verso : noms féminins

— terminés par **ue** : avenue, battue, bévue, bienvenue, charrue, ciguë, cohue, crue, déconvenue, décrue, entrevue, étendue, grue, issue, laitue, massue, moins-value, morue, mue, nue, plus-value, recrue, retenue, revue, rue, sangsue, statue, tortue, venue, verrue, vue

— terminés par **u** : bru, glu, tribu, vertu

6. MOTS TERMINÉS PAR LE SON « ou »

ENFANTS DE 8-9 ANS

a) *Lecture*

Bou-hou ! fait le hibou du haut de son arbre.
Cache-toi dans ton trou.
Maman a préparé un bon ragoût; pour le cuire, elle a utilisé du saindoux.
J'aime le mois d'août, le mois des vacances.

b) *Mots à choisir*

Ma balle est tombée dans ... (le trou, le verrou, la roue)

Pour acheter des sucettes, il faut des ... (poux, sous, choux)

c) *Fiche*

Au recto : noms masculins

— terminés par **ou** : bijou, chou, clou, cou, filou, genou, hibou, pou, sou, trou, verrou, voyou

— terminés par **out** : août, bout, égout, goût, ragoût

— terminés par **oux** : époux, houx, saindoux

Au verso : noms féminins

— terminés par **oue** : boue, joue, roue

— exception : la toux

ENFANTS DE 10 ANS ET PLUS

a) *Lecture*

Le berger joue du biniou.
Je voudrais bien manger du couscous.
Le marabout est un grand oiseau.
Le petit Alfred est tout roux.

b) *Mots à choisir*

A Noël, pour décorer nous pendrons du … (houx, ragoût, saindoux)

Dans le bois, le soir, le … hurle (pou, coup, loup)

c) *Fiche*

Au recto : noms masculins

- terminés par **ou** : acajou, amadou, bambou, bijou, biniou, cachou, caillou, chou, clou, cou, écrou, filou, garde-fou, genou, grisou, hibou, kangourou, licou, loup-garou, pou, sou, trou, verrou, voyou
- terminés par **ous** : burnous, couscous, dessous, remous, rendez-vous
- terminés par **out** : août, atout, bout, coût, dégoût, égout, embout, goût, marabout, moût, passe-partout, ragoût, touche-à-tout.
- terminés par **oux** : courroux, époux, houx, saindoux
- mots à part : caoutchouc, coup, joug, loup, pouls

Au verso : noms féminins

- terminés par **oue** : boue, gadoue, houe, joue, moue, proue, roue
- exception : la toux

7. MOTS TERMINÉS PAR LE SON « oi »

ENFANTS DE 8-9 ANS

a) *Lecture*

Il faisait froid le jour du tournoi.
C'est pourquoi Émile était si maladroit : il fit une chute dans le bois.
Les villageois sont allés le rechercher.
La prochaine fois, Émile espère réaliser un meilleur exploit.

b) *Mots à choisir*

D'un homme poli, on dit qu'il est … (étroit, courtois, bourgeois)

Le charcutier vend du bon pâté de … (foie, noix, pois)

Le chômeur, c'est celui qui a perdu son … (endroit, poids, emploi)

c) *Fiche*

Au recto : noms masculins et adjectifs

- — terminés par **oi** : beffroi, Éloi, emploi, envoi, pourquoi, renvoi, roi, tournoi
- — terminés par **ois** : bois, bourgeois, courtois, pois (légume), villageois
- — terminés par **oit** : adroit, droit, endroit, étroit, exploit, maladroit, toit
- — terminés par **oix** : choix
- — terminés par **oie** : (le) foie
- — terminés par **oid**, **oids** : froid, poids

Au verso : noms féminins

- — terminés par **oie** : courroie, joie, oie, soie, voie (chemin)
- — exceptions : la croix, une fois, la loi, la noix, la paroi, la voix (parler)

ENFANTS DE 10 ANS ET PLUS

a) *Lecture*

Le chamois court dans la montagne.
Parfois il s'arrête et regarde le chasseur d'un air narquois.
Il n'a vraiment pas l'air d'être aux abois !
Soudain il file droit dans un étroit passage et disparaît à la vue du chasseur qui en est tout pantois...

b) *Mots à choisir*

Les tuiles sont posées sur le ... (chamois, bois, toit)
Dans cette région, les gens parlent un certain ... (patois, sournois, minois)
J'ai reçu ce cadeau avec ... (choix, poids, joie)

c) *Fiche*

Au recto : noms masculins et adjectifs

- — terminés par **oi** : beffroi, convoi, désarroi, effroi, Éloi, émoi, emploi, envoi, octroi, palefroi, pourquoi, renvoi, roi, tournoi
- — terminés par **ois** : (aux) abois, anchois, Artois, bois, bourgeois, carquois, chamois, courtois, (de) guingois, hautbois, Liégeois, minois, narquois, pantois, patois, pois(légume), putois, sournois, villageois
- — terminés par **oit** : adroit, détroit, droit, endroit, étroit, exploit, maladroit, noroît, passe-droit, surcroît, suroît, toit
- — terminés par **oix** : choix
- — terminés par **oie** : (le) foie
- — terminés par **oid**, **oids** : froid, sang-froid, contrepoids, poids

Au verso : noms féminins

- — terminés par **oie** : claire-voie, courroie, joie, lamproie, oie, proie, Savoie, soie, voie (chemin)
- — exceptions : la croix, la foi(croyance), une fois, la loi, la noix, la paroi, la poix, la voix (parler)

8. MOTS TERMINÉS PAR LE SON « i »

ENFANTS DE 8-9 ANS

a) *Lecture*

Les débris volaient dans l'abri; la bombe était tombée près de nous.
Le soldat saisit son fusil, pousse un cri et se lance à l'assaut de l'ennemi.

b) *Vrai ou faux?*

Le parapluie est un abri.
Je mange des salsifis à midi.
La biscotte est un biscuit.

c) *Mots à choisir*

Les pompiers arrivent à toute allure pour éteindre ...
(l'incendie, la pluie, le fruit)

Je vais au marché avec maman; nous achetons des ...
(parapluies, fruits, fusils)

Tu auras une récompense si tu es bien ... (ami, prix, gentil)

Comme les Chinois, je mange un bol de ... (rôti, cri, riz)

d) *Fiche*

Au recto : noms ou adjectifs au masculin singulier

- — terminés par **i** : abri, ami, apprenti, canari, cri, ennemi, épi, képi, oubli, pari, pli, rôti
- — terminés par **is** : anis, colis, hachis, logis, paradis, Paris, permis, radis, salsifis, tapis, vernis
- — terminés par **it** : appétit, bandit, biscuit, bruit, écrit, esprit, fruit, habit, lit, produit, récit
- — terminés par **il** : fusil, gentil, outil, persil, sourcil
- — terminés par **ie** : incendie, parapluie
- — autres terminaisons : nid; crucifix, prix; riz; (un) puits

Au verso : noms au féminin singulier

— terminés par **ie** : amie, boucherie, écurie, ennemie, pluie, prairie, scie, sonnerie, toupie

— exceptions : fourmi, brebis, souris, nuit, perdrix

ENFANTS DE 10 ANS ET PLUS

a) *Lecture*

Le soldat est fier avec son fusil et son képi.
Il vérifie les permis d'entrée et lève la barrière qui barre la route.
Pendant la guerre, beaucoup de jeunes prenaient le maquis.
Le génie installe un pont pour que les troupes passent la rivière.

b) *Vrai ou faux?*

Une voiture amphibie peut traverser une rivière.
Le radis est un beau fruit rouge.
Le vent retourne le parapluie.
Une scierie fabrique du bois.

c) *Mots à choisir*

Le vendredi, maman nettoie tous les ... (abris, habits, radis)
Certains peuples vivent dans des maisons bâties sur ... (taillis, Paris, pilotis)
Monsieur le boucher, donnez-moi une livre de ... (souci, panaris, hachis)

d) *Fiche*

Au recto : noms ou adjectifs au masculin singulier

— terminés par **i** : abri, ahuri, ami, apprenti, appui, banni, bistouri, bouilli, cabri, canari, cri, défi, émeri, ennemi, ennui, épi, établi, étourdi, étui, favori, (du) gui, hardi, inouï, képi, oubli, pari, pli, raccourci, rôti, souci, spahi, tri

— terminés par **is** : anis, buis, cailloutis, colis, coloris, commis, croquis, débris, devis, fouillis, gâchis, gazouillis, hachis, logis, louis, maquis, marquis, panaris, paradis, Paris, permis, pilotis, radis, salsifis, surplis, taillis, tapis, taudis, torchis, torticolis, treillis, vernis

— terminés par **it** : appétit, bandit, biscuit, bruit, circuit, conduit, confit, crédit, débit, délit, dépit, écrit, enduit, érudit, esprit, fruit, habit, lit, manuscrit, produit, profit, proscrit, récit, réduit, répit

— autres terminaisons : nid; baril, chenil, coutil, fenil, fusil, gentil, outil, persil, sourcil; riz; crucifix, prix; amphibie, génie, impie, incendie, messie, parapluie; (un) puits

Au verso : noms au féminin singulier

— terminés par **ie** : amie, antipathie, boucherie, carrosserie, dynastie, éclaircie, écurie, ennemie, fantaisie, folie, hémorragie, hostie, hypocrisie, mairie, myopie, pluie, prairie, scie, scierie, sonnerie, sympathie, toupie, tuerie, tyrannie

— exceptions : fourmi, brebis, souris, nuit, perdrix.

9. MOTS TERMINÉS PAR LE SON « oir »

ENFANTS DE 8-9 ANS

a) *Lecture*

Que le sapin est beau ! Les bougies dans leur bougeoir l'éclairent de mille feux.
Les cadeaux sont posés près de l'armoire.
Dans le couloir, j'entends le galop des enfants et, bientôt, leurs cris de victoire retentissent dès qu'ils ont découvert les présents.

b) *Vrai ou faux?*

La bouilloire est un appareil ménager.
L'oiseau vole grâce à ses nageoires.
J'arrose la poire pour la faire mûrir.

c) *Mots à choisir*

Je déguste une délicieuse … (passoire, baignoire, poire)

Le plongeur sous-marin a sur le dos un appareil … (obligatoire, respiratoire, méritoire)

En glissant, Yves s'est cassé la … (nageoire, mâchoire, passoire)

Quand il gèle, l'étang ressemble à un … (couloir, miroir, entonnoir)

d) *Fiche*

Au recto :

— noms au masculin terminés par **oir** : arrosoir, bonsoir, bougeoir, couloir, entonnoir, miroir, peignoir, trottoir

— noms au masculin terminés par **oire** : ivoire, pourboire, purgatoire, réfectoire

— noms au féminin terminés par **oire** : armoire, baignoire, balançoire, bouilloire, foire, glissoire, gloire, histoire, mâchoire, mémoire, nageoire, passoire, poire, victoire.

Au verso :

— adjectifs au masculin terminés par **oire** : méritoire, obligatoire, préparatoire, provisoire, respiratoire

— exception : noir

ENFANTS DE 10 ANS ET PLUS

a) *Lecture*

L'hiver reviendra avec son froid, sa neige, ses longues glissoires.
Pierre est tombé sur la mâchoire, il s'est cassé des dents.
Samedi la foire commence, j'irai m'y promener avec papa. Nous irons dans une baraque pleine de miroirs; nous tirerons à la carabine.

b) *Vrai ou faux?*

Le boucher se sert d'un hachoir.
Le savant travaille dans un laboratoire.
Quand j'ai de la fièvre, maman me met parfois un suppositoire.
L'éléphant a des défenses en ivoire.

c) *Mots à choisir*

L'auto dérape et grimpe sur le … (parloir, trottoir, miroir)

Au parc, je m'amuserai bien sur la … (bassinoire, balançoire, baignoire)

Les petits cochons se précipitent sur la … (poire, mangeoire, rôtissoire)

Un objet fort troué ressemble à une … (bouilloire, passoire, baignoire)

d) *Fiche*

Au recto :

— noms au masculin terminés par **oir** : abattoir, abreuvoir, accoudoir, arrosoir, assommoir, bonsoir, boudoir, bougeoir, brûloir, comptoir, couloir, crachoir, démêloir, désespoir, déversoir, dortoir, dressoir, ébauchoir, encensoir, entonnoir, espoir, éteignoir, fermoir, fumoir, grattoir, hachoir, loir, manoir, miroir, ostensoir, ouvroir, parloir, peignoir, perchoir, pressoir, remontoir, reposoir, repoussoir, sautoir, séchoir, terroir, trottoir

— noms au masculin terminés par **oire** : accessoire, auditoire, ciboire, conservatoire, déboire, directoire, exécutoire, grimoire, interrogatoire, ivoire, laboratoire, observatoire, offertoire, pourboire, promontoire, purgatoire, réfectoire, répertoire, réquisitoire, suppositoire, territoire

— noms au féminin terminés par **oire** : armoire, baignoire, balançoire, bassinoire, bouilloire, échappatoire, écritoire, écumoire, foire, glissoire, gloire, histoire, mâchoire, mangeoire, mémoire, moire, nageoire, passoire, périssoire, poire, rôtissoire, trajectoire, victoire

Au verso :

— adjectifs au masculin terminés par **oire:** aléatoire, aratoire, blasphématoire, circulatoire, contradictoire, dérisoire, éliminatoire, exécutoire, expiatoire, giratoire, hallucinatoire, illusoire, incantatoire, inflammatoire, méritoire, notoire, obligatoire, ondulatoire, péremptoire, préparatoire, provisoire, rédhibitoire, respiratoire, rogatoire, transitoire, vexatoire

— exception : noir

10. MOTS TERMINÉS PAR LES SONS « ol – aule »

ENFANTS DE 8-9 ANS

a) *Lecture*

J'ai cassé le bol.
J'ai vu le rossignol.
Il a une belle boussole.
Tu es drôle, elle est folle.
Mets-moi sur tes épaules.

b) *Vrai ou faux*

J'attache mes feuilles de cahier avec de la colle.
La gondole est une barque.
Le tournesol est un monsieur.
Quand on a la rougeole, on est tout rouge.

c) *Mots à choisir*

A la plage, pour se garantir du soleil, on s'abrite sous des ... (casseroles, paroles, parasols)

Le peintre ... son papier au mur. (colle, folle, saule)

Je m'assieds au pied d'un grand ... (parasol, col, saule)

d) *Fiche*

— Noms se terminant par **ol** : bol, col, parasol, rossignol, sol, tournesol, vol
— Noms se terminant par **ole** : boussole, casserole, école, gondole, parole, pétrole, rigole, rougeole, scarole, sole
— Noms se terminant par **ôle** : drôle, pôle, rôle, tôle
— Noms se terminant par **olle** : colle, folle
— Noms se terminant par **aule** : épaule, saule

ENFANTS DE 10 ANS ET PLUS

a) *Lecture*

La boussole est folle, elle tourne sur elle-même comme une toupie.
Le rossignol, juché sur un énorme tournesol, lance vers le ciel ses bémols.
Le saule se penche sur l'eau claire de la rivière et ses branches s'y rafraîchissent.
Maman, la casserole est sur le feu : faut-il y mettre de l'eau?
L'eau dégouline dans la rigole et forme un petit ruisseau qui va se perdre dans l'égout.

b) *Vrai ou faux?*

La scarole est un légume.
La variole est une maladie.
Pour faire tomber les noix, on se sert d'une gaule.

c) *Mots à choisir*

Cet homme a été arrêté; il a commis un ... (vol, bol, col)
Ils ont découvert du ... (créole, pétrole, guignol)
Je vais en vacances au ... (monopole, symbole, Tyrol)

d) *Fiche*

— Noms se terminant par **ol** : alcool, bémol, bol, bristol, col, entresol, guignol, licol, parasol, rossignol, sol, tournesol, Tyrol, vitriol, vol
— Noms se terminant par **ole** : alvéole, auréole, bestiole, boussole, camisole, carriole, casserole, console, coupole, créole, discobole, école, farandole, gloriole, gondole, idole, luciole, métropole, monopole, nécropole, obole, parabole, parole, pétiole, pétrole, protocole, rigole, rougeole, scarole, sole, symbole, variole, viole
— Noms se terminant par **ôle** : contrôle, drôle, geôle, môle, pôle, rôle, tôle
— Noms se terminant par **olle** : barcarolle, colle, corolle, folle
— Noms se terminant par **aule** : épaule, gaule, saule

11. MOTS TERMINÉS PAR LE SON « a »

ENFANTS DE 8-9 ANS

a) *Lecture*

En promenade, nous avons grimpé en haut d'une tour en bois et nous avons pu admirer le magnifique panorama. En bas, les gens ressemblent à des chats. Je ne peux pas me pencher car alors j'ai mal à l'estomac, j'ai le vertige.

b) *Vrai ou faux?*

Le boa est un gros serpent.
Un cadenas sert à fermer les portes.
Un hamac est un lit.

c) *Mots à choisir*

L'auto dérape sur le ... (tabac, verglas, lilas)

Le lilas et le ... fleurissent. (pacha, odorat, mimosa)

J'ai gagné mille francs à la ... (tombola, villa, véranda)

L'armoire tombe avec ... (éclat, coutelas, fracas)

d) *Fiche*

— Noms se terminant par **a** : boa, cinéma, gala, mimosa, opéra, pacha, panorama, sofa, tombola, tréma, véranda, villa
— Noms se terminant par **as** : bas, bras, cadenas, cervelas, compas, coutelas, débarras, embarras, fracas, lilas, matelas, pas, repas, tas, verglas
— Noms se terminant par **at** : avocat, chat, chocolat, combat, crachat, éclat, muscat, odorat, orphelinat, résultat
— Autres terminaisons : estomac, hamac, tabac; almanach

ENFANTS DE 10 ANS ET PLUS

a) *Lecture*

J'aime bien le cinéma, papa préfère l'opéra.
Le chat saute, le vase tombe avec fracas.
Papa achète du bon tabac de la Semois.
Ma sœur reste couchée, elle a mal à l'estomac.
Prenez garde en sortant, il y a du verglas.

b) *Vrai ou faux?*

L'acacia est un arbre, le dahlia une fleur rouge.
Dans la soupe, maman met parfois du tapioca.
L'ananas est un fruit.
Le lilas est une plante grimpante.
Le sofa est un genre de divan.
Le taffetas est une étoffe.

c) *Mots à choisir*

Je bois un verre de ... (muscat, tapioca, malaria)

Au printemps refleurit le ... (boa, pacha, lilas)

J'ai eu de mauvais ... (compas, résultats, dahlias)

Dans mon lit j'ai un douillet ... (taffetas, matelas, chocolat)

Le policier conduit le voleur au ... (tabac, réséda, commissariat)

d) *Fiche*

— Noms se terminant par **a** : acacia, agenda, aléa, boa, brouhaha, camélia, choléra, cinéma, dahlia, delta, gala, hortensia, inca, malaria, mimosa, opéra, pacha, panorama, paria, réséda, sofa, tapioca, tombola, tréma, véranda, villa

— Noms se terminant par **as** : amas, bas, bras, cabas, cadenas, canevas, cervelas, compas, coutelas, débarras, échalas, embarras, fatras, fracas, frimas, galetas, glas, judas, lilas, matelas, pas, platras, repas, taffetas, tas, tracas, trépas, verglas

— Noms se terminant par **at** : attentat, avocat, candidat, certificat, chat, chocolat, combat, commissariat, contrat, crachat, débat, éclat, format, goujat, grabat, lauréat, magistrat, mandat, muscat, noviciat, odorat, orphelinat, plagiat, prélat, reliquat, résultat, scélérat, syndicat

— Autres terminaisons : estomac, hamac, tabac; almanach; raz(de marée)

12. MOTS TERMINÉS PAR LE SON « ar »

ENFANTS DE 8-9 ANS

a) *Lecture*

Tu es trop bavard, écoute mieux!
Sers-toi de ton buvard pour sécher ton devoir.
Je mange des épinards et du homard.
Du haut de son rempart, le guetteur surveille la campagne.

b) *Vrai ou faux?*

Un bazar est un grand magasin.
La guitare est un instrument de musique; on souffle dedans comme dans une trompette.
Le nénuphar est une plante d'eau.

c) *Mots à choisir*

Papa fume un gros ... (avare, cigare, dollar)

Les ... de l'auto ne fonctionnent plus. (phares, chars, bars)

Cette nuit, j'ai fait un affreux ... (bazar, hangar, cauchemar)

d) *Fiche*

Au recto : noms et adjectifs se terminant par :

- **ard** : bavard, billard, boulevard, brouillard, buvard, campagnard, canard, colin-maillard, corbillard, épinard, foulard, hasard, homard, lard, léopard, milliard, montagnard, pétard, placard, poignard, regard, renard, retard, richard, vieillard
- **art** : art, départ, écart, part, quart, rempart

Au verso : noms et adjectifs se terminant par :

- **ar** : bar, bazar, cauchemar, char, dollar, hangar, nénuphar, tsar
- **are** : avare, cigare, fanfare, gare, guitare, mare, phare, rare
- **arre** : barre, bizarre

ENFANTS DE 10 ANS ET PLUS

a) *Lecture*

Le léopard se faufile dans les grandes herbes.
Le renard rusé fait le mort; la poule s'approche. Gare!
Le jars poursuit Jeannot qui venait se promener près de la mare.
Pour son départ, mon frère m'a offert un beau canard.

b) *Vrai ou faux?*

Le samovar est un soldat russe.
La jarre est une grande tasse.
Le casoar est un oiseau.
Le Tartare est un cavalier russe de l'ancien temps.
La grenouille provient du têtard.

c) *Mots à choisir*

Il se promène sur le ... (boulevard, brouillard, brancart)
Je joue volontiers au ... (cafard, billard, renard)
Je fais une omelette au ... (léopard, lard, richard)
Le soldat se promène sur le ... (rempart, fard, cigare)
La poule d'eau nage près du ... (nénuphar, racontar, tsar)
Pour éviter le froid, je porte autour du cou un ... (placard, foulard, renard)
Un grand bruit éclate dans la rue; c'est la ... (fanfare, tiare, mare)
Je mange des ... (dollars, épinards, foulards)
Il est tombé dans un ... (traquenard, vantard, soudard)
Le camion entre dans le ... (mouchard, jaguar, hangar)

d) *Fiche*

Au recto : noms et adjectifs se terminant par :

— **ard** : bagnard, bâtard, bavard, billard, blafard, boulevard, braillard, brancard, brassard, brouillard, buvard, cafard, campagnard, canard, colin-maillard, corbillard, criard, dard, égard, épinard, étendard, fard, foulard, fuyard, gaillard, guépard, grognard, hagard, hasard, homard, hussard, lard, léopard, lézard, milliard, montagnard, mouchard, moutard, pétard, placard, poignard, regard, renard, retard, richard, savoyard, soudard, têtard, traquenard, vantard, vieillard

— **art** : art, brocart, (étoffe), départ, écart, part, plupart, quart, quote-part, rancart (mettre au), rempart

— **ars** : épars, jars

Au verso : noms et adjectifs se terminant par :

— **ar** : avatar, bar, bazar, casoar, cauchemar, caviar, césar, char, dollar, hangar, (à l') instar, jaguar, lascar, nectar, nénuphar, racontar, samovar, tsar

— **are** : are, avare, barbare, centiare, cigare, cithare, curare, dare-dare, fanfare, gare, guitare, hectare, hilare, ignare, mare, ovipare, phare, rare, tare, tartare, tiare, vivipare

— **arre** : amarre, bagarre, barre, bizarre, jarre, tintamarre

13. MOTS TERMINÉS PAR LE SON « ace »

ENFANTS DE 8-9 ANS

a) *Lecture*

La fusée s'élance dans l'espace.
La limace s'étire avec lenteur.
La bécasse se cache dans les fourrés.
Je prends l'air sur la terrasse.

b) *Vrai ou faux?*

Je bois du sirop de limace.
Je me couche sur la paillasse.
Elle boit du café bien chaud dans une tasse en porcelaine.

c) *Mots à choisir*

Je me regarde dans la ... (glace, grimace, grâce)

Avec papa, je vais à la ... (mélasse, chasse, face)

d) *Fiche*

Noms se terminant par :

— **ace** : espace, face, glace, grâce, grimace, limace, place, surface, trace

— **asse** : bécasse, chasse, classe, crasse, crevasse, cuirasse, masse, mélasse, paillasse, tasse, terrasse

ENFANTS DE 10 ANS ET PLUS

a) *Lecture*

Claude fait une vilaine grimace.
La limace se prélasse dans la poussière humide des fraisiers.
La bécasse s'envole lourdement, car elle devine la menace du chasseur.
Attention! Ne t'aventure pas sur la glace de l'étang.
J'ai envie d'une bonne tasse de café.
La tortue rentre dans sa carapace; c'est sa maison.

b) *Vrai ou faux?*

L'aigle est un rapace.
Le renard est un animal vorace.
Au cours de géographie, je me sers d'un atlas.

c) *Mots à choisir*

Aujourd'hui c'est congé : on ne va pas en ... (surface, classe, terrasse)
Je ris, tellement cette grimace est ... (cocasse, basse, face)
La fusée est partie dans ... (la classe, l'espace, la contrebasse)
Il est grimpé sur des ... (échasses, masses, tasses)
Le vautour nettoie la ... de la gazelle. (tignasse, nasse, carcasse)
Je peigne ma ... (terrasse, potasse, tignasse)
A la banque, je retire une ... de billets (liasse, brasse, filasse)
Mes tartines sont dans ma ... (carapace, rosace, besace)

d) *Fiche*

Noms et adjectifs se terminant par :

— **ace** : audace, besace, carapace, coriace, dédicace, efficace, espace, face, fouace, fugace, glace, grâce, grimace, limace, menace, perspicace, place, populace, préface, race, rapace, rosace, surface, tenace, trace, vivace, vorace

— **asse** : bécasse, brasse, calebasse, carcasse, chasse, châsse, classe, cocasse, contrebasse, crasse, crevasse, cuirasse, culasse, échasse, filasse, impasse, liasse, masse, mélasse, nasse, paillasse, paperasse, potasse, tasse, terrasse, tignasse

— **as** : atlas, as, pancréas

14. MOTS TERMINÉS PAR LE SON « ice »

ENFANTS DE 8-9 ANS

a) *Lecture*

Jean se lave les dents; il emploie du dentifrice, une brosse et de l'eau.
A l'école, il fait beaucoup d'exercices.
Il se promène avec papa près du champ d'aviation; les hélices tournent, les avions décollent. C'est amusant.

b) *Vrai ou faux?*

Les groseilles vertes s'appellent cassis.
La génisse est une jeune vache.
La Suisse est un fromage.

c) *Mots à choisir*

Le poivre est une ... (épice, hélice, réglisse)

Jean est aimable, il rend volontiers ... (justice, police, service)

Je suce un morceau de ... (saucisse, réglisse, Suisse)

d) *Fiche*

Noms et adjectifs se terminant par :

— **ice** : actrice, armistice, avarice, bénéfice, calice, cicatrice, dentifrice, directrice, épice, exercice, hélice, impératrice, institutrice, justice, nourrice, police, sacrifice, service

— **isse** : cuisse, écrevisse, génisse, jaunisse, lisse, réglisse, saucisse, Suisse

ENFANTS DE 10 ANS ET PLUS

a) *Lecture*

Plus tard, je voudrais être institutrice, et toi? Moi, non, je voudrais être actrice.
Il y a encore eu un accident, voilà l'auto de la police qui arrive.
Le pauvre Yves est malade de la jaunisse.
Papa est furieux, il ne retrouve plus son tournevis.
La poule picore des grains de maïs.

b) *Vrai ou faux?*

Les écrevisses marchent à reculons.
Le calice est une partie d'une fleur.
Les immondices sont des déchets.
La cuisse est une partie du bras.

c) *Mots à choisir*

Le marchand est content, il a fait du ... (service, délice, bénéfice)

Chez le boucher, j'achète un kilo de ... (réglisse, saucisse, écrevisse)

Le ... est une belle fleur blanche. (cassis, myosotis, lis)

d) *Fiche*

Noms et adjectifs se terminant par :

— **ice** : actrice, accusatrice, ambassadrice, appendice, armistice, artifice, (les) auspices, avarice, bénéfice, calice, cantatrice, caprice, cicatrice, cilice, complice, délice, dentifrice, directrice, édifice, épice, exercice, hélice, hospice, immondice, impératrice, indice, inspectrice, institutrice, justice, lectrice, maléfice, malice, milice, monitrice, notice, nourrice, novice, office, orifice, police, préjudice, sacrifice, service, spectatrice. supplice, varice, vice

— **isse** : abscisse, bâtisse, coulisse, cuisse, écrevisse, esquisse, génisse, jaunisse, lisse, (eau de) mélisse, métisse, narcisse, pelisse, réglisse, saucisse, Suisse

— **is** : cassis, ibis, iris, lis, maïs, métis, myosotis, oasis, pubis, rachis, tennis, tournevis, vis

15. MOTS TERMINÉS PAR LE SON « an – en »

ENFANTS DE 8-9 ANS

a) *Lecture*

L'ouragan fait rage sur l'océan et sur les champs. Le paysan rentre ses bêtes, le marchand ferme ses volets, car à tout instant la bourrasque peut tout emporter. Le ciel qui était blanc devient tout noir, l'étang s'agite.
Dans la cour de la ferme, on entend les aboiements inquiets de Médor. Mettons-nous vite à l'abri du vent.

b) *Vrai ou faux?*

Un géant mesure toujours plus de trois mètres.
Un orang-outang est plus fort qu'un éléphant.
Le poisson n'a pas de sang.

c) *Mots à choisir*

Jean s'est blessé, il perd tout son ... (sang, rang, élan)

Le drapeau français est bleu, rouge et ... (sang, safran, blanc)

Dans la cour de la caserne, on entend crier l'...
(commandant, adjudant, sergent)

d) *Fiche*

Au recto de la fiche : noms et adjectifs se terminant par :

— **an** : artisan, charlatan, chenapan, cran, divan, élan, faisan, merlan, océan, ouragan, paysan, pélican, plan, roman, turban, volcan

— **and** : brigand, gland, gourmand, grand, marchand, normand

— **ant** : adjudant, appétissant, calmant, couchant, diamant, éléphant, géant, instant, levant, occupant, tranchant, savant, volant

— **anc** : banc, blanc, flanc, franc

— **ang** : étang, rang, sang

Au verso de la fiche : noms et adjectifs se terminant par :

— **ent** : accent, accident, ciment, froment, innocent, intelligent, monument, parent, quotient, récipient, sergent, talent, vent

— **ement** : aboiement, amusement, croisement, dévouement, éloignement, éternuement, ossements, paiement, remerciement

— autres terminaisons : hareng; longtemps, printemps, temps; encens, (les) gens

ENFANTS DE 10 ANS ET PLUS

a) *Lecture*

C'est l'automne, c'est la chasse. Prends garde, petit faisan!
« Brigand! » dit maman à Jeannot, « tu as volé tous les biscuits ».
C'est l'anniversaire de Jean. Que le gâteau est appétissant!
Les élèves remuent en classe; un banc, ce n'est pas très confortable.
Papa et Claude vont pêcher dans l'étang de la ferme.

b) *Vrai ou faux?*

Le gland est le fruit du chêne.
Le caïman ressemble au crocodile.
Le mustang est un cheval sauvage.

c) *Mots à choisir*

J'ai une belle bague avec un beau ... (tympan, diamant, franc)

Admire les hautes vagues de l'... (élan, artisan, océan)

J'entends un ... sonore. (éternuement, nettoiement, monument)

Cet artiste a beaucoup de ... (froment, talent, ciment)

d) *Fiche*

Au recto de la fiche : noms et adjectifs se terminant par :

— **an** : artisan, bilan, caban, caïman, carcan, castillan, catalan, chambellan, charlatan, chenapan, courtisan, cran, divan, élan, faisan, merlan, musulman, océan, ouragan, partisan, paysan, pélican, plan, roman, turban, tympan, volcan

— **and** : brigand, chaland, friand, gland, goéland, gourmand, grand, marchand, normand, tisserand, truand

— **ant** : adjudant, appétissant, ascendant, asphyxiant, assaillant, belligérant, calmant, couchant, délinquant, diamant, éléphant, excitant, exigeant, géant, grelottant, instant, levant, manant, occupant, plant (de pomme de terre), protestant, tranchant, savant, volant

— **anc** : banc, blanc, flanc, franc

— **ang** : étang, mustang, orang-outang, rang, sang

Au verso de la fiche : noms et adjectifs se terminant par :

— **ent** : accent, accident, adolescent, affluent, auvent, ciment, concurrent, confluent, convalescent, froment, inconvénient, innocent, intelligent, monument, occident, orient, parent, quotient, récipient, sergent, talent, vent

— **ement** : aboiement, abonnement, amusement, balbutiement, bégaiement, chatoiement, croisement, dénuement, dévouement, éloignement, enrouement, établissement, éternuement, maniement, nettoiement, ossements, paiement, pépiement ralliement, rapatriement, recueillement, remerciement, rugissement, tutoiement

— **aon** : faon, paon, taon

— autres terminaisons : hareng; longtemps, printemps, temps; (les) dépens, encens, guet-apens, (les) gens, sens et contresens

16. MOTS TERMINÉS EN « ai – ait – ais », etc.

ENFANTS DE 8-9 ANS

a) *Lecture*

La sorcière enfourche son balai et disparaît dans les nuages.
Je suis distrait en classe et je me fais punir.
Albert aime boire du lait bien frais.
Je rends la monnaie au marchand.

b) *Vrai ou faux?*

Un marais, c'est comme une grande rivière.
Un portrait, c'est presque une photo.

c) *Mots à choisir*

Pour payer, donnez-moi un peu de ... (délai, craie, monnaie)
En classe, je suis parfois ... (épais, distrait, mauvais)
Pour nous protéger du froid, nous mettons un ... manteau. (épais, parfait, gai)

d) *Fiche*

Noms et adjectifs terminés par :

— **ai** : balai, délai, essai, gai, mai, minerai, quai, vrai
— **ait** : bienfait, distrait, fait, lait, parfait, portrait, souhait, trait
— **ais** : engrais, épais, frais, jamais, marais, mauvais, palais
— **aie** : craie, haie, monnaie, plaie, raie

ENFANTS DE 10 ANS ET PLUS

a) *Lecture*

Après avoir lutté un quart d'heure avec le brochet, papa le tire de l'eau.
Ce soir, maman nous servira des beignets aux pommes.
L'automne rend la forêt rousse et jaune.
Je vais chez le dentiste car j'ai un vilain abcès qui me fait souffrir.

b) *Vrai ou faux?*

L'engrais sert à détruire les mauvaises herbes.
Le fer est un minerai.

c) *Mots à choisir*

J'ai rangé le ... dans le placard. (balai, fait, souhait)
C'est un beau ... de maman quand elle était jeune. (marais, portrait, lait)
Sur ses cultures, le fermier répand de l'... (épais, ivraie, engrais)

d) *Fiche*

Noms et adjectifs terminés par :

— **ai** : bai, balai, brai, chai, déblai, étai, essai, gai, geai, mai, minerai, quai, remblai, vrai
— **ait** : abstrait, attrait, bienfait, contrefait, distrait, extrait, fait, forfait, lait, méfait, parfait, portrait, retrait, satisfait, souhait, stupéfait, trait
— **ais** : biais, dadais, dais, désormais, engrais, épais, frais, harnais, jamais, laquais, marais, mauvais, niais, palais, panais, rabais, relais
— **aie** : baie, braie, cerisaie, châtaigneraie, chênaie, claie, craie, futaie, haie, ivraie, jonchaie, laie, monnaie, orfraie, pagaie, palmeraie, plaie, raie, ronceraie, roseraie, taie
— autres terminaisons : faix, paix, portefaix; laid, plaid

17. MOTS TERMINÉS EN « et », « êt », « ès », etc.

ENFANTS DE 8-9 ANS

a) *Lecture*

Je grimpe sur le dos du baudet. Je vais à la pêche au brochet.
Le baudet marque l'arrêt; je descends, je gagne la forêt dans laquelle coule la rivière.
J'ai beaucoup de succès; je reviens avec deux gros brochets.

b) *Vrai ou faux?*

L'archet est un morceau de bois.
Le genêt est une plante sauvage aux belles fleurs jaunes.

c) *Mots à choisir*

Dans le cerisier, le ... siffle. (roitelet, jet, archet)
... l'orage, le soleil reviendra. (près, après, auprès)

d) *Fiche*

Mots se terminant par :

— **et** : baudet, beignet, bracelet, brochet, buffet, cachet, cadet, corset, crochet, déchet, gilet, guichet, jet, lacet, muguet, œillet, parquet, poignet, reflet, regret, sifflet, valet

— **êt** : arrêt, forêt

— **ès** : après, auprès, décès, excès, exprès, près, procès, progrès, succès

ENFANTS DE 10 ANS ET PLUS

a) *Lecture*

Maman cire le parquet; il brille comme un sou neuf.
J'ai mal au poignet; je suis tombé au cours de gymnastique.
Je me promène volontiers dans la forêt.
Le jockey monte le poney pour s'amuser.

b) *Vrai ou faux?*

Un jockey est un joueur de ping-pong.
Le cyprès est un arbre qui orne les cimetières.

c) *Fiche*

Mots se terminant par :

— **et** : archet, baudet, beignet, bracelet, brochet, budget, buffet, cachet, cadet, concret, corselet, corset, cricket, crochet, déchet, furet, gibet, gilet, goret, gourmet, guichet, jarret, jet, lacet, muguet, œillet, parquet, poignet, reflet, regret, rejet, replet, roitelet, serpolet, sifflet, sorbet, soufflet, valet

— **êt** : acquêt, apprêt, arrêt, benêt, forêt, genêt, intérêt, prêt, protêt

— **ès** : abcès, accès, agrès, après, auprès, congrès, cyprès, décès, excès, exprès, grès, insuccès, près, procès, profès, progrès, succès; aloès, cacatoès, faciès, herpès, palmarès, pataquès (*s* sonore)

— **ets** : entremets, mets, rets

— **ey** : bey, dey, jockey, poney, trolley, volley (-ball)

— autres terminaisons : legs; circonspect, respect, suspect

18. NOMS FÉMININS EN « ée »

ENFANTS DE 8-9 ANS

a) *Lecture*

L'araignée tisse sa toile : c'est un piège pour les mouches.
Robert avale de petites gorgées de tisane chaude dont se dégage une épaisse fumée odorante.
Au baptême de Luc, j'ai distribué beaucoup de bonnes dragées.

b) *Vrai ou faux?*

La pensée est une belle fleur multicolore.
Le soldat se cache au fond de sa tranchée.

c) *Mots à choisir*

J'ai rencontré un ami; je lui ai donné une bonne ... de main
(poignée, gorgée, dragée)

Dans le jardin, papa a semé de belles ... (fumées, allées, pensées)

d) *Fiche*

allée, année, araignée, armée, bouchée, buée, chaussée, cheminée, dragée, fumée, gelée, gorgée, mariée, matinée, pincée, poignée, rangée.
Exception : clé (clef)

ENFANTS DE 10 ANS ET PLUS

a) *Lecture*

L'armée, rangée en ordre de bataille, attendait l'ordre de se lancer à l'assaut.
L'auto fit une embardée, se redressa puis s'immobilisa dans un crissement de freins et une odeur de pneus brûlés.

b) *Vrai ou faux?*

Une bouée sert à sauver ceux qui tombent à l'eau.
Une enjambée, c'est une mesure.
Une mosquée, c'est une église.

c) *Mots à choisir*

Nous avons fait une belle ... (traînée, randonnée, mariée)
Mets dans la soupe une ... de sel. (poignée, pincée, gorgée)
L'hiver, dans le salon, nous faisons une bonne ... (ondée, flambée, mêlée)

d) *Fiche*

aiguillée, allée, année, araignée, armée, assemblée, avancée, bouchée, bouée, bouffée, chaussée, cheminée, chevauchée, cognée, criée, dragée, échauffourée, embardée, enjambée, (à l') étouffée, feuillée, flambée, foulée, fumée, gelée, giboulée, giroflée, gorgée, idée, huée, lignée, mariée, matinée, mêlée, mosquée, nichée, nuée, ondée, orchidée, orée, pensée, pincée, plongée, poignée, randonnée, rangée, renommée, saignée, simagrée, trachée, traînée, tranchée, trouée, veillée.

Exception : clé (clef)

19. NOMS FÉMININS EN « -té », « -tié », « -tée »

ENFANTS DE 8-9 ANS

a) *Lecture*

La cruauté envers les animaux, c'est mal; ils préfèrent notre amitié.
Si un timbre-poste est cher, c'est à cause de sa rareté.
Jean est puni car il a dit des grossièretés au maître.

b) *Vrai ou faux?*

La fierté est un défaut.
La moitié vaut quatre huitièmes.

c) *Mots à choisir*

J'ai rendu la ... à mon canari. (liberté, dureté, habileté)
Merci pour ta précieuse ... (tripotée, dictée, amitié)

d) *Fiche*

Au recto : noms féminins en **-té, -tié** :

amitié, cité, clarté, cruauté, curiosité, dureté, facilité, fausseté, fierté, grossièreté habileté, honnêteté, liberté, moitié, nouveauté, parenté, piété, pureté, rareté, saleté

Au verso : noms féminins en **-tée** :

assiettée, brouettée, charretée, dictée, montée, pâtée, potée, tripotée

ENFANTS DE 10 ANS ET PLUS

a) *Lecture*

Regarde ce menuisier. Quelle habileté! De ses mains agiles sortent des merveilles.
La clarté vive lui faisait plisser les paupières.
La curiosité est parfois dangereuse. Ainsi ce petit chat qui voulait voir ce qu'était une trappe, fut bien surpris.

b) *Vrai ou faux?*

La loyauté est une belle qualité.
On remercie quelqu'un avec des grossièretés.

c) *Mots à choisir*

Le loup regarde la poule avec ... (amitié, avidité, cruauté)

Le verre coupe ce carton avec ... (netteté, nocivité, pureté)

d) *Fiche*

Au recto : noms féminins en **-té, -tié** :

ambiguïté, amitié, animosité, anxiété, austérité, brièveté, cavité, cité, clarté, commodité, contrariété, cruauté, curiosité, dureté, efficacité, facilité, fausseté, fermeté, fierté, grossièreté, habileté, honnêteté, hospitalité, hostilité, inimitié, intensité, liberté, loyauté, médiocrité, moitié, mondanité, naïveté, nécessité, netteté, nocivité, nouveauté, parenté, pitié, pureté, rareté, réalité, rivalité, saleté, satiété, sobriété, société, sonorité, ténacité, vanité, vulgarité

Au verso : noms féminins en **-tée** :

assiettée, brouettée, butée, charretée, dictée, hottée, jetée, montée, nuitée, pâtée, pelletée, portée, potée, tripotée

20. NOMS MASCULINS EN « é – er – ée »

ENFANTS DE 8-9 ANS

a) *Lecture*

Aujourd'hui, c'est congé. Nous partons nous promener. Nous irons déjeuner à l'hôtel près de la frontière. Les douaniers sont gentils, ils ne nous inquiètent pas. L'hôtelier, du haut de l'escalier, nous accueille chaleureusement.
Nous mangeons du délicieux gibier. Après ce repas, nous irons visiter le musée; au rez-de-chaussée se trouve une salle consacrée aux animaux d'Afrique. Quelle belle journée!

b) *Vrai ou faux?*

Pour faire de la farine, il faut du blé.
Un canapé est un long fauteuil.
Les canards sont enfermés dans le poulailler.

c) *Mots à choisir*

La châtaigne est le fruit du ... (menuisier, châtaignier, pommier)

La nuit, nous posons la tête sur un ... (douanier, soulier, oreiller)

Je place une bougie dans le ... (cendrier, escalier, chandelier)

d) *Fiche*

Noms masculins terminés par :

— **é** : blé, canapé, congé, employé, fiancé, fossé, marché, marié, pavé, péché (= faute), prè, thé
— **er** : acier, cavalier, chandelier, châtaignier, (le) coucher, déjeuner, dîner, douanier, escalier, gibier, goûter, hôtelier, (le) lever, marronnier, mobilier, oreiller, poulailler, soulier
— **ée** : athénée, lycée, musée, pygmée, rez-de-chaussée

ENFANTS DE 10 ANS ET PLUS

a) *Lecture*

José roule à vélo; le voilà qu'il lâche les mains... et qu'il tombe dans le fossé.
Le douanier vérifie dans le coffre de la voiture s'il n'y a pas des bouteilles cachées.
Venez vite, les enfants, le déjeuner est prêt.
Le renard est venu visiter le poulailler; trois poules ont disparu.

b) *Vrai ou faux?*

Le gland est le fruit du châtaignier.
Le maraîcher fait pousser les légumes.
Le scaphandrier commence l'escalade de la haute montagne.
Le chimpanzé est une sorte de gros chien.

c) *Mots à choisir*

A l'école, ce que je préfère ce sont les jours de ... (marché, congé, cliché)

L'auto est allée dans le ... (pavé, canapé, fossé)

Elle a dégringolé ... (l'escalier, le dîner, le fourré)

En jouant dans le ruisseau, j'ai perdu un ... (perruquier, soulier, herbier)

d) *Fiche*

Noms masculins se terminant par :

— **é** : blé, canapé, chimpanzé, clergé, cliché, comité, congé, crustacé, défilé, duché, émigré, employé, énoncé, évêché, fiancé, fossé, fourré, gré, gué, jubé, marché, marié, pavé, péché (= faute), pré, préjugé, retraité, thé, tracé

— **er** : acier, amandier, barbier, brigadier, cantonnier, cavalier, chandelier, châtaignier, cognassier, colombier, (le) coucher, créancier, déjeuner, devancier, dîner, douanier, escalier, geôlier, gibier, goûter, greffier, grenadier, herbier, hôtelier, (le) lever, maraîcher, marronnier, mobilier, oreiller, pénitencier, perruquier, poulailler, scaphandrier, soulier
noms en -illier : groseillier, joaillier, marguillier, quincaillier, vanillier

— **ée** : apogée, athée, athénée, caducée, camée, coryphée, gynécée, hyménée, lycée, mausolée, musée, pygmée, rez-de-chaussée, scarabée, trophée

21. MOTS TERMINÉS PAR « air – aire – ère – erre – er – ert », etc.

ENFANTS DE 8-9 ANS

a) *Lecture*

L'éclair illumina la pièce, la foudre tomba, le lampadaire s'éteignit. Que de bruit !
Le paratonnerre, heureusement, joua son rôle.
Par la portière, on pouvait voir les panthères souples se glisser parmi les hautes herbes.

b) *Vrai ou faux ?*

Un pharmacien s'appelle aussi un apothicaire.
Le dromadaire a deux bosses.
Le lierre est une sorte de plante grimpante.
Le verre est une belle couleur.

c) *Mots à choisir*

Le cow-boy dégaine son … (fer, revers, revolver)
Je connais la chanson du bon roi … (dessert, Dagobert, serf)
Voici une glace comme … (hiver, désert, dessert)
Nous irons en vacances à la … (serre, cuiller, mer)

d) *Fiche*

Au recto de la fiche : mots terminés par :

— **air** : air, chair, clair, éclair
— **aire** : adversaire, affaire, anniversaire, calvaire, corsaire, lampadaire, locataire, paire, vestiaire
— **ère** : barrière, caractère, cimetière, glacière, mystère, panthère, portière, prière, rivière, soupière
— **erre** : (une) équerre, guerre, lierre, pierre, terre, tonnerre, verre

Au verso de la fiche : mots terminés par :

— **er** : cher, cuiller, enfer, fer, hier, hiver, mer, revolver, ver
— **ert** : concert, couvert, Dagobert, désert, dessert
— **ers** : envers, revers, travers, univers
— **erf** : cerf, nerf, serf

ENFANTS DE 10 ANS ET PLUS

a) *Lecture*

Le lierre encombrait les murs; toutes ces vieilles pierres ne tenaient plus que par miracle.
Dans le désert, le dromadaire avance sous un soleil de plomb.
J'ai apporté à maman une jolie primevère.
L'hiver, le pivert se cache; il a froid. Le cerf cherche quelques pousses échappées à la gelée.

b) *Vrai ou faux?*

Le chat est un mammifère, la baleine aussi.
Le camembert est un fromage.
Le cerf ressemble à une vache.
Autrefois, le serf était un pauvre cultivateur au service du seigneur.

c) *Mots à choisir*

Maman me dit de préparer la table; je mets le ... (dessert, verre, couvert)
Les moines vivent dans un ... (enfer, monastère, parterre)
L'avion s'écrasa dans un bruit de ... (concert; couvert, tonnerre)
Les ... s'emparent du navire. (faussaires, corsaires, glaires)
Pour tracer des angles droits, nous utilisons notre ... (équerre, lierre, serre)
Dimanche nous servirons la soupe dans la belle ... (tabatière, soupière, glacière)

d) *Fiche*

Au recto de la fiche : mots terminés par :

— **air** : air, chair, clair, éclair, flair, impair, pair

— **aire** : adversaire, affaire, aire, anniversaire, annulaire, apothicaire, bibliothécaire, calvaire, chaire, corsaire, dromadaire, estuaire, faussaire, glaire, hebdomadaire, inventaire, lampadaire, locataire, molaire, paire, pécuniaire, pensionnaire, repaire (de bandits), révolutionnaire, rosaire, suaire, vestiaire

— **ère** : artère, atmosphère, austère, barrière, belvédère, caractère, cimetière, compère, confrère, débarcadère, éphémère, filière, glacière, hémisphère, hère, jarretière, mammifère, ministère, monastère, mystère, panthère, portière, prière, primevère, (point de) repère, réverbère, rivière, soupière, stère, ulcère, viscère

— **erre** : cimeterre, équerre, guerre, lierre, paratonnerre, parterre, pierre, (une) resserre, serre, terre, tonnerre, verre

Au verso de la fiche : mots terminés par :

— **er** : cancer, cher, cuiller, docker, enfer, éther, fer, hier, hiver, leader, manager, mer, outremer, outsider, pater (prière), poker, polder, reporter, revolver, sphincter, tender, ver

— **ert** : Camembert, concert, couvert, Dagobert, désert, dessert, expert, pivert, transfert

— **ers** : (frère) convers, divers, envers, (yeux) pers, pervers, revers, tiers, travers, univers,

— **erf** : cerf, nerf, serf

— **erc** : clerc

22. MOTS TERMINÉS PAR « ette – ête – aite »

ENFANTS DE 8-9 ANS

a) *Lecture*

L'alouette grimpe, grimpe dans le ciel. Elle fait mille pirouettes, puis se perche sur la tête d'une pâquerette.

b) *Vrai ou faux?*

Je bois du lait dans mon assiette.
Je mets le pain dans ma serviette.
Il tire à l'arbalète.
Je porte la brouette sur mon dos.

c) *Mots à choisir*

Avec mes parents, j'irai à la ... (planète, fête, roulette)

Je joue de la ... (brouette, crête, trompette)

Le coq a une belle ... toute rouge. (tête, bête, crête)

d) *Fiche*

Mots terminés par :

- — **ette** : alouette, assiette, baguette, brouette, charrette, collerette, cueillette, mallette, miette, mouette, pirouette, roulette, serviette, silhouette, statuette, trompette, violette, voilette
- — **ète** : arbalète, athlète, comète, planète, poète, préfète
- — **ête** : arête, bête, crête, fête, honnête, tempête, tête

ENFANTS DE 10 ANS ET PLUS

a) *Lecture*

Le clown, dans son bel habit de paillettes, fait une pirouette et se retrouve sur le dos du cheval.
Julien arme son arbalète et vise le cerf qui s'aventurait imprudemment.
Le commissaire procède à une enquête; les voleurs seront bientôt pris.
Papa est fâché : son club a subi une nouvelle défaite.

b) *Vrai ou faux?*

J'ai versé du savon en paillettes dans la machine à laver.
Le maçon se sert d'une assiette pour construire son mur.
Dans la rivière, l'alouette nage avec vigueur.

c) *Mots à choisir*

La ... fait la chasse aux lapins. (mouette, crevette, belette)

Quand on est malade, on se met parfois à la ... (vignette, diète, comète)

Les soldats battent en ... (traite, retraite, défaite)

d) *Fiche*

Mots terminés par :

- — **ette** : ablette, aigrette, alouette, assiette, baguette, belette, brouette, charrette, chouette, ciboulette, collerette, courbette, cueillette, dette, gâchette, layette, mallette, miette, mouette, paillette, pincette, pirouette, recette, roulette, serviette, silhouette, soubrette, squelette, statuette, trompette, vedette, vignette, violette, voilette
- — **ète** : arbalète, ascète, athlète, centripète, comète, diabète, diète, épithète, interprète, planète, poète, préfète, prophète

— **ête** : arête, bête, casse-tête, conquête, crête, enquête, fête, honnête, quête, requête, tempête, tête, trouble-fête
— **aite** : défaite, faîte, retraite, traite

23. MOTS TERMINÉS PAR « aine – enne – ène – eine – en »

ENFANTS DE 8-9 ANS

a) *Lecture*

Le capitaine, debout sur la passerelle de son navire, commande la manœuvre. Les antennes du radar tournent, surveillant le ciel. La sirène hurle, le navire s'ébranle, lentement, avec peine.

b) *Vrai ou faux?*

Dans une dizaine, il y a toujours dix.
Au Nouvel An, je reçois mes étrennes.
La hyène ressemble à un gros chien.

c) *Mots à choisir*

La ... souffle un long jet d'eau (reine, baleine, peine)
J'ai cassé le beau vase en ... (porcelaine, semaine, laine)
Je suis à l'école ... (parisienne, gardienne, mitoyenne)

d) *Fiche*

Mots terminés par :

— **aine** : capitaine, chaîne, châtelaine, dizaine, domaine, fontaine, graine, huitaine, laine, marraine, naine, plaine, porcelaine, quarantaine, semaine, souveraine
— **enne** : antenne, chienne, citoyenne, étrenne, gardienne, magicienne, moyenne, parisienne, paroissienne, persienne, Vienne
— **ène** : ébène, hyène, hygiène, indigène, oxygène, scène, sirène
— **eine** : baleine, haleine, madeleine, peine, reine, Seine, veine, verveine

ENFANTS DE 10 ANS ET PLUS

a) *Lecture*

Quelle aubaine! Il neige. J'irai jouer dehors.
La marraine de Cendrillon était une magicienne.
La sirène annonce la reprise du travail.
La reine vient visiter la ville.
L'abeille butine le pollen des fleurs.

b) *Vrai ou faux?*

Les mitaines servent à protéger les mains du froid.
Le camion a deux tonnes de sable dans sa benne.
La baleine vit dans les mers froides.
Nous respirons de l'oxygène.

c) *Mots à choisir*

Le cordonnier se sert d'une ... (arène, alène, rengaine)

Cet homme fiévreux a une ... chaude. (haleine, peine, veine)

Le ... est une fleur. (mécène, cérumen, cyclamen)

d) *Fiche*

Mots terminés par :

— **aine** : (l') aine, aubaine, bedaine, calembredaine, capitaine, chaîne, châtelaine, dizaine, domaine, faine, fontaine, fredaine, gaine, graine, haine, huitaine, laine, marjolaine, marraine, migraine, mitaine, mondaine, naine, neuvaine, plaine, porcelaine, quarantaine, rengaine, romaine, semaine, souveraine, traîne

— **enne** : antenne, benne, chienne, citoyenne, couenne, doyenne, éolienne, étrenne, gardienne, garenne, magicienne, moyenne, parisienne, paroissienne, persienne, renne, tyrolienne, vespasienne, Vienne

— **ène** : acétylène, (une) alène, arène, carène, catéchumène, ébène, énergumène, gangrène, hyène, hygiène, indigène, mécène, oxygène, (le) pène, phalène, phénomène, scène, sirène

— **eine** : baleine, déveine, haleine, madeleine, (la) peine, reine, Seine, veine, verveine

— **en** : abdomen, amen, cérumen, cyclamen, dolmen, éden, gluten, hymen, lichen, pollen, spécimen

24. MOTS TERMINÉS PAR « elle – el – èle – aile »

ENFANTS DE 8-9 ANS

a) *Lecture*

La coccinelle se pose sur l'ombrelle; maman la prend et la dépose dans ma main; elle me chatouille.
Le colonel passe, la sentinelle se met au garde-à-vous.

b) *Vrai ou faux?*

La grêle tombe avec fracas.
Un criminel est un homme qui a trop mangé.

c) *Mots à choisir*

Le train passe en sifflant sous la ... (sentinelle, vaisselle, passerelle)

La coccinelle se pose sur ... (le carrousel, la chamelle, l'écuelle)

d) *Fiche*

Au recto : noms terminés par :

— **elle** : coccinelle, échelle, étincelle, ficelle, hirondelle, ombrelle, polichinelle, ruelle, semelle, sentinelle, vaisselle, vermicelle, voyelle

— **el** : appel, arc-en-ciel, caramel, carrousel, colonel, criminel, dégel, duel, gel, hôtel, miel, nickel, pluriel, tunnel

— **èle** : clientèle, (un) fidèle, (un) infidèle, (un) modèle

— autres terminaisons : aile; (la) grêle, pêle-mêle, poêle

Au verso : adjectifs au masculin terminés par :

— **el** : annuel, criminel, cruel, éternel, fraternel, habituel, mortel, personnel, réel, semestriel, trimestriel, universel, usuel

— **èle** : fidèle, parallèle

ENFANTS DE 10 ANS ET PLUS

a) *Lecture*

Je fais un beau dessin à l'aquarelle, je dessine une citadelle avec tous ses tunnels. J'ai devant moi un modèle.

b) *Vrai ou faux?*

La chamelle est la femelle du chameau.
Le soldat monte la garde à la porte de la citadelle.
La gazelle est un petit cheval.
La cannelle est une épice.

c) *Mots à choisir*

Le chirurgien se sert d'un ... (pastel, manuel, scalpel)

Dans l'herbe, la ... s'amuse. (gamelle, ficelle, sauterelle)

a, e, i, sont des ... (ménestrels, voyelles, caramels)

Au barrage de la Gileppe, il y a un lac ... (essentiel, artificiel, cruel)

Je reçois mon bulletin ... (textuel, irréel, trimestriel)

d) *Fiche*

Au recto : noms terminés par :

— **elle** : aisselle, aquarelle, cannelle, chamelle, citadelle, coccinelle, échelle, écuelle, étincelle, ficelle, flanelle, gabelle, gamelle, gazelle, hirondelle, kyrielle, mamelle, nacelle, ombrelle, passerelle, polichinelle, rebelle, ribambelle, ruelle, sauterelle, semelle, sentinelle, truelle, vaisselle, vermicelle, vielle, violoncelle, voyelle

— **el** : appel, arc-en-ciel, archipel, autel, caramel, carrousel, castel, colonel, criminel, dégel, duel, fiel, gel, hôtel, hydromel, manuel, ménestrel, miel, nickel, pastel, pluriel, recel, romanichel, scalpel, tunnel

— **èle** : asphodèle, (un) fidèle, (un) infidèle, (un) modèle, stèle, zèle

— autres terminaisons : aile; (la) grêle, pêle-mêle, poêle

Au verso : adjectifs au masculin terminés par :

— **el** : actuel, annuel, artificiel, conditionnel, confidentiel, criminel, cruel, essentiel, éternel, éventuel, fraternel, habituel, industriel, intentionnel, irréel, matériel, mensuel, mortel, officiel, partiel, perpétuel, personnel, ponctuel, rationnel, réel, semestriel, sensationnel, substantiel, superficiel, textuel, torrentiel, trimestriel, universel, usuel, virtuel, visuel

— Exceptions : fidèle, frêle, grêle, parallèle

25. MOTS TERMINÉS PAR « ance – anse – ence – ense »

ENFANTS DE 8-9 ANS

a) *Lecture*

Vive l'été pour son soleil et ses vacances!
Cette année, nous irons à la montagne. Nous escaladerons les rochers avec prudence. Si je grimpe bien, tante Hortense me donnera comme récompense un gros canif avec beaucoup de lames.

b) *Vrai ou faux?*

Un noyau de pêche est une semence.
Quand papa est fâché, il donne une récompense.

c) *Mots à choisir*

Les Indiens avaient de grandes ... (ressemblances, défenses, lances)

Le panier a une ... (danse, anse, balance)

« ... ! » dit le maître à ses élèves. (immense, silence, semence)

d) *Fiche*

Mots terminés par :

—**ance** : abondance, alliance, balance, croyance, enfance, importance, lance, obéissance, ressemblance, vacance

— **anse** : anse, danse, panse

— **ence** : absence, cadence, essence, faïence, intelligence, patience, prudence, semence, silence

— **ense** : défense, dépense, Hortense, immense, récompense

ENFANTS DE 10 ANS ET PLUS

a) *Lecture*

Le soir, quand nous avons dîné, nous allons voir les danses des montagnards. Leurs pas marquent la cadence et la place est remplie du bruit qu'ils font.

b) *Vrai ou faux?*

Un noyau de pêche est une semence.
Les éléphants ont deux énormes défenses.
L'obéissance est un vilain défaut.

c) *Mots à choisir*

Au banquet de la noce, nous ferons ... (bombance, arrogance, alliance)
Les jumeaux ont entre eux une forte ... (tendance, ressemblance, vacance)
Dans ce magasin, il y a une grande ... (absence, fréquence, affluence)
Il faut essayer de pardonner les ... (récompenses, offenses, exigences)

d) *Fiche*

Mots terminés par :

— **ance** : abondance, alliance, arrogance, ascendance, balance, bombance, condescendance, condoléance, correspondance, créance, croyance, descendance, doléance, échéance, enfance, engeance, gérance, importance, lance, nonchalance, nuance, obéissance, prestance, ressemblance, séance, tendance, vacance, vaillance, vraisemblance

— **anse** : anse, danse, hanse, panse, transe

— **ence** : affluence, absence, abstinence, agence, audience, cadence, clémence, coïncidence, confidence, éloquence, essence, exigence, existence, expérience, faïence, fréquence, influence, intelligence, patience, prudence, semence, sentence, silence;
(sc) adolescence, conscience, convalescence, effervescence, incandescence, phosphorescence, recrudescence, régénérescence, réminiscence, science

— **ense** : défense, dense, dépense, dispense, Hortense, immense, intense, offense, récompense, suspense

26. ADJECTIFS EN « ant – ent » ET ADVERBES EN « amment – emment »

ENFANTS DE 8-9 ANS

Lecture

Le char d'assaut puissant, pesant, passe bruyamment sur la place.
Ce repas était excellent; je souhaiterais en faire plus fréquemment.
Petit Pierre traverse imprudemment la rue. Attention, petit imprudent! Tu vas te faire écraser... la prochaine fois, sois plus intelligent : attends que le signal soit vert.

La fiche se présentera comme suit :

— Au recto : adjectifs terminés par **-ant** et adverbes correspondants terminés par **-amment**

ant	amment
abondant	abondamment
brillant	brillamment
bruyant	bruyamment
constant	constamment
courant	couramment
élégant	élégamment
étonnant	étonnamment
indépendant	indépendamment
méchant	méchamment
pesant	pesamment
puissant	puissamment
savant	savamment
vaillant	vaillamment

— Au verso : adjectifs terminés par **-ent** et adverbes correspondants terminés par **-emment :**

ent	emment
ardent	ardemment
différent	différemment
évident	évidemment
excellent	excellemment
fréquent	fréquemment
impatient	impatiemment
imprudent	imprudemment
innocent	innocemment
intelligent	intelligemment
négligent	négligemment
patient	patiemment
précédent	précédemment
prudent	prudemment
récent	récemment
violent	violemment

ENFANTS DE 10 ANS ET PLUS

Lecture

Dans son laboratoire, le savant, patient, poursuit ses recherches.
Ce garçon est indolent. Il ne fait rien, ne remue pas. Peut-être est-il malade?
Attention! Chien méchant...
La justice doit protéger les innocents.
Attendons patiemment la fin de l'averse avant de nous remettre en route.

Même présentation de la fiche.

— Au recto : adjectifs terminés par **-ant** et adverbes correspondants terminés par **-amment** :

ant	amment
abondant	abondamment
arrogant	arrogamment
brillant	brillamment
bruyant	bruyamment
complaisant	complaisamment
constant	constamment
courant	couramment
élégant	élégamment
étonnant	étonnamment
galant	galamment
indépendant	indépendamment
incessant	incessamment
instant	instamment
languissant	languissamment
méchant	méchamment
nonchalant	nonchalamment
obligeant	obligeamment
pesant	pesamment
plaisant	plaisamment
puissant	puissamment
savant	savamment
suffisant	suffisamment
vaillant	vaillamment
	notamment
	nuitamment
	précipitamment

— Au verso : adjectifs terminés par **-ent** et adverbes correspondants terminés par **-emmment :**

ent	emment
apparent	apparemment
ardent	ardemment
concurrent	concurement
conscient	consciemment
décent	décemment
différent	différemment
éloquent	éloquemment
éminent	éminemment
évident	évidemment
excellent	excellemment
fréquent	fréquemment
impatient	impatiemment
imprudent	imprudemment
incident	incidemment
inconscient	inconsciemment
indolent	indolemment
innocent	innocemment
insolent	insolemment
intelligent	intelligemment
négligent	négligemment
opulent	opulemment
patient	patiemment
précédent	précédemment
prudent	prudemment
récent	récemment
violent	violemment
	sciemment

27. MOTS EN « ill » ET EN « y »

ENFANTS DE 8-9 ANS

a) *Lecture*

L'anguille se faufile entre les pierres de la rivière.
Maman a préparé un excellent bouillon de poule.
Quand je passe près de la grille de la grande maison, le chien ne cesse d'aboyer.
J'appuie sur le bouton de la sonnette.
J'achète du gruyère pour mettre dans les macaroni.

b) *Vrai ou faux?*

L'anguille ressemble à un petit serpent.
Pour bâiller, j'ouvre la bouche toute grande.
Dans la cerise, il y a un noyau.

c) *Mots à choisir*

Le bois est rempli de ... (gruyère, bruyères, rayons)

Le soleil nous réchauffe de ses ... (rayons, crayons, noyaux)

Le ... de la baignoire est bouché. (maillot, caillou, tuyau)

d) *Fiche*

— **ill** : aiguille, anguille, bâiller, bataille, béquille, bouillon, brouillon, caillou, colin-maillard, empailler, famille, habiller, maillot, médaillon, outillage, paillasson, poulailler, quille, tailler, travailler

— **y** : aboyer, appuyer, balayer, bégayer, boyau, bruyère, crayon, effrayer, essayer, essuyer, foyer, gruyère, loyer, moyen, nettoyer, noyau, payer, rayon, renvoyer, tuyau

ENFANTS DE 10 ANS ET PLUS

a) *Lecture*

Le travail de la ménagère n'est pas gai : balayer, nettoyer, essuyer... c'est toujours la même chose.
La bataille fait rage. Les bataillons se lancent dans la mêlée avec une ardeur effrayante, la mitraille tombe de partout et taille des trous dans les rangs des fantassins.

b) *Vrai ou faux?*

Pour aller nager, je mets un maillot.
La roue de mon vélo compte trente-six rayons.
Une brindille est une grosse branche d'arbre.
Pour écrire sur mon ardoise, je me sers d'un crayon.

c) *Mots à choisir*

Les enfants sont punis : ils se sont ... (chamaillés, embrouillés, empaillés)

J'entends les oiseaux ... dans les arbres. (pagayer, guerroyer, piailler)

J'achète un cahier de ... (bouillon, brouillon, maillon)

J'ai vu papa ... le loyer. (payer, rudoyer, rayer)

Il prend un livre sur le ... (foyer, rayon, crayon)

Cette petite fille est joyeuse comme un ... de soleil. (rayon, maillon, caillou)

d) *Fiche*

Au recto :

— **ill** : aiguillage, aiguille, anguille, appareillage, bâiller, bâillon, bataille, bataillon, béquille, bouillon, brailler, brindille, brouillon, caillou, canaille, (se) chamailler, cisailler, colin-maillard, crémaillère, défaillance, déshabillage, écailler, émailler, embrouiller, empailler, famille, gaillard, guenille, habiller, haillon, lentille, maillon, maillot, maquillage, médaillon, mitraillade, mitrailler, outillage, paillasson, peccadille, piailler, poulailler, quille, railler, ravitailler, tailler, tirailleur, travailler, verrouiller, victuaille

Au verso :

— **y** : aboyer, apitoyer, appuyer, balayer, bégayer, boyau, bruyère, citoyen, crayon, déblayer, débrayer, écuyer, effrayer, employer, essayer, essuyer, foudroyer, foyer, frayer, gruyère, guerroyer, joyau, layette, loyer, métayer, monnayer, moyen, nettoyer, noyau, noyer, pagayer, payer, plaidoyer, rayer, rayon, renvoyer, rudoyer, soudoyer, tournoyer, tutoyer, tuyau

28. ADJECTIFS AU MASCULIN EN « ile – il » ET EN « ique – ic »

ENFANTS DE 8-9 ANS

a) *Lecture*

Jean est agile; à la maison, il est parfois difficile. Il reste immobile sur une chaise en rêvant; il est trop tranquille.
J'aime bien les farces, c'est comique, cela m'amuse.

b) *Vrai ou faux?*

Dans la classe il y a un meuble métallique.
L'autobus est un animal héroïque.
Le tigre est fragile.

c) *Fiche*

Au recto :

— adjectifs en **-ile** : agile, difficile, facile, fragile, habile, imbécile, immobile, malhabile, mobile, utile, tranquille

— adjectifs en **-il** : civil, vil

Au verso :

— adjectifs en **-ique** : angélique, artistique, comique, diabolique, énergique, féerique, héroïque, historique, magique, magnifique, mécanique, métallique, oblique, unique

— adjectifs en **-ic** : public

ENFANTS DE 10 ANS ET PLUS

a) *Lecture*

L'orang-outang est agile. Il grimpe tout en haut de son arbre; si la branche est trop fragile et casse, il saute rapidement sur une autre.
Avec sa baguette magique, la bonne fée transforme la citrouille en un magnifique carrosse doré.
Jean est heureux : aujourd'hui il a un devoir facile. Après l'avoir fait, il ira jouer, car il fait encore très bon dehors.
Comme le clown est comique! Ses tours font rire, ses grimaces amusent petits et grands.

b) *Vrai ou faux?*

La poule est un animal fossile.
Pour coller le papier, on emploie de la gomme arabique.
L'auto de papa a des ennuis mécaniques.

c) *Mots à choisir*

Ce coucher de soleil est ... (magnifique, comique, oblique)

Les Indiens nous regardaient d'un air ... (débile, hostile, mobile)

Le renard est un animal ... (vil, viril, subtil)

d) *Fiche*

Au recto :

— adjectifs en **-ile** : agile, débile, difficile, docile, facile, fébrile, fertile, fragile, fossile, futile, gracile, habile, hostile, imbécile, immobile, infantile, juvénile, malhabile, mercantile, mobile, sénile, servile, stérile, utile, versatile, tranquille

— adjectifs en **-il** : civil, puéril, subtil, vil, viril, volatil

Au verso :

— adjectifs en **-ique** : anarchique, anémique, angélique, arabique, archaïque, artistique, biblique, comique, cyclique, diabolique, énergique, épisodique, féerique, héroïque, hiérarchique, historique, ironique, judaïque, magique, magnifique, maléfique, mécanique, mélancolique, métallique, modique, oblique, patriotique, périodique, pudique, rustique, spasmodique, sporadique, stoïque, stratégique, tragique, unique, volcanique

— adjectifs en **-ic** : laïc, public

29. ADJECTIFS AU MASCULIN EN « al – ale »

ENFANTS DE 8-9 ANS

a) *Lecture*

Claude me fait un signe amical de la main. Il est matinal, il part déjà pour l'école. Il est un peu pâle : il a eu une mauvaise grippe.

b) *Vrai ou faux?*

Un cheval brutal fait tomber son cavalier.
A la Noël, nous préparons un repas familial.

c) *Mots à choisir*

Il pleut : tous les chemins sont … (pâles, ovales, sales)

Le cirque montre un tigre … (principal, royal, matinal)

d) *Fiche*

Adjectifs masculins en :

— **al** : amical, brutal, familial, horizontal, matinal, oriental, principal, royal, etc.

Exceptions : ovale, sale; mâle, pâle

ENFANTS DE 10 ANS ET PLUS

a) *Lecture*

Jean-Luc est matinal aujourd'hui; il va en excursion avec son école. Le bus est déjà là! Un départ un peu brutal et… on est en route.
Au jardin zoologique, il verra des ours, des girafes et aussi un aigle royal. Il croit que cet animal provient d'un pays tropical, mais il n'en est pas certain.

b) *Vrai ou faux?*

Manger avec ses mains à 10 ans, c'est être sale.
Saint Nicolas m'a donné un château féodal.

c) *Mots à choisir*

Trace ici un trait ... (horizontal, verbal, matinal)

La forêt exhale un parfum ... (grammatical, oriental, automnal)

Cette phrase contient un accord ... (provincial, moral, grammatical)

d) *Fiche*

Adjectifs masculins en :

— **al** : amical, automnal, banal, bancal, brutal, commercial, facial, familial, féodal, global, grammatical, horizontal, idéal, jovial, légal, matinal, médicinal, mental, moral, oral, oriental, original, partial, patriarcal, principal, provincial, radical, royal, terminal, tropical, verbal, etc.

Exceptions : ovale, sale; mâle, pâle

30. NOMS TERMINÉS PAR « ate – atte »

ENFANTS DE 8-9 ANS

a) *Lecture*

Comme cadeau j'ai reçu un automate. C'est un acrobate, il fait des tours et des tours; il se hâte en marchant, parfois il culbute.
Ma chatte est inquiète, elle le surveille. Gare à ses pattes!

b) *Vrai ou faux?*

La datte est un fruit.
A l'école, je me sers d'une latte.
Quand le sang coule, on l'éponge avec de l'ouate.

c) *Mots à choisir*

Comme les Chinois, je dors sur une ... (jatte, natte, latte)

Je mange une salade de ... (tomates, cravates, savates)

Maman prépare la ... à tarte. (hâte, pâte, patte)

d) *Fiche*

Au recto :

— noms en **-ate** : acrobate, automate, avocate, cravate, date (du calendrier), hâte, omoplate, ouate, patate, pâte, pirate, savate, tomate

Au verso :

— noms en **-atte** : chatte, datte (fruit), jatte, latte, natte, patte

a) *Lecture*

C'est dimanche. Papa met sa belle cravate.

Les pirates se lancent à l'abordage; le combat s'engage. La frégate coule, tout est fini.

J'ai mal aux oreilles. Maman me les bouche avec de l'ouate.

Près du poêle de la cuisine, ma chatte ronronne d'aise.

b) *Vrai ou faux?*

Un bateau s'appelle parfois une frégate.

Quand l'estomac me fait mal, je bois de l'eau avec du bicarbonate de soude.

Après son larcin, le renard regagne ses pénates.

Pour fabriquer du beurre, on place le lait dans une baratte.

c) *Mots à choisir*

Dans la viande, maman met parfois des ... (aromates, agates, sonates)

Elle boit une ... de lait (natte, patte, jatte)

Les soldats s'abritent dans leur ... (hâte, rate, casemate)

J'ai mal au dos du côté de ... (la patate, l'omoplate, la latte)

d) *Fiche*

Au recto :

— noms en **-ate** : acrobate, agate, aristocrate, aromate, automate, avocate, bureaucrate, candidate, cantate, carbonate, casemate, cravate, date (du calendrier), démocrate, diplomate, frégate, hâte, ingrate, omoplate, ouate, patate, pâte, (les) pénates, phosphate, pirate, rate, renégate, savate, scélérate, sonate, stigmate, sulfate, tomate

Au verso :

— noms en **-atte** : baratte, blatte, chatte, cul-de-jatte, datte (fruit), jatte, latte, matte (de cuivre), natte, patte

31. NOMS TERMINÉS PAR « ane – anne »

a) *Lecture*

L'aéroplane passe au-dessus de nos têtes et se pose doucement sur la piste.

Le petit âne grimpe lentement le chemin qui passe devant le poste de douane; le douanier le connaît et le laisse passer. L'âne se dirige alors vers la cabane où l'attend la vieille gitane. Après lui avoir donné une banane bien mûre, on le conduit dans la grange où il s'endort. Bonsoir, petit âne, tu as bien travaillé!

b) *Mots à choisir*

Près de la mare, la ... barbote avec ses petits. (liane, cane, tisane)

Nous mangeons une délicieuse tarte à la ... (colophane, frangipane, liane)

Elles tombent doucement, les feuilles du ... (crâne, mélomane, platane)

c) *Fiche*

— Noms en **-ane** : aéroplane, âne, banane, cabane, cane (femelle du canard), caravane, crâne, douane, frangipane, gitane, liane, organe, platane, soutane, sultane, tisane

Exceptions : canne (= bâton), manne, panne; Anne, Suzanne

ENFANTS DE 10 ANS ET PLUS

a) *Lecture*

La caravane passe. Bêtes et gens s'enfoncent dans l'épaisse savane qui entoure la montagne. Plus loin, la forêt aux lianes enchevêtrées dresse sa masse verte. Derrière ces troncs, on devine les Indiens à l'affût, leurs longues sarbacanes prêtes à lancer vers nous leurs flèches mortelles.
Sur le côté de la piste, on croise les restes d'une vieille cabane dont il ne reste plus que quelques débris calcinés.
Dans les arbres, quelques singes se disputent une banane.

b) *Mots à choisir*

Jeanne est malade; elle boit une bonne ... (banane, tisane, faisane)

Pour grimper ce sentier, je me sers d'une ... (cabane, canne, cane)

J'ai reçu un caillou sur le ... (platane, crâne, tzigane)

Le paon se ... devant la foule amusée. (pavane, chicane, profane)

L'auto est tombée en ... (soutane, panne, vanne)

c) *Fiche*

— Noms en **-ane** : aéroplane, âne, arcane, banane, brahmane, cabane, cane (femelle du canard), caravane, chicane, colophane, courtisane, crâne, diaphane, douane, faisane, filigrane, frangipane, gentiane, gitane, liane, médiane, mélomane, membrane, organe, pavane, platane, profane, sarbacane, savane, soutane, sultane, tisane, tramontane, tzigane

Exceptions : canne (= bâton), dame-jeanne, fibranne, manne, panne, vanne; Anne, Cannes, Lauzanne, Suzanne

32. NOMS TERMINÉS PAR « sion – tion – ssion – cion »

ENFANTS DE 8-9 ANS

a) *Lecture*

Nous partons en excursion avec l'école. Nous ne savons pas où nous allons : c'est comme si nous partions en exploration. Le chauffeur est déjà à son poste, les élèves entrent à la queue leu-leu dans l'autocar; on dirait une procession. Un tour de clé, une pression du pied sur l'accélérateur et nous voilà partis.

b) *Mots à choisir*

Durant les vacances, nous avons fait plusieurs ...
(pensions, pressions, excursions)

Je donne au chat sa ... de viande. (potion, ration, pression)

Jean va revenir, il fait quelques ... (commissions, missions, portions)

c) *Fiche*

Noms terminés par :

- **sion** : ascension, dimension, excursion, pension
- **tion** : contemplation, exagération, exploration, invention, portion, potion, ration, tentation
- **ssion** : admission, commission, confession, mission, pression, procession

ENFANTS DE 10 ANS ET PLUS

a) *Lecture*

L'agent secret XB 12 part en mission. Il doit retrouver la base des sous-marins qui ont été repérés en immersion au large des côtes. Cette mission est dangereuse, elle n'a rien d'une excursion; l'adversaire est de dimension. Sans exagération, il a peu de chance d'en sortir vivant.
Pour partir, il se charge d'un matériel de son invention : revolver à gaz et grenades qui endorment. Il grimpe dans l'avion qui va le parachuter sur son objectif. Il vérifie s'il n'a commis aucune omission, puis saute dans le noir. Quelle singulière profession!

b) *Mots à choisir*

A la prochaine rentrée scolaire, j'irai en ... (ascension, pension, version)

Je sens les ... de mon cœur. (fermentations, pulsations, torsions)

J'ai réussi mon examen d' ... au chemin de fer.
(admission, aversion, expulsion)

Quand on est grand, on doit avoir une ... (procession, profession, tension)

c) *Fiche*

Au recto : noms terminés par :

— **sion** : appréhension, ascension, aversion, compréhension, contorsion, conversion, convulsion, dimension, dispersion, dissension, distorsion, diversion, émulsion, excursion, expansion, expulsion, extension, immersion, pension, propulsion, répréhension, répulsion, subversion, suspension, tension, torsion, version

— **tion** : abnégation, acclimatation, accommodation, agglomération, aggravation, congestion, contemplation, damnation, dégradation, distinction, exagération, exploitation, exploration, fermentation, invention, lamentation, manifestation, manutention, nutrition, parution, portion, potion, prétention, protestation, pulsation, ration, sanction, sensation, substitution, suggestion, superstition, tentation, tradition, variation

Au verso : noms terminés par :

— **ssion** : admission, agression, cession, commission, compassion, compression, concession, concussion, confession, démission, dépression, digression, fission, mission, obsession, omission, oppression, passion, pression, procession, profession, rémission, sécession, session, succession

— **cion** : succion, suspicion

— Remarques : flexion, génuflexion, inflexion, réflexion

33. NOMS TERMINÉS PAR « a – as – at – ac – ach – az »

ENFANTS DE 8-9 ANS

a) *Lecture*

C'est la fête! Je me promène émerveillé. Je m'arrête devant une baraque où l'on vend des billets de tombola; des tas de gens attendent que leur numéro sorte. Plus loin, j'achète du nougat, puis des beignets aux ananas. Dans une autre baraque, il y a un combat de boxe. Les beignets étaient bons, mais gare à mon estomac!

b) *Vrai ou faux?*

Le boa est un animal à plumes.
A l'école j'utilise un compas.
Le nougat est une friandise.

c) *Mots à choisir*

Pour dormir, je mets mon beau ... (boa, pyjama, bégonia)

Demain, j'irai avec papa au ... (cinéma, panorama, débarras)

Le chien a un bon ... (éclat, avocat, odorat)

La route est rendue dangereuse par le ... (verglas, matelas, lilas)

Mon oncle bourre sa pipe de ... (nougat, tabac, crachat)

d) *Fiche*

Au recto : noms terminés par :

— **a** : angora, bégonia, boa, cinéma, dahlia, harmonica, opéra, pacha, panorama, pyjama, tombola, tréma, véranda, villa
— **as** : ananas, bras, cadenas, cervelas, compas, débarras, embarras, fracas, lilas, matelas, pas, repas, tas, verglas

Au verso : noms terminés par :

— **at** : achat, avocat, combat, crachat, éclat, nougat, odorat, orphelinat, résultat
— **ac** : estomac, tabac

ENFANTS DE 10 ANS ET PLUS

a) *Lecture*

En face de ma fenêtre, l'acacia fleurit. Bientôt le dahlia de tante Rosalie sera aussi en fleur. Le lilas du jardin achève de s'ouvrir et son parfum se répand partout. L'odorat est agréablement chatouillé.

b) *Vrai ou faux?*

La caméra est un appareil qui sert à photographier.
L'opéra est une opération dangereuse.
Le cervelas ressemble à une saucisse.
Pour aller à la pêche, on se sert d'un appât.
Le compas est un instrument de musique.
L'harmonica sert à tapisser les murs.
Le tibia est un os.

c) *Mots à choisir*

Les soldats partent au ... (combat, débat, sabbat)

Les policiers emmènent le voleur au ... (cinéma, commissariat, bégonia)

Les enfants, dans leur chambre, sautent sur leur ... (verglas, pas, matelas)

Le carreau se brise avec ... (tracas, fracas, embarras)

Le chat de mon frère est un ... (alinéa, paria, angora)

d) *Fiche*

Au recto : noms terminés par :

— **a** : acacia, agenda, alinéa, angora, bégonia, boa, brouhaha, camélia, caméra, choléra, cinéma, coma, corrida, dahlia, delta, harmonica, hortensia, mazurka, opéra, pacha, panorama, paria, pétunia, pyjama, raphia, réséda, tapioca, tibia, tombola, tréma, véranda, villa

— **as** : amas, ananas, appas, branle-bas, bras, cabas, cadenas, canevas, cas, cervelas, compas, coutelas, débarras, embarras, fracas, galetas, galimatias, glas, lilas, mas, matelas, pas, plâtras, repas, taffetas, tas, tracas, trépas, verglas

Au verso : noms terminés par :

— **at** : achat, apparat, appât, apostolat, assassinat, assignat, attentat, avocat, bât, candidat, carat, célibat, certificat, combat, commissariat, contrat, crachat, débat, doctorat, éclat, épiscopat, externat, forçat, grabat, internat, lauréat, magistrat, mandat, notariat, nougat, odorat, orphelinat, potentat, pugilat, reliquat, renégat, résultat, sabbat, scélérat, syndicat

— autres terminaisons : estomac, hamac, tabac; almanach; raz (de marée)

34. NOMS TERMINÉS PAR « i – is – it – id », etc.

ENFANTS DE 8-9 ANS

a) *Lecture*

Mon ami vient me rendre visite; il habite Paris. Durant les vacances, il m'a envoyé une belle carte de sa villa; c'était un croquis aux jolis coloris rouges, bleus et verts. Aujourd'hui il me fera le récit de ses aventures.

b) *Vrai ou faux?*

Le céleri est un légume pour la soupe.
Pour conduire une auto, il faut un permis.
Un bandit, c'est un homme qui fait le bien.

c) *Mots à choisir*

Dans une belle cage, j'ai un joli ... (apprenti, canari, épi)

Achète-moi un kilo de ... (paris, hachis, tapis)

Je déguste un ... (pissenlit, képi, biscuit)

d) *Fiche*

Au recto : noms masculins terminés par :

- — **i** : ami, apprenti, appui, bigoudi, bouilli, canari, candi, céleri, cri, ennemi, ennui, épi, fourmi, képi, mari, oubli, pari, pli, raccourci, souci
- — **is** : colis, coloris, croquis, hachis, logis, marquis, paradis, Paris, permis, radis, tapis.

Au verso : noms masculins terminés par :

- — **it** : appétit, bandit, biscuit, bruit, écrit, esprit, fruit, habit, lit, pissenlit, produit, profit, récit, répit
- — autres terminaisons : nid; fusil, gentil, nombril, outil, persil, sourcil; riz; crucifix, prix; génie, incendie, parapluie; puits

ENFANTS DE 10 ANS ET PLUS

a) *Lecture*

L'ennemi arrive. Les hommes du village prennent vite le maquis; ils se cachent dans les taillis et attendent. Sans bruit, ils se glissent vers les avant-postes de l'ennemi; ils feront la guerre sans répit pour chasser ces bandits.

b) *Vrai ou faux?*

Les fruits poussent dans la terre.
Quand il gèle, un parapluie me protège du froid.
Le pissenlit peut se manger.
Le radis est un légume.
La fourmi est très travailleuse.

c) *Mots à choisir*

Le menuisier travaille à son ... (colibri, apprenti, établi)

Dans le bois, les oiseaux font entendre un joyeux ... (devis, gazouillis, permis)

J'ai reçu par la poste un gros ... (commis, colis, panaris)

Je cueille des ... (biscuits, pissenlits, tapis)

Un oiseau chante dans son ... (lit, chenil, nid)

d) *Fiche*

Au recto : noms masculins terminés par :

- — **i** : alcali, alibi, ami, apprenti, appui, bailli, bigoudi, bistouri, bouilli, cabri, canari, candi, céleri, cri, colibri, défi, émeri, ennemi, ennui, épi, établi, failli, fourmi, (du) gui, képi, mari, organdi, oubli, pari, parti, pli, raccourci, souci, spahi, tri

— **is** : buis, colis, coloris, commis, croquis, devis, fouillis, gâchis, gazouillis, hachis, lambris, logis, maquis, marquis, paradis, Paris, panaris, parvis, permis, radis, taillis, tapis, taudis, torticolis

Au verso : noms masculins terminés par :

— **it** : acabit, acquit, appétit, bandit, biscuit, bruit, circuit, conduit, crédit, débit, délit, dépit, écrit, enduit, érudit, esprit, fruit, habit, lit, manuscrit, maudit, pissenlit, produit, profit, proscrit, récit, réduit, répit, sanscrit, usufruit

— autres terminaisons : muid, nid; baril, chenil, coutil, fournil, fusil, gentil, grésil, nombril, outil, persil, sourcil; riz; crucifix, prix; amphibie, génie, impie, incendie, parapluie; puits

35. NOMS FÉMININS TERMINÉS PAR « ie »

ENFANTS DE 8-9 ANS

a) *Lecture*

Mon auto ne vaut plus rien. La carrosserie est pourrie. La seule bougie qui me reste ne produit plus d'étincelles. Les roues ne tournent plus. Comme je ne crois pas à la magie, j'estime que c'est folie de la conserver.

b) *Vrai ou faux?*

Les soieries sont des tissus.
L'ortie est une salade.
La maman cochon s'appelle une truie.

c) *Mots à choisir*

Je n'aime pas les jours de ... (prairie, pluie, bougie)

Je me suis piqué : j'ai marché dans les ... (soieries, orties, scieries)

Le ramoneur est noir de ... (truie, magie, suie)

d) *Fiche*

bougie, carrosserie, cérémonie, dynastie, éclaircie, énergie, folie, harmonie, hostie, magie, mairie, mélodie, modestie, myopie, ortie, pharmacie, pluie, poulie, prairie, sacristie, scierie, soierie, suie, truie, tuerie, tyrannie

(**-tie** prononcé **-sie**) : acrobatie, aristocratie, démocratie, diplomatie, prophétie

Exceptions : brebis, fourmi, nuit, perdrix, souris

a) *Lecture*

En allant visiter la scierie, je me suis coupé. J'ai été me soigner dans une pharmacie. Mon oncle m'a grondé : « C'est de la folie de vouloir toucher aux scies. » La pluie tombe avec mélancolie sur les prairies desséchées.

b) *Vrai ou faux?*

L'hostie est faite avec du pain.
Je dors mal; j'ai des insomnies.
En Belgique, nous avons encore une dynastie.
Elle se moque de moi, elle me dit des railleries.
Je l'aime bien, j'ai pour lui de la sympathie.

c) *Mots à choisir*

Je porte des lunettes car je souffre de ... (folie, magie, myopie)
Je me défends avec ... (anomalie, énergie, mélodie)
Cet orchestre joue une ... (perfidie, poulie, symphonie)

d) *Fiche*

académie, anarchie, anomalie, antipathie, bougie, bizarrerie, calomnie, carrosserie, cérémonie, dynastie, éclaircie, énergie, folie, garantie, harmonie, hémorragie, hiérarchie, hostie, hypocrisie, infamie, insomnie, magie, mairie, mélancolie, mélodie, modestie, myopie, ortie, perfidie, pharmacie, physionomie, pluie, poulie, prairie, raillerie, sacristie, scierie, soierie, supercherie, superficie, sympathie, symphonie, truie, tuerie, tyrannie, veulerie, vilenie

(**-tie** prononcé **-sie**) : acrobatie, aristocratie, calvitie, démocratie, diplomatie, facétie, ineptie, inertie, minutie, péripétie, prophétie, suprématie

Exceptions : brebis, fourmi, nuit, perdrix, souris

36. MOTS COMMENÇANT PAR « ap » OU « app »

ENFANTS DE 8-9 ANS

a) *Lecture*

Derrière la colline, je vois soudain apparaître un Apache. Avant qu'il ne m'aperçoive, je m'approche lentement, je m'aplatis derrière les grandes herbes. Comme une apparition, je me dresse et crie pour l'appeler. Rien ne bouge. Soudain, voici que l'Apache se trouve devant moi...

b) *Vrai ou faux?*

Un Apache est un Indien.
La T.V. est un appareil.
Quand on est malade, on perd l'appétit.

c) *Mots à choisir*

Le clown fait des grimaces, le public ... (applaudit, appelle, apaise)

Le dimanche, nous buvons un ... (apôtre, appui, apéritif)

Maurice a été opéré de l'... (appareil, appendicite, apostrophe)

d) *Fiche*

Au recto : mots commençant par :

— **ap-** : Apache, apaiser, apercevoir, apéritif, aplanir, aplatir, apostrophe, apôtre, âpre

Au verso : mots commençant par :

— **app-** : apparaître, appareil, apparence, apparition, appartement, appartenir, appauvrir, appeler, appendicite, appétit, applaudir, appliquer, apporter, apprendre, apprenti, apprêter, apprivoiser, approcher, approfondir, appui, appuyer

ENFANTS DE 10 ANS ET PLUS

a) *Lecture*

Mon oncle est apiculteur. Il a dix-huit ruches. Quand il arrive près des ruches pour récolter le miel, il s'avance avec aplomb tandis que les abeilles bourdonnent autour de sa tête. Il connaît bien les abeilles, il les a un peu apprivoisées. J'aime bien le miel : il me donne de l'appétit.

b) *Mots à choisir*

Cet élève, très sûr de lui, s'exprime avec ... (apanage, aplomb, apothème)

Il faut se méfier des ... (apothicaires, apparitions, apparences)

Inutile de vouloir ... cet animal sauvage. (apprivoiser, appliquer, apitoyer)

c) *Phrases mélangées*

J'ai que apprivoisée la pie est elle gentille.
Derrière le chat le poêle apeuré se cache.
Le voleur appréhende le gendarme.

d) *Fiche*

Au recto : mots commençant par :

— **ap-** : Apache, apaiser, apanage, apercevoir, apéritif, apeurer, apiculteur, apitoyer, aplanir, aplatir, aplomb, apogée, apostat, apostrophe, apothème, apothicaire, apôtre, âpre, apurer

Au verso : mots commençant par :

— **app-** : apparaître, apparat, appareil, appareiller, apparence, appariteur, apparition, appartement, appartenir, appâter, appauvrir, appeler, appendicite, appesantir, appétit, applaudir, appliquer, appoint, apporter, apprécier, appréhender, apprendre, apprenti, apprêter, apprivoiser, approbation, approcher, approfondir, approprier, approuver, approvisionner, approximation, appui, appuyer

37. MOTS COMMENÇANT PAR « ac » OU « acc »

ENFANTS DE 8-9 ANS

a) *Lecture*

L'acacia et l'acajou sont des arbres.
L'accident s'est produit dans le grand virage près de la ferme.
Prenez garde aux accotements avant d'accélérer.
L'acrobate est accueilli par de nombreuses acclamations.

b) *Vrai ou faux?*

L'acacia est un arbre qui pousse en Belgique.
L'accordéon est un outil.
L'accotement, c'est le côté de la route.

c) *Mots à choisir*

N'oubliez pas de mettre les ... sur les « é ». (accents, accidents, accords)
Je ne puis ... ce trop beau cadeau. (accrocher, accuser, accepter)
Il faut bien se garder d' ... à la légère. (accommoder, accumuler, accuser)
Émile joue de l' ... (accord, acrobate, accordéon)

d) *Fiche*

Au recto : mots commençant par :

— **ac-** : acacia, académie, acajou, acompte, âcre, acrobate

Au verso : mots commençant par :

— **acc-** : accabler, accélérer, accent, accepter, accès, accessoire, accident, acclamation, accommoder, accompagner, accomplir, accord, accordéon, accotement, accouder, accourir, accrocher, accroupir, accueillir, accumuler, accuser

a) *Lecture*

Papa donne son accord : nous pouvons aller jouer.
Il faut cependant faire attention aux accidents.
Raoul est grondé. En escaladant la grille, il a fait un accroc à son pantalon; maman l'a mal accueilli.

b) *Mots à choisir*

Le bateau vient d' ... au port. (accomplir, accoster, accompagner)

J' ... mes amis au cinéma. (accompagne, accommode, accède)

La foule ... les soldats. (accepte, accable, acclame)

c) *Fiche*

Au recto : mots commençant par :

— **ac-** : acabit, acacia, académie, acajou, acanthe, acariâtre, acerbe, acéré, acétone, acolyte, acompte, acoustique, âcre, âcreté, acrimonie, acrobate, acropole, acrostiche, acuité, acuponcture ou acupuncture

Au verso : mots commençant par :

— **acc-** : accabler, accalmie, accaparer, accéder, accélérer, accent, accepter, accès, accessoire, accident, accise, acclamation, acclimatation, accointance, accolade, accommoder, accompagner, accomplir, accord, accordéon, accostage, accoster, accotement, accoucheur, accouder, accoudoir, accoupler, accourir, accoutrer, accoutumer, accroc, accrocher, accroire, accroître, accroupir, accru, accueillir, accumuler, accuser

38. MOTS COMMENÇANT PAR « ab » OU « abb »

ENFANTS DE 8-9 ANS

a) *Lecture*

L'abeille se pose sur l'abricot, puis l'abandonne pour aboutir sur l'abat-jour; ce n'est pas bon à butiner : elle s'en va plus loin.
Dans la rue, le chien aboie furieusement contre les passants.

b) *Vrai ou faux?*

Une abbaye est une grande église.
Les vaches se désaltèrent à l'abreuvoir.
Je suis abonné au téléphone.

c) *Mots à choisir*

Sylvie est partie en voyage, elle est donc ... (absente, abattue, abandonnée)

Jacques va chez le dentiste, car il a un ... (abri, abattoir, abcès)

La pluie tombait dru, les passants cherchaient un ... (abricot, abri, abreuvoir)

d) *Fiche*

abaisser, abandon, abat-jour, abattoir, abattre, abcès, abeille, abîmer, abondant, abonner, aboutir, aboyer, abreuvoir, abri, abricot, absent

Exceptions : abbaye, abbé, abbesse

ENFANTS DE 10 ANS ET PLUS

a) *Lecture*

Le fermier conduit quelques vaches à l'abattoir.
Le train va bientôt passer; le garde-barrière abaisse les barrières.
La montée est abrupte, l'autocar grimpe avec peine.
Les policiers dégagent les abords de la route.

b) *Mots à choisir*

La persévérance permet d'... (abolir, aboutir, abrutir)

Cette année, la récolte des pommes a été ... (abondante, absurde, abrupte)

Il faudra ... ce grand chêne mort. (abonner, abattre, abréger)

Ne médisons point des ... (absents, ablutions, abricots)

c) *Fiche*

abaisser, abandon, abaque, abasourdir, abâtardir, abat-jour, abattoir, abattre, abcès, abeille, abêtir, abject, ablution, abolir, abominable, abondant, abonner, abord, aboucher, aboutir, aboyer, abréger, abreuvoir, abri, abricot, abrupt, abrutir, absent, absurde, abus

Exceptions : abbatial, abbaye, abbé, abbesse

39. MOTS COMMENÇANT PAR « ad » OU « add »

a) *Lecture*

Adam était heureux.
Il faut adoucir le sort des pauvres.
Adieu, donc! Laisse-moi tout de même ton adresse.
Mes voisins ont adopté un petit Chinois.
L'acrobate est adroit; il est adulé du public.

b) *Vrai ou faux?*

Quelqu'un qui travaille avec un autre s'appelle un adjoint.
Adhérer, c'est être d'accord, participer.
Un adulte est quelqu'un qui est grand.
La note du restaurant s'appelle l'addition.

c) *Fiche*

ENFANTS DE 8-9 ANS

Adam, adieu, adopter, adorer, adoucir, adresse, adroit

Exception : addition

ENFANTS DE 10 ANS ET PLUS

adage, adagio, Adam, adapter, adepte, adéquat, adhérer, adhésif, adieu, adipeux, adjoint, adolescent, (s') adonner, adopter, adorer, adosser, adoucir, adresse, adroit, aduler, adulte

Exceptions : addenda, additif, addition, additionnel, adducteur, adduction

40. MOTS COMMENÇANT PAR « en » OU « an »

ENFANTS DE 8-9 ANS

a) *Lecture*

C'est l'hiver. Il faut être prudent pour éviter les engelures, les angines, et ne pas s'enrhumer.
Claude est malade, à cause de son entêtement.

b) *Vrai ou faux?*

L'endive est une salade.
L'engrais sert à faire pousser les cheveux.
J'ai un chat angora.
L'anchois est un poisson.
L'antilope est un cheval.

c) *Mots à choisir*

Le forgeron frappe sur son ... (enclos, engrais, enclume)

J'ai mal au pied, je me suis fait une ... (endive, entorse, entaille)

Le fermier ... ses champs. (ensemence, encercle, endette)

Dans la nuit, les ... brillent. (enseignes, encens, encres)

Le bateau jette l' ... (ange, anse, ancre)

L' ... se faufile entre les pierres de la rivière. (antilope, anguille, andouille)

d) *Fiche*

Au recto :

— noms commençant par **en-** : encens, enclos, enclume, encre, endive, engelure, engrais, enseigne, entaille, enterrement, entêtement, entorse, entracte, entretien, envahisseur, envers

— verbes commençant par **en-** : encadrer, encaisser, encercler, enchanter, encourager, endetter, enrhumer, enseigner, ensemencer

Au verso :

— noms commençant par **an-** : ancêtre, anchois, ancienneté, ancre, andouille, ange, angélus, angine, angle, angora, anguille, anse, antenne, anthracite, antilope, antiquaire

ENFANTS DE 10 ANS ET PLUS

a) *Lecture*

Le bateau lève l'ancre; il se trouve bientôt à quelques encablures du port. Il a quitté les entrepôts, chargé de marchandises. L'équipage est enchanté de ce voyage qui s'annonce bien. Quelques jours plus tard, le bateau relâche dans une anse près de la côte d'Afrique. Les matelots aperçoivent des antilopes qui courent dans le lointain. Des anguilles se glissent sous les rocs; les matelots s'amusent à les pêcher.

b) *Vrai ou faux?*

La cire est une encaustique.
Avoir une entorse veut dire que l'on s'est tordu le pied.
L'entrepôt est l'endroit où l'on dépose des marchandises.
Le mur fait un angle.
Il existe encore des anthropophages.
Une andouille, c'est quelqu'un qui a peur.

c) *Mots à choisir*

Pour la T.V., il est nécessaire d'avoir une ... (antenne, ancre, enquête)

Le malade a dû prendre des ... (engrais, anchois, antibiotiques)

Le maître ... les élèves. (enrhume, encourage, encage)

Ces voisins nourrissent l'un pour l'autre une violente ...
(ancienneté, encoche, antipathie)

Silence! Vous m'empêchez de m' ... (endormir, enrhumer, encadrer)

d) *Fiche*

Au recto :

- — noms commençant par **en-** : encablure, encan, encaustique, enceinte, encens, enchère, enchevêtrement, enclave, enclos, enclume, encoche, encolure, encre, encyclique, encyclopédie, endive, enduit, engeance, engelure, engin, engrais, enquête, enseigne, entaille, entérite, enterrement, entêtement, entorse, entracte, entrepôt, entretien, envahisseur, envergure, envers
- — verbes commençant par **en-** : encadrer, encager, encaisser, encaquer, encarter, encastrer, encercler, enchaîner, enchanter, enchérir, enclencher, encourager, endetter, endormir, endosser, enrayer, enrhumer, enseigner, ensemencer

Au verso :

- — noms commençant par **an-** : ancêtre, anchois, ancienneté, ancolie, ancre, andouille, anfractuosité, ange, angélus, angine, angle, angoisse, angora, anguille, ankylose, anse, antagonisme, antécédent, antenne, antérieur, anthracite, anthropophage, antibiotique, antichar, antidote, antilope, antipathie, antipodes, antiquaire, antonyme, antre, anxiété

41. MOTS INVARIABLES

Nous constituons une fiche pour les mots invariables que l'enfant devra assimiler, par groupe de trois ou six, selon son âge. La liste pourra être complétée à l'occasion des lectures ou des dictées.

certes	toutefois	tant mieux	ici
plutôt	aujourd'hui	désormais	aussi
volontiers	guère	longtemps	ainsi
ailleurs	dehors	parmi	néanmoins
malgré	au-dehors	exprès	naguère
alentour	au-dedans	autant	davantage
dorénavant	soudain	chez	hors de
cependant	tantôt	assez	dès lors
quelquefois	tout à coup	près	là-bas

Les structures

PRINCIPES GÉNÉRAUX

Le langage parlé et le langage écrit sont des structures dynamiques, c'est-à-dire des ensembles d'éléments, de « signifiants » ayant entre eux des rapports multiples (d'ordre, de grandeur, de qualification, etc.). Le dyslexique éprouve beaucoup de difficultés à appréhender ces structures dans leur ensemble. Le « pointillisme » de son intelligence lui permet de percevoir, plus ou moins, les éléments, mais lui rend difficile la connaissance des rapports existant entre eux.

Beaucoup de dyslexiques connaissent mal les règles d'orthographe; c'est le règne de « l'à peu près ». D'autres les connaissent mais ne sont pas capables de les appliquer : ils manquent d'automatisme, de réflexe orthographique. Souvent, nous avons affaire à des enfants qui manquent à la fois de connaissances précises et de réflexe orthographique.

Ces diverses situations doivent être traitées de manières différentes.

Une phase, contemporaine de l'établissement du plan de rééducation, visera à inculquer les règles ignorées et à revoir les règles mal connues. Le rééducateur se servira, pour ce travail, des manuels existants mais il constituera *aussi* un fichier d'orthographe. Chaque règle apparaîtra clairement sur une fiche, et ce fichier de grammaire sera utilisé chaque fois que l'enfant doutera.

Exemple de fiche

son	ils sont — il est
adjectif (le sien)	verbe être
	je suis, tu es, il est
	nous sommes, vous êtes, ils sont

Au recto, on notera des phrases simples.

Cette phase d'inventaire et d'apprentissage raisonné sera complétée par une phase d'automatisation.

Une mise en garde nous paraît toutefois nécessaire.
Les phrases destinées à créer le réflexe orthographique doivent être de structure très simple, c'est-à-dire courtes et adaptées à l'intelligence de l'enfant.
Les phrases courtes permettent à l'enfant d'appréhender globalement leur sens; son intelligence peut ainsi exercer sa fonction d'analyse et de synthèse sur un minimum d'éléments liés entre eux de façon dynamique. Peu à peu la structure des phrases se compliquera pour tenir compte, au maximum, de la complexité du langage.

La quatrième partie de ce livre vise à réaliser cette phase d'automatisation.
La cinquième partie du livre aborde la conjugaison. *Conjuguer* n'est pas réciter des litanies de verbes sous des formes diverses, en tout cas pas uniquement cela; c'est saisir et localiser dans le temps le noyau (verbe) d'une situation et aussi prendre conscience du déroulement de sa propre existence, localisée elle aussi dans le temps.

Conjuguer implique donc une perception correcte de soi et du déroulement dans le temps d'une action. Les défaillances de l'enfant qui conjugue laissent donc soupçonner des difficultés dans l'organisation spatio-temporelle et dans la perception de soi. Ces difficultés ne sont cependant pas constantes. Si l'examen révèle des troubles de cette nature, les exercices que nous proposons pourront être utiles au rééducateur.

La sixième partie traite des confusions homonymiques. Si nous avons jugé utile d'inclure cet aspect particulier dans notre étude, c'est par souci d'être le plus complet possible. Toutefois, nous sommes loin d'épuiser le sujet et le rééducateur complétera son fichier selon les découvertes qu'il fera.

Les confusions homonymiques présentent cette ambiguïté que certaines d'entre elles seraient à classer parmi les difficultés d'orthographe d'usage tandis que d'autres relèvent plutôt de l'orthographe grammaticale. C'est la raison pour laquelle nous avons dissocié cette étude des autres parties de l'ouvrage.

MÉTHODOLOGIE

Lors de l'examen préalable à l'élaboration du plan de rééducation, nous avons proposé à l'enfant des phrases telles que celles-ci :

Ma fille est bavarde. Mes amis ont tout perdu. Je ne sais où aller ce soir.

Supposons que l'enfant les ait écrites comme ceci :

Ma file et bavarde. Mes amis on tout perdu. Je ne sé ou aller ce soir.

La première phrase contient deux erreurs. L'une relève de l'orthographe d'usage : elle sera corrigée par l'étude du son, puis par intégration dans des séries (voir les deuxième et troisième parties de ce livre). L'autre tient à la mauvaise compréhension de la phrase; elle exige donc une automatisation.

Deux phases de travail sont ici nécessaires :

— La première vise à faire comprendre la différence entre *et* et *est*, par l'analyse de phrases comme celles-ci : **Jean et Albert sont deux amis, Jean est un ami,** dont la synthèse apparaîtra comme suit :

Jean Albert sont deux amis

Jean est un ami = être quelque chose, quelqu'un

il

— la seconde est la phase d'automatisation proprement dite qui sera conduite de la manière indiquée ci-dessous :

1. Chaque difficulté est illustrée par une phrase-type; l'élève copiera cette phrase correctement.
2. Des phrases à structure très élémentaire, mais contenant la même difficulté que celle de la phrase-type, seront ensuite dictées à l'élève dans le but de créer le bon automatisme.
3. On dictera ensuite des phrases dont la structure est analogue à celle de la phrase-type (consolidation de l'automatisme).
4. A la séance suivante, on pourra reprendre éventuellement le même exercice, avec des phrases dont le contenu est différent de celui de la veille, jusqu'à ce qu'on ait acquis la certitude que la structure est bien assimilée.

Pour faire comprendre parfaitement la méthode, nous allons l'illustrer par un exemple simple.

Supposons que nous dictions la phrase suivante :

« La fille *est* bavarde »

et que l'élève écrive :

« La fille *et* bavarde »

Pour créer le bon automatisme, nous commencerons par rédiger notre phrase-type *qui doit obligatoirement contenir les deux sons confondus* et nous la ferons recopier par l'enfant :

« La fille *est* bavarde *et* elle sera punie ».

Ensuite, nous dicterons des phrases à structure plus simple, donc ne contenant qu'une seule difficulté :

— La fille est grande
— La balle est ronde
— Mon père est sorti
— Mon livre est perdu
— Le verre est brisé
— La maison est petite
— Le toit est rouge
— etc.
— Pierre et Jean
— Le frère et la sœur
— Chien et chat
— Le chêne et le roseau
— La mère et la fille
— etc.

Nous insistons beaucoup sur la nécessité de n'aborder à ce stade *qu'une seule difficulté à la fois :* d'abord les phrases simples contenant « est », puis, lorsque ces phrases n'offrent plus aucune difficulté à l'enfant (donc lorsqu'il écrit *régulièrement* « est » et non « et »), dicter ensuite les phrases simples contenant « et ».

Lorsque ces dernières phrases, à leur tour, sont orthographiées correctement, passer au stade suivant : les phrases dont la structure est analogue à celle de la phrase-type :

— Le garçon est bavard et il sera puni
— Mon frère est grand et fort
— Ton pantalon est sale et déchiré
— Mon voisin est vieux et malade
— etc.

Cet exercice peut être continué le lendemain, avec des phrases analogues. Il ne sera abandonné que lorsque l'enfant ne commettra plus aucune confusion entre les deux sons « et » et « est ».

A titre de contrôle ultime, on peut enfin demander à l'enfant de *composer lui-même* de courtes phrases contenant les difficultés combattues par les exercices précédents, ce qui présente l'avantage d'intéresser l'enfant, qui s'amuse à donner libre cours à son imagination.

Pour les deux autres phrases dictées initialement à l'enfant (« Mes amis ont tout perdu », « Je ne sais où aller ce soir »), nous procédons de la même manière : phase de réflexion (constitution du fichier de grammaire), phase d'automatisation telle qu'elle vient d'être décrite.

Pour traiter les fautes de conjugaison, nous devons d'abord rendre l'enfant conscient de la présence d'un verbe. Après avoir pratiqué éventuellement des exercices d'organisation spatiale, nous appliquons la méthodologie suivante :

Connaissances de base

Dessiner le tableau suivant sur une fiche :

Verbes en **er** au présent	
Je	e
Tu	es
Il Elle On	e
Mes amis Ils Elles	ent

a) *Exercices oraux*

Prononcer des phrases courtes, comme les suivantes; l'enfant montrera sur la fiche la terminaison correspondante, puis se contentera de la dire à haute voix.

— Tu manges
— Je chante
— Les enfants dansent, etc.

Lorsque les terminaisons sont bien assimilées, passer aux exercices écrits.

b) *Exercices écrits*

Dicter les phrases suivantes :

1. Je reste des heures à rêver.
2. Tu préfères le jeu de dames ou celui d'échecs?
3. Il adore les animaux.
4. Tes amis prétendent que tu chantes faux.
5. Quels jeux préfères-tu?
6. Comment veux-tu que le chien s'appelle?
7. Le chien hurle à la mort.
8. Les paysans fument leur terre.
9. Ses amis laissent Pierre tout seul.
10. Que regardes-tu?

1. Il me reste cinq francs.
2. Pour qui sonne le glas?
3. Ses amis l'abandonnent.
4. Tu me donnes ton bateau?
5. Le garçon les regarde de loin.
6. Comment trouves-tu mon nouveau vélo?
7. Ton frère éprouve du plaisir à me faire du mal.
8. Mon père m'aide parfois.
9. Qui vous parle de partir?
10. Il se mit à marcher comme marchent les soldats.

Remettre à l'enfant une grande fiche sur laquelle figurent les terminaisons reprises ci-dessus (page 205).

L'enfant devra *chercher* des phrases courtes, mettant en jeu ces terminaisons, et il les écrira au verso de la fiche.

Faire la correction immédiate des erreurs éventuelles, et continuer l'exercice jusqu'à parfaite assimilation.

Quatrième partie

Rééducation de l'orthographe grammaticale

Étude des principales confusions grammaticales

1. SON – SONT

a) *Phrase-type à recopier*

Albert et son voisin sont venus me voir.

b) *Phrases à structure élémentaire*

Son pantalon est trop court.
Son devoir est mal fait.
Elle a retrouvé son livre.
Son frère est malade.
Il a été puni par son père.
Son professeur est très content.
Son ballon est dégonflé.
Jean a perdu son porte-monnaie.
Son canif coupe mal.
Claudine bavarde avec son frère.
etc...

Mes parents sont partis en voyage.
Ils se sont rencontrés à Paris.
Les leçons sont faciles.
Mes devoirs sont finis.
Tous mes livres sont déchirés.
Certains élèves sont distraits.
Les tiroirs sont vides.
Les avions sont rapides.
Les fillettes sont bien sages.
Les nuits sont froides.
etc...

c) *Phrases à structure plus complexe*

Son chat et son chien sont toujours ensemble.
Son fromage et son vin sont délicieux.
Jacques et son frère sont toujours au jardin.
Les roues de son vélo sont tordues.
Les roses de son jardin sont épanouies.
Son lit et sa chambre sont en désordre.
Tous ses amis sont venus visiter son château.
Son père et sa mère sont morts.
La distraction et la paresse sont les causes de son échec.
Son chapeau et son manteau sont vraiment démodés.
etc...

d) *Révision*

A la séance suivante, dicter des phrases analogues à celles de l'exercice c jusqu'à ce que l'enfant ne commette plus la moindre confusion entre « son » et « sont ».

2. ON – ONT

a) *Phrase-type à recopier*

On raconte que nos cousins ont des ennuis.

b) *Phrases à structure élémentaire*

On fait ce qu'on peut!
On vous a assez vu.
En France, on boit beaucoup de vin.
On voyage beaucoup à notre époque.
Dans cette famille, on rit toute la journée.
On se croirait en Afrique.
On m'a prévenu de votre retour.

On lit trop peu de nos jours.
Quand on veut tout, on n'a rien.
Chez lui, on se sent à l'aise.
etc...

Mes amis ont tout perdu.
Les lapins ont de grandes oreilles.
Les fermiers ont beaucoup de travail.
Pierre et Claudine ont bien réussi.
Nos voisins ont quatre enfants.

Les gendarmes ont fouillé la maison.
Toutes les cloches ont sonné en même temps.
Les rivières ont débordé.
Les malheurs ne l'ont pas changé.
Les chagrins l'ont vieilli avant l'âge.
etc...

c) *Phrases à structure plus complexe*

On sait que les Chinois ont des habitudes différentes des nôtres.
On pense souvent que les autres ont plus de chance que nous.
Ils ont reçu, dit-on, les plus hautes récompenses.
A-t-on reconnu les voleurs qui ont pris la fuite?
Les braves vieux ont cru tout ce qu'on leur a raconté.
On croit qu'ils ont quitté le pays.
Sait-on que presque tous nos élèves ont réussi?
Ils ont plus de moyens qu'on ne l'imagine.
On admire toujours ceux qui ont tout sacrifié pour leur patrie.
Elles ont pris le chemin qu'on leur a indiqué.
etc...

d) *Révision*

A la séance suivante, dicter des phrases analogues à celles de l'exercice c jusqu'à ce que l'enfant ne commette plus la moindre confusion entre « on » et « ont ».

Pour contrôle, dicter encore quelques phrases similaires à celles de l'exercice 1 (« son » et « sont »).

3. A – À

a) *Phrase-type à recopier*

Jean a donné le livre à son ami.

b) *Phrases à structure élémentaire*

Henri a trop mangé.
Il a été malade.
Gisèle a bien travaillé.
Elle a un joli bouquet.
Qui a bu, boira.
Robert a fini son devoir.

Cet homme a de grands pieds.
Jacques a très mal dormi.
L'homme heureux n'a pas de chemise.
Il a beaucoup d'amis.
etc...

Nous allons à la campagne.
Il trouve toujours à redire.
L'oiseau saute d'une branche à l'autre.
Il manque des pages à ce livre.
Joseph boit à la bouteille.
Le musée se trouve à cent mètres d'ici.
J'ai pensé à vous.
Tenez-vous bien à table.
Les enfants jouent à cache-cache.
Nous sommes enfin à Paris.
etc...

c) *Phrases à structure plus complexe*

Il y a trop de bruit à la maison.
Jacques a bien réussi grâce à sa persévérance.
Elle a remis sa montre à l'heure.
Paul a écrit à sa tante.
On a rallumé le feu à la soirée.
Qui a touché à ce vase?
Il a été blessé à l'épaule.
Le message a été communiqué à la famille.
Émile a reçu un coup de téléphone à neuf heures.
Mon père a baissé les volets à la tombée de la nuit.
etc...

d) *Révision*

A la séance suivante, dicter des phrases analogues à celles de l'exercice c ci-dessus jusqu'à ce que l'enfant ne confonde plus le verbe « avoir » avec la préposition « à ».

4. OU – OÙ

a) *Phrase-type à recopier*

Ira-t-il où je l'ai envoyé ou n'ira-t-il pas?

b) *Phrases à structure élémentaire*

Viendrez-vous ce soir ou non?
Ce jour-là, nous serons heureux ou malheureux.
Il m'est indifférent de perdre ou de gagner.
On peut le boire sec ou à l'eau.
Vaincre ou mourir, voilà une fière devise.
Dites-moi si vous partez ou si vous restez.
A la ville ou à la campagne, il est toujours triste.
J'arriverai demain ou après-demain.
Prendrez-vous un sucre ou deux?
Préférez-vous la bière ou le vin?
etc...

Je ne sais où aller ce soir.
Partout où il se présente, il est bien reçu.
Où donc voulez-vous en venir?
Devinez où j'ai passé la nuit.
Nous ignorons où le chat s'est caché.
C'est un pays où il fait très chaud.
Où avez-vous mal?
Jusqu'où irons-nous?
Voici un endroit où le sol est très sec.
Dites-moi où vous serez demain.
etc...

c) *Phrases à structure plus complexe*

Où aller? A la mer ou à la campagne?
Le casino est un lieu où l'on s'enrichit ou se ruine.
Au point où j'en suis, je me moque de réussir ou d'échouer.
Il est des endroits où l'on se trouve plus ou moins bien.
Voici le village où le douanier nous a demandé si nous étions Belges ou Français.
Où allons-nous déjeuner? Au restaurant ou à la maison?
Dans la pièce où il est assis, le savant travaille ou réfléchit.
Je dis que n'importe où, une porte doit être ouverte ou fermée.
Vous irez là où on vous l'ordonne ou bien vous serez puni.
Dans une heure ou deux, nous saurons où en est la situation.
etc...

d) *Révision*

Il est important que l'enfant associe le vocable *où* avec la notion de *lieu*, d'endroit, et le vocable *ou* avec l'idée « ou bien ». Il faut donc, en cas de difficulté orthographique persistante, dicter des phrases analogues aux exercices b et c ci-dessus en lui demandant chaque fois de préciser verbalement ces deux notions.

5. CE – SE

a) *Phrase-type à recopier*

Ce pauvre homme se plaint de son sort.

b) *Phrases à structure élémentaire*

Tout ce qui brille n'est pas or.
Voilà ce qu'il me faut.
Ce petit chat est mignon.
Donnez-moi ce livre.
Je trouve ce vin délicieux.
Il faut savoir ce que l'on veut.
Nous pensons beaucoup à ce que vous avez dit.
Ce ne sera pas toujours lui le plus fort.
Ce papier n'est pas très blanc.

Elle ne sait pas ce qu'elle fait.
etc…

Il se tue au travail.
La fille se promène au jardin.
Le médecin se penche sur son malade.
Le vent se mit à souffler.
Mon père se repose.
Il se croit supérieur.
L'ivrogne se ruine la santé.

Le paresseux se lève tard.
Elle se sent mal à l'aise dans son nouveau manteau.
Les fleuves se jettent dans la mer.
etc…

c) *Phrases à structure plus complexe*

Ce garçon se croit très malin.
Ce roman se lit très facilement.
Grâce à ce remède, il se rétablira bien vite.
Ce produit se vend très mal.
Il se peut que ce soit vrai.
Je suis sûr qu'il se cache dans ce village.
Elle se fractura la jambe sur ce parquet.
Il se peut que ma sœur se marie ce mois-ci.
L'élève se concentre pour résoudre ce problème.
En ce temps-là, il se passait des choses étranges.
etc…

d) *Révision*

A la séance suivante, dicter des phrases analogues à celles de l'exercice c.

6. C'EST – S'EST

a) *Phrase-type à recopier*

C'est lui qui s'est trompé.

b) *Phrases à structure élémentaire*

C'est à vous de jouer.
J'ignore comment c'est arrivé.
C'est mon frère qui a gagné.
Enfin, c'est fini!
C'est une histoire triste.
Nous savons que c'est un malheur.
C'est ici que je veux m'arrêter.
Elle trouve que c'est trop cher.
C'est un joli tableau.
Je vois ce que c'est.
etc...

Le voleur s'est enfui.
L'homme s'est arrêté brusquement.
Le garnement s'est encore battu.
Elle s'est retournée deux fois.
Il s'est blessé à la tête.
Ma montre s'est arrêtée.
Ta cigarette s'est éteinte.
Mon voisin s'est tordu de rire.
L'oiseau s'est envolé.
La fenêtre s'est ouverte.
etc...

c) *Phrases à structure plus complexe*

C'est en avril que le pilote s'est tué.
C'est en vain qu'elle s'est excusée.
C'est pour nous que notre père s'est tant privé.
Il s'est fait renvoyer, mais c'est de sa faute.
Mon frère s'est découragé, c'est bien dommage!
C'est une illusion de croire qu'il s'est repenti.
C'est par ici que mon ami s'est égaré.
C'est remarquable comme mon ami s'est acharné à bien réussir.
C'est tard dans la nuit que l'entretien s'est terminé.
Elle s'est imaginée que c'est nous qui allions céder.
etc...

d) *Révision*

Dicter des phrases analogues à celles de l'exercice c ci-dessus.

7. CES - SES

a) *Phrase-type à recopier*

Ces souvenirs pénibles le tourmentent et troublent ses nuits.

b) *Phrases à structure élémentaire*

Ces braves gens ont du chagrin.
Voyez-vous ces belles maisons anciennes?
Je crains beaucoup ces hommes-là.
Ces chiens-là sont dangereux.

Mon frère a perdu ses lunettes.
L'enfant embrasse ses parents.
La poule protège ses poussins.
Le professeur a oublié ses livres chez lui.

Dans tous ces pays, il fait chaud et humide.
Ces bijoux de ma mère sont coûteux.
A cause de ces pluies continuelles, on doit rester à la maison.
Nous n'aimons pas ces légumes.

Jetez ces vieux papiers au bac!
Ces artistes italiens furent très applaudis.
etc...

Il croit que ses amis lui ont joué un vilain tour.
L'écolier a bien étudié ses leçons.
Elle a avoué ses fautes.

Henri a perdu presque toutes ses dents.
Il s'en va avec ses valises.
Marie a fait couper ses cheveux.

etc...

c) *Phrases à structure plus complexe*

Ces deux vieillards lui ont reproché ses fautes.
Grâce à ces aimables passants, la petite fille a pu retrouver ses parents.
Ces individus ont bousculé mon ami et lui ont volé ses gants.
Ces trois policiers ont demandé à Paul de vérifier ses papiers.
En admirant toutes ces belles montres, il gardait ses mains en poche.
Ces splendides photos que voici, ma fille les a prises pendant ses divers voyages.
Ses maigres revenus ne lui permettent pas d'acheter ces riches fourrures.
Toutes ces sucreries qu'elle avale à tout moment ne valent rien pour ses dents.
Ces terribles farceurs sont entrés dans la chambre de Jacques et ils lui ont caché ses souliers.
Il est venu me montrer ses chiens; j'ai horreur de ces bêtes-là!
etc...

d) *Révision*

Dicter des phrases analogues à celles des exercices ci-dessus. En cas de confusion persistante, recommencer les phrases à structure élémentaire en faisant le geste de montrer quelque chose pour « ces » et de se toucher la poitrine pour « ses ».

8. CES – SES – CET – C'EST – S'EST – SAIT

a) *Phrase-type à recopier*

C'est cet homme-là qui sait où ces deux bandits sont cachés, mais il s'est enfui avant l'arrivée du capitaine et de ses hommes.

b) *Phrases à structure élémentaire*

Ces deux messieurs sont enchantés de vous voir.
Ces vieux monuments sont grandioses.

Elle a mis ses plus beaux atours.
L'avion a largué toutes ses bombes.

Ces fleurs-ci sont plus jolies que celles-là. Enlevez donc ces drapeaux déchirés. J'aime beaucoup ces vieux airs de musique. etc...	Le coiffeur converse avec ses clients. Il a perdu tous ses cheveux. Henriette se plaint de ses migraines. etc...
C'est un régal de l'entendre parler. C'est avec lui que je me suis disputé. Je crois que c'est mon tour. On se demande comment c'est possible! Le travail, c'est la santé. etc...	La porte s'est refermée sur lui. Mon frère s'est endormi sur le divan. Le professeur s'est mis en colère. Pourquoi s'est-elle moquée de moi? L'incendie s'est rallumé. etc...
Cet enfant est bien malheureux. Ne croyez pas cet homme. Que pensez-vous de cet accident? Cet Anglais me paraît bizarre. Je n'aime pas cet aliment. Ne touchez pas à cet insecte! Cet affreux animal bave sur le tapis. Cet étrange personnage est encore revenu. Nous avons aidé cet aveugle à traverser la rue. Ils ont caressé longtemps cet espoir. etc...	On ne sait jamais. Il ne sait plus à qui s'adresser. Celui qui sait beaucoup, peut beaucoup. Sait-elle où nous sommes? Jean sait bien sa leçon aujourd'hui. Un homme ignorant est un homme qui ne sait rien. Qui sait s'il ne réussira pas? Personne ne sait ce qu'elle est devenue. Dans mon village, chacun sait ce qu'il doit faire. Mon ami sait comment éviter les punitions. etc...

c) *Phrases à structure plus complexe*

Toutes ces plantes servent à fabriquer cet élixir.
Ces ouvriers d'usine étaient venus acclamer cet orateur brillant.
Cet invité gourmand a dévoré toutes ces bonnes choses qui étaient sur la table.
Cet étranger a cru toutes ces histoires que vous avez racontées.
Toutes ces belles fleurs sont pour cet artiste français.

Cet arbre a déjà perdu toutes ses feuilles.
Vous jugerez cet homme d'après ses actes.
Croyez-vous que cet avare ait réellement perdu ses économies?
Cet épicier vend ses marchandises trop cher.
Par ses efforts acharnés, il a décroché cet emploi enviable.

C'est de mon jardin que viennent ces belles roses.
C'est lui qui m'a envoyé ces lettres.
Avec ces gens-là, c'est toujours la même chose.
C'est par la répétition de ces exercices que tu deviendras fort.
C'est avec plaisir que j'ai lu ces deux livres que vous m'avez offerts.

Il s'est fâché avec ses meilleurs amis.
Jacques s'est mis à faire ses devoirs.
L'écolier s'est endormi sur ses livres.
Elle s'est amusée à compter ses sous.
Mon voisin s'est trouvé mal en apprenant la mort de ses deux enfants.

Cet instituteur sait beaucoup de choses.
Il sait que cet échec peut briser son avenir.
Cet enfant sait se faire aimer.
On ne sait jamais comment plaire à cet homme difficile.
Cet aviateur sait qu'il court un danger.

Ma mère sait où c'est.
Il sait que c'est en vain qu'il me supplie.
C'est bien évident qu'elle ne dit pas tout ce qu'elle sait.
Mon oncle sait que c'est pour rien qu'il discute.
C'est un chat qui sait se faire comprendre.

Ma sœur s'est trompée et elle le sait bien.
Sait-on avec qui il s'est évadé?
L'enfant sait qu'il s'est mal conduit.
Elle sait qu'il ne s'est pas plu en Suède.
Sait-il déjà que son ami s'est blessé?

d) *Révision*

Les phrases de l'exercice c ci-dessus ne mettent jamais en présence que deux difficultés à la fois.
Lorsque l'enfant ne commet plus de fautes, contrôler la fermeté de ses acquisitions en combinant trois ou quatre difficultés. Pour cela, il suffit de s'inspirer de la phrase-type et d'en composer de semblables, par exemple, en puisant dans les différentes phrases de cette leçon les éléments qui peuvent servir à en composer d'autres (exemple : « C'est bien triste de constater que cet élève ne sait jamais ses leçons »).

9. SI – S'Y

a) *Phrase-type à recopier*

Si le temps s'y prête, j'irai demain à la campagne.

b) *Phrases à structure élémentaire*

Si tu le permets, je t'accompagnerai.
Elle viendra si vous le désirez.
Si la souris se montre encore, le chat la croquera.
Tu réussirais si tu le voulais.
Si mon lit était plus grand, je dormirais mieux.
Nous serons récompensés si nous travaillons bien.
Si nous partons à l'heure, nous arriverons à temps.
Si j'étais riche, je voyagerais beaucoup.
Tu seras malade si tu manges trop.

Si elle avait su, elle serait revenue au plus vite.
etc...

On s'y fait à la longue.
Je vois qu'il s'y donne à fond.
Tout le monde s'y perd dans cette histoire.
Elle s'y accroche tant qu'elle peut.
Qui s'y frotte, s'y pique.

Nos enfants s'y sont bien amusés.

Quand il s'y mettra, il sera trop tard.

Elle s'y plaît tellement qu'elle ne veut plus revenir.
Le vieillard est à l'hospice : il s'y sent mal à l'aise.
Le pauvre naïf s'y est encore laissé prendre.
etc...

c) *Phrases à structure plus complexe*

Si mes amis s'y plaisent, ils prolongeront leur séjour.
Même si elle trouve que le règlement est trop rigide, elle doit s'y conformer.
Si elle veut s'y soumettre, c'est son affaire.
Jean s'y rendra demain si le temps le permet.
Si elle a tellement peur, elle ne doit pas s'y risquer.
Si mon ami avait trouvé la cabane, il aurait pu s'y réfugier.
Si la boisson ne lui était pas interdite par son médecin, il s'y adonnerait volontiers.
La ressemblance est si grande qu'on s'y méprendrait.
Il ne faut pas s'y fier, même si ses paroles vous paraissent rassurantes.
Si le garçon va jouer dans le bois, il risquc de s'y perdre.

d) *Révision*

Dicter des phrases analogues à celles de l'exercice c ci-dessus.

10. NI – N'Y

a) *Phrase-type à recopier*

Ni lui ni moi n'y avons songé.

b) *Phrases à structure élémentaire*

Ni fleurs ni couronnes.
Je n'ai vu ni l'un ni l'autre.
Ni Jacques ni son frère ne sont venus.

Ce tapis n'est ni beau ni laid.
Elle n'est ni polie ni serviable.
Nous n'irons pas à Rome ni à Florence.
Jean n'a rien compris et moi non plus.
Mon café n'est ni très chaud ni très fort.
Ni le professeur ni mes parents ne m'ont grondé.
Il ne manque ni d'argent ni d'amis.

etc...

Elle n'y comprend rien.
Je n'y puis consentir.
Oscar n'y est pour rien dans cette affaire.
Personne n'y voit clair.
Il n'y consentira jamais.
Heureusement que je n'y ai pas cru!

La police n'y a rien trouvé d'anormal.
N'y comptez pas trop!

Je n'y vais plus jamais.

Elle n'y a pas consacré beaucoup de temps.
etc...

c) *Phrases à structure plus complexe*

Cet élève n'y met ni bonne volonté ni courage.
Ni les uns ni les autres n'y sont parvenus.
Elle n'y est pour rien ni moi non plus.
Ni sa fermeté ni sa persévérance n'y ont rien changé.
Ils n'y arriveront ni par la force ni par la ruse.
Ni mon frère ni ma sœur n'y ont rien compris.
Il n'y trouvera ni plaisir ni profit.
Ni mon compagnon ni sa femme n'y ont touché.
Je n'y penserai plus ni demain ni plus tard.
Si vous n'y mettez pas un peu du vôtre, nous ne pourrons ni vous aider ni vous plaindre.
etc...

d) *Révision*

Dicter des phrases analogues à l'exercice ci-dessus. Il est utile également, lorsque l'assimilation paraît satisfaisante, de mélanger certaines phrases de l'exercice 10 (ni – n'y) avec d'autres de l'exercice 9 (si – s'y).

11. SANS – S'EN

a) *Phrase-type à recopier*

L'homme s'en alla sans dire un mot.

b) *Phrases à structure élémentaire*

Ce garçon est sans souci.
Il a débuté son entreprise sans un sou.
On ne peut pas vivre sans manger.
Hector est resté trois mois sans voir personne.
C'est vraiment sans-gêne de s'installer ainsi chez les gens.
Je suis parti sans espoir de retour.
Nous avons pris un repas sans viande.
Pourquoi travailles-tu sans arrêt?
Je me demande ce qu'elle ferait sans lui.
Il n'y a pas de fumée sans feu.
etc...

Elle s'en moque éperdument.
A quoi bon s'en faire?
Personne ne peut s'en passer.
On s'en est tiré à bon compte.
Il s'en mord les doigts, maintenant.
Mon père s'en souvient encore.
Il faut s'en faire une raison.
Jean a eu tort de s'en mêler.
Elle n'a pas voulu s'en occuper.
Il s'en repentira un jour.
etc...

c) *Phrases à structure plus complexe*

Il ne faut pas s'en faire quand on est sans argent.
Elle s'en régala sans remord.
L'enfant s'en barbouilla le visage sans hésiter.
Le temps passe sans qu'on s'en aperçoive.
Elle s'en est rendue compte sans qu'on le lui dise.
Je le vis s'en aller sans hâte.
Il s'en est réjoui sans arrière-pensée.
Elle ne peut s'en prendre qu'à elle-même si elle se retrouve sans amis.
Jacques s'en est plaint au maître qui l'a écouté sans dire un mot.
Le chat s'en est emparé sans crier gare.
etc...

d) *Révision*

Dicter des phrases analogues à l'exercice c ci-dessus.

12. DANS – D'EN

a) *Phrase-type à recopier*

Quand on est dans la misère, il faut essayer d'en sortir.

b) *Phrases à structure élémentaire*

Je suis dans ma chambre.
Nous reviendrons dans le courant de la semaine.

Nous avons hâte d'en finir.
Il a refusé d'en prendre.

Mon grand-père est mort dans son lit.
Cherchons encore dans ce tiroir.
Il y a du bon vin dans sa cave.
Paul a toujours le nez plongé dans son assiette.
Elle a fourré ce bijou dans son sac.
Il fait sombre dans cette pièce.

Dans ce pays, les gens sont pauvres.
Je suis dans mon droit.

etc...

Je viens justement d'en parler.
Il faut éviter d'en boire trop.
J'en ai assez d'en entendre parler.
Cessons d'en discuter.

Essayons maintenant d'en finir.
On ne peut s'empêcher d'en déplorer le prix élevé.
Il est inutile d'en faire plus.
Je te donne ma vieille robe : je viens d'en recevoir une nouvelle.
etc...

c) *Phrases à structure plus complexe*

Dans ces conditions, je refuse d'en dire plus.
Le brigadier décida d'en aviser ses supérieurs dans les plus brefs délais.
Elle se plaît beaucoup dans sa nouvelle maison et elle ne se lasse pas d'en vanter les commodités.
Dans quelques jours, j'essayerai d'en rapporter un autre.
Bien que nous soyons dans une situation délicate, efforçons-nous d'en tirer le meilleur parti possible.
Dans le village, les gens évitent d'en parler.
Dans sa hâte d'en finir au plus vite, elle oublia l'essentiel.
Nos voisins d'en haut vivent dans un continuel vacarme.
Il rangeait ses timbres dans une boîte et il me pria d'en choisir quelques-uns.
Je n'ai pas le droit d'en prendre l'initiative dans ce cas-ci.
etc...

d) *Révision*

Dicter des phrases analogues à celles des exercices b et c.
Reprendre aussi certaines phrases de la leçon précédente (sans – s'en) pour consolider les connaissances de l'enfant.

13. QUEL – QUELLE

a) *Phrase-type à recopier*

Quel jour et à quelle heure devez-vous le rencontrer?

b) *Phrases à structure élémentaire*

Quel est ce beau livre?
Quel est votre nom?

Quelle heure est-il?
Quelle méchante fille!

A quel jeu jouez-vous?
J'ignore en quel mois il est né.

Quel affreux bonhomme!
Quel est celui qui m'accompagne?
Quel beau chat vous avez!
Quel film avez-vous vu hier?
Ce portrait me plaît tel quel.
Dans quel coin s'est-il fourré?
etc...

Quelle chambre préfères-tu?
Dans quelle province se trouve cette ville?
Je la prends telle quelle.
Quelle drôle d'histoire!
Dans quelle tasse a-t-il bu?
J'ignore quelle est son intention.
Quelle est cette plante?
Quelle misère!
etc...

c) *Phrases à structure plus complexe*

Quelle est celui d'entre vous qui peut accepter n'importe quelle situation?
Dans quel embarras et dans quelle misère te voilà plongé!
Quel grand garage et quelle belle voiture vous avez!
Quel est celui ou quelle est celle qui m'a chipé mon sac?
On ne saura jamais quel travail acharné et quelle persévérance il a fallu pour percer ce canal.
Quel est son problème et quelle solution peut-on lui donner?
Quelles sont les parties du monde que vous connaissez et quels sont les continents que vous avez traversés?
Quelles chaussures ou, si vous préférez, quels souliers mettrez-vous demain?
Quels sont les légumes et quelles sont les friandises que vous préférez?
Dites-moi quels sont les jours et quelles sont les heures qui vous conviennent.
etc...

d) *Révision*

Dicter des phrases analogues à celles de l'exercice c.

14. QUELLE – QU'ELLE

a) *Phrase-type à recopier*

Je ne sais pas ce qu'elle est devenue ni dans quelle ville elle habite.

b) *Phrases à structure élémentaire*

Dans quelle rue habitez-vous?
Quelles méchantes gens!
Savez-vous quelles sont ses faiblesses?
A quelle jambe a-t-il été blessé?

Quelles sont les fleurs que vous préférez?

Je crois qu'elle a compris.
On dit qu'elle est très gentille.
Il me semble qu'elle a raison.
Regardez ce beau livre qu'elle m'a apporté.
Elle sait ce qu'elle veut.

Je ne sais dans quelle direction aller.
Avec quelle dame bavardiez-vous?

Quelle est verte ma vallée!

Quelles lunettes portait-il?
On se demande quelles sont ses intentions.
etc...

Ce sont les roses qu'elle préfère.
C'est une récompense qu'elle a bien méritée.
Voilà ce qu'elle a voulu me faire croire.
Savez-vous ce qu'elles sont devenues?
Je crains qu'elle ne revienne.
etc...

c) *Phrases à structure plus complexe*

Je ne sais pas ce qu'elle veut et je me demande quelle solution elle choisira.
Quelles sont les personnes qu'elle a trompées?
Nous savons dans quelle misère elle est plongée et nous admirons les efforts qu'elle fait pour en sortir.
Qu'elle parle bien! Quelle conviction dans ses discours!
On souhaite qu'elle réussisse quand on voit quelle ardeur elle déploie au travail.
Quelle ténébreuse affaire! Et dire qu'elle y est mêlée!
Je pense qu'elle a tort de se lier si facilement avec n'importe quelle fille.
Quelle volonté elle a dû avoir pour obtenir ce qu'elle a voulu!
Quelle étrange histoire! Croyez-vous qu'elle dise vrai?
Il est temps qu'elle comprenne que nous ne pouvons plus admettre n'importe quelle extravagance qui lui passe par la tête.
etc...

d) *Révision*

Dicter des phrases analogues à celles de cette leçon en y mêlant des phrases de la leçon précédente. Répéter longuement cet exercice jusqu'à l'assimilation parfaite des formes quel – quelle – qu'elle.

15. QUELQUE (adjectif) – QUELQUE (adverbe) – QUEL QUE

a) *Phrase-type à recopier*

Quelle que soit sa méfiance, je pourrai lui expliquer en quelques minutes (= plusieurs minutes; adjectif) l'intérêt de cette affaire à laquelle je pense depuis quelque dix ans (= environ dix ans; adverbe).

b) *Phrases à structure élémentaire*

J'ai eu quelques ennuis avec ma voiture.

Il doit avoir maintenant quelque soixante ans.

Nous en reparlerons dans quelques mois.
Elle a fumé quelques cigarettes.

Ils ont bu quelques verres.
Elle bavarde avec quelques camarades.

Quelques jours de repos me sont nécessaires.
etc…

Elle s'y attendait quelque peu.

Quelque vingt policiers cernaient la maison.
J'ai étudié aujourd'hui quelque trente pages.

Nous devons interroger quelque cent cinquante élèves.
Le prochain village se trouve à quelque dix kilomètres.
etc…
Quels que soient nos talents, il faut rester modestes.
Je le convaincrai quelle que soit son obstination.
Il faut avancer quelle que soit la route.
Ne vous découragez pas, quelles que soient vos difficultés.
Ne redoutez rien, quels que soient vos ennemis.
Gardons le sourire quels que soient nos ennuis.
etc…

c) *Phrases à structure plus complexe*

Dans quelque six mois, quelles que soient mes recommandations, il aura dilapidé les quelques biens que son père lui a légués.
Les quelques petites erreurs qu'elle a commises lui ont coûté bien cher, quels que fussent ses efforts pour les réparer.
Il fut malade durant quelque trois semaines, ce qui lui fit perdre quelques milliers de francs.
On ne vous pardonnera pas la moindre distraction, même de quelques secondes, et cela quelles que soient vos explications.
En quelques bonds, l'animal franchit une distance de quelque deux cents mètres.
Voici les quelques produits que nous vendons encore; quel que soit votre choix, vous serez satisfait.
Le train emporta la voiture sur quelque trois cents mètres en quelques secondes.
Quelles que soient ses affirmations, nous nous doutons bien qu'il a dû recueillir quelques petits profits dans cette affaire.
Quelle que soit ma bonne volonté, je ne puis consentir à cette dépense de quelque trois mille francs pour ces quelques disques.
Quels que soient les coupables, ils subiront la peine prévue de quelque douze ans de prison, malgré les quelques protestations qui s'élèveront sans doute.

d) *Révision*

Dans ce cas-ci, il est souhaitable de dicter les phrases de cette leçon plusieurs fois à quelques jours d'intervalle, avant de dicter des phrases analogues.

16. QUAND – QUANT – QU'EN

a) *Phrase-type à recopier*

Quant à Sonia, elle intervient souvent dans les conversations quand il ne faut pas, quoi qu'en disent ses amis.

b) *Phrases à structure élémentaire*

Quand reviendrez-vous?

Quand vous voudrez.

Venez quand la nuit sera tombée.

La mère est inquiète quand son fils rentre tard.

Je serai content quand ils seront partis.

Le bébé pleure quand il a faim.

Quand irons-nous à Paris?

Nous partirons quand la pluie aura cessé.

etc...

Quant à ce devoir, il est vraiment mauvais.

Quant à moi, je n'ai aucune opinion.

Quant à savoir où il est, c'est une autre histoire!

Quant à nous, nous sommes très satisfaits.

Quant à aller chez elle, il n'en est pas question.

Quant à vous, vous n'êtes qu'un menteur.

Quant aux nouveaux venus, nous devons les aider.

Quant aux examens, nous ignorons encore leur date.

etc...

Qu'en dites-vous?

J'ignore ce qu'en pense mon ami.

Nous ne savons qu'en faire.

Il ne peut qu'en ramasser les débris.

Vous ne pourrez partir qu'en hiver.

Ce spectacle n'est joué qu'en semaine.

Mon père ne reviendra qu'en décembre.

Elle n'est jamais vêtue qu'en noir.

etc...

c) *Phrases à structure plus complexe*

Quand vous le connaîtrez mieux, vous comprendrez ce qu'en disent les gens.

Quand vous irez raconter cette histoire à ma sœur, elle ne pourra qu'en être désolée.

Quant au général, tout le monde ignore quand il est parti.

Quant à votre opinion, je m'en moque : je le ferai quand même.

Quant à vous, apprenez que ce n'est qu'en travaillant que l'on réussit.

Qu'en restera-t-il de vos économies quand vous aurez payé l'avocat et le médecin?

Quant à son attitude, je ne sais qu'en penser.

Nous devrions quand même nous demander ce qu'en disent nos voisins.

Quant à ces marchandises, nul ne sait quand nous pourrons les vendre.

Ce n'est qu'en fin de soirée, quand tout le monde fut parti, qu'il s'aperçut du vol.

etc...

d) *Révision*

Dicter des phrases analogues aux exercices b et c ci-dessus.

17. LÀ – LA – LAS – L'A

a) *Phrase-type à recopier*

Albert l'a appris de la bouche de cet homme-là, qui me paraît bien las de vivre.

b) *Phrases à structure élémentaire*

Qui est là?
Prenez celui-là.
Attendez-moi là.

Irez-vous encore là-bas?
Le livre a été posé là.
etc...
La vie est courte.
Maman est à la maison.

Nous travaillons à la ferme.
Vous irez demain à la campagne.
Je la prendrai avec moi.
Voulez-vous la reconduire?
etc...

Nous sommes las de ce travail.
Il revient de cette soirée triste et las.
Je suis las de toujours répéter la même chose.
Ce malheureux est las de souffrir.
On n'est jamais las de l'entendre.
etc...
Il ne l'a pas reconnu.
C'est dans ce journal qu'elle l'a lue, cette annonce.
Mon ami l'a empêché de venir.
On ne l'a jamais retrouvé.
Jacques me l'a confiée.
Elle l'a soigneusement mis en poche.
etc...

c) *Phrases à structure plus complexe*

C'est à cet endroit-là que la femme l'a aperçu.
Nous la déposerons là, comme elle nous l'a demandé.
Seriez-vous déjà las de la voir tous les jours?
Il l'a plantée là sans la saluer.
On a beau être las, il faut continuer la tâche entreprise et la poursuivre jusqu'au bout.
Le chat a attrapé la souris et il l'a mangée.
Nous étions tellement las au bout de la journée que nous sommes tombés endormis là où nous nous trouvions.
Il l'a regardée sans la reconnaître.
Ses yeux sont las de lire, et pourtant il poursuit la lecture de ce livre qui l'a captivé depuis son début.
La paresse l'a conduit là où il est : dans la misère.
etc...

d) *Révision*

Dicter des phrases analogues à celles de l'exercice c.

18. PEU – PEUT

a) *Phrase-type à recopier*

Il peut réussir brillamment s'il veut travailler un peu plus.

b) *Phrases à structure élémentaire*

Tu as vraiment peu de courage.
Nous avons trop peu d'argent pour acheter cette voiture.
En prendez-vous encore un peu?
D'ordinaire, elle mange peu.
L'enfant grandit un peu chaque jour.
Il avait l'air peu rassuré.
J'en voudrais un peu plus.
Nous sommes peu nombreux ce soir.
Vous avez peu d'amis mais ils sont fidèles.
Elle a peu d'estime pour lui.

etc...

Qui veut, peut.
Il fait ce qu'il peut.

On ne peut plus rien pour elle.
Qui peut dire où il est?
Si elle le peut, elle viendra.
Il peut enfin se reposer.
Cet homme peut vous aider.
Un accident peut toujours survenir.
Personne ne peut mettre votre sincérité en doute.
Je le ferai si cela peut vous faire plaisir.
etc...

c) *Phrases à structure plus complexe*

Peu de gens se doutent du mal qu'il peut faire.
Jacques ne peut manger que peu à la fois.
En levant un peu la tête, on peut apercevoir le clocher de l'église.
Son peu d'entrain ne peut que décourager ses amis.
Il est un peu en retard, mais il peut encore se rattraper.
On peut apprendre une langue en la pratiquant un peu chaque jour.
Un peu de bonté peut ranimer la joie chez ces pauvres gens.
Ce problème peut se résoudre avec un peu de patience.
Sachez qu'il peut devenir plus méchant encore.
On peut parfois bâtir de grandes œuvres avec peu d'argent.
etc...

d) *Révision*

Dicter des phrases analogues à celles de l'exercice c. Utiliser également, en guise de variante, la forme « peux » (je peux, tu peux).

19. PRÈS – PRÊT

a) *Phrase-type à recopier*

Venez près de nous car maintenant nous sommes prêts à vous accueillir.

b) *Phrases à structure élémentaire*

L'enfant est trop près du feu.
Je ne suis pas près de m'en aller.
L'auto roulait à près de cent kilomètres à l'heure.
Il n'a jamais vu la mort de si près.
C'est près de Marseille qu'il s'est installé.
Nous sommes maintenant près de chez nous.
N'approchez pas de si près.
Il est près de trois heures.
J'étais près d'elle à ce moment.
Elle est près de s'évanouir.
etc...

Le dîner est prêt.
Je suis prêt à m'en aller.
Nous sommes prêts à discuter.

Es-tu prêt pour partir?
Cet homme est prêt à tout.

Nous ne serons jamais prêts à temps.

Il est prêt à quitter le pays.
Le régiment est prêt à l'attaque.
Mon ami est prêt à vous recevoir.
Je suis prêt à surmonter les difficultés.
etc...

c) *Phrases à structure plus complexe*

Je ne suis pas près de me laisser convaincre par vos arguments mais je suis prêt à les discuter.
Nous serions prêts à croire que vous êtes courageux si vous osiez venir plus près.
Soyons prêts à résister car l'ennemi est maintenant tout près de nous.
Il est près de huit heures et vous n'êtes pas encore prêt!
J'étais prêt à photographier le paysage lorsqu'une grosse pierre roula près de moi.
Nous sommes prêts à examiner les lieux de plus près.
Si vous êtes prêt à travailler, vous serez près de la réussite.
Le coiffeur me dit : je suis prêt à vous raser de près.
Il n'y regarde pas de si près pour gagner de l'argent et il est même prêt à tout pour y arriver.
Lorsqu'il est près de perdre la face, il est prêt à toutes les méchancetés.
etc...

d) *Révision*

Dicter des phrases analogues à celles des exercices b et c.

20. PLUS TÔT – PLUTÔT

a) *Phrase-type à recopier*

Plutôt que de courir, je préfère partir plus tôt.

b) *Phrases à structure élémentaire*

Elle est venue plus tôt que d'habitude.
Demain, il faudra vous lever plus tôt.
Le plus tôt sera le mieux.

Dommage qu'il n'ait pas compris plus tôt.
Vous êtes arrivé plus tôt que moi.

Si je vous avais connu plus tôt, je n'aurais pas commis ces erreurs.
Tu iras te coucher plus tôt aujourd'hui.
Désormais nous dînerons une demi-heure plus tôt.
Je n'ai pu terminer mon travail plus tôt.
Il est impossible d'y arriver plus tôt.

etc...

J'irai plutôt chez vous que chez elle.
Plutôt souffrir que mourir!
Mes soldats mourront plutôt que de se rendre.
Plutôt que d'attendre ici, je préfère m'en aller.
Elle préfère souffrir de la faim plutôt que de grossir.
Il a décidé de partir plutôt que de me voir.
Je préfère prendre mes vacances en hiver plutôt qu'en été.
Allons au théâtre plutôt qu'au cinéma.

Il irait plutôt au chômage que de faire ce travail.
Plutôt que de bouder, vous feriez mieux de vous expliquer.
etc...

c) *Phrases à structure plus complexe*

Plutôt que de nous attendre, elle quitte la maison plus tôt que prévu.
Plutôt que de ruminer vos échecs, mettez-vous au travail au plus tôt.
Si je vous avais rencontré plus tôt, je vous aurais plutôt secoué.
Faites plutôt ce qu'on vous demande et vous serez libre plus tôt.
Plutôt que de risquer d'être en retard, elle préfère partir plus tôt.
Vous tombez plutôt mal car mon père est rentré plus tôt que d'habitude.
Si nous dînons plus tôt aujourd'hui, nous pourrons sortir plutôt que de rester à la maison.
C'est plutôt à lui que vous devez vous adresser, car il a appris la nouvelle beaucoup plus tôt que nous.
Plutôt que de traîner dans les cafés avec ses amis, cet ouvrier préfère rentrer chez lui plus tôt.
Plutôt que de bavarder en route, elle aurait mieux fait de m'apporter son devoir plus tôt.
etc ..

d) *Révision*

Dicter des phrases analogues à celles des exercices b et c.

21. ON – ON N'...

a) *Phrase-type à recopier*

Quand on n'écoute pas le professeur, on reste ignorant.

b) *Phrases à structure élémentaire*

On a été voler chez lui.
On a vu le chat jouer avec la souris.
On est parti sans argent.
Ce n'est pas ainsi qu'on arrive au but.
Je demande qu'on écoute cet homme attentivement.
On comprend mieux lorsqu'on est attentif.
On est venu pour vous voir.
A ce concours, on éliminera tous les incapables.
On en reparlera demain.
Fallait-il qu'on en arrive là?
etc...

On n'est jamais sûr de rien.
On n'a absolument rien vu.
On n'y est jamais parvenu.
Avouez qu'on n'y peut vraiment rien!
On n'y changera pas grand-chose.
On n'a pas trop mal réussi.
On n'y verra que du feu.
On n'éternisera pas la discussion.
On n'en a plus jamais reparlé.
On n'en croit pas ses oreilles!
etc...

c) *Phrases à structure plus complexe*

On n'entend ce faible bruit que si on écoute avec attention.
On n'a rien vu et pourtant on était présent.
On est si triste quand on n'a pas réussi.
On a rien compris et on a perdu son temps.
On attend le résultat avec une impatience qu'on n'ose pas avouer.
On n'ignore pas qu'on est perdu.
On n'ira plus jamais dans cette maison où l'on est si mal reçu.
Chez nous, on écoute toutes les remarques mais on n'accepte aucune insulte.
On n'ira en voyage que si l'on est d'accord d'en payer le prix tous ensemble.
Quand on arriva dans la salle, on y vit plus de monde qu'on n'avait cru.
etc...

d) *Révision*

Dicter des phrases analogues à celles de l'exercice c.

22. TOUT (adverbe) – TOUS (adjectif)

a) *Phrase-type à recopier*

Tous mes amis sont tout émus de me voir partir.

b) *Phrases à structure élémentaire*

Elle est tout feu tout flammes.
La ville tout entière était dans la rue.
Ils sont tout penauds.
Elle était tout étonnée de me rencontrer.
Sa robe est tout éclaboussée.
Nous sommes repartis tout tristes.
Ils étaient tout joyeux de me revoir.
Elle me regarda tout ahurie.
Ma sœur vint s'asseoir tout près de moi.
Les fillettes sont tout éclatantes de santé.
etc...

Vous êtes tous des ignorants.
Tous mes amis sont ici.
Ils ont tous été punis.
Songez à tous ceux qui souffrent.

Tous les hommes sont mortels.
J'aime tous les animaux.
L'enfant a mangé tous les bonbons.
Elle part en vacances tous les hivers.
Vous pouvez lire tous mes livres.

Il a vraiment tous les malheurs.

etc...

c) *Phrases à structure plus complexe*

Tous mes amis étaient tout surpris de la nouvelle.
A cause de tous ses soucis, elle a les yeux tout rouges.
Ils sont tout mignons tous ces petits chats.
Tous ces livres sont tout neufs.
Après tous ces kilomètres de marche, j'ai les pieds tout gonflés.
Les enfants étaient tout contents de recevoir tous les jouets qu'ils avaient demandés.
Tous les membres de cette famille ont les yeux tout noirs.
Tous les paysans n'ont pas les doigts tout tordus.
Presque tous les spectateurs ne voulurent quitter la salle que tout à la fin de la pièce.
Tous mes élèves sont tout heureux des récompenses qu'ils ont reçues.
etc...

d) *Révision*

Dicter des phrases analogues à celles des exercices b et c.

Lorsque l'automatisme sera suffisant, il sera sans doute excellent, pour vaincre les dernières hésitations de l'enfant, de lui remémorer succinctement les règles de l'emploi de « tout » (adverbe) :

— *Variable* devant un nom : En toute franchise.
— *Invariable* devant un *adjectif* ou un *adverbe* (tout = tout à fait) : Elle est tout émue.

Mais « tout » varie devant un adjectif *féminin* commençant par une *consonne* ou une *h aspirée* :

Je les vis arriver, toutes tremblantes et toutes honteuses.

23. MÊME (adverbe) – MÊME (adjectif)

a) *Phrase-type à recopier*

Même les plus difficiles ont pris les mêmes menus que les autres.

b) *Phrases à structure élémentaire*

Les soldats brutalisèrent même les enfants.
Il voyagea partout, même dans les pays les plus lointains.
Même ses amis l'ont désapprouvé.

Tout le monde éclata de rire, même les professeurs.
Cet avocat gagne toutes ses causes, même les plus difficiles.
Il faut aimer même ses ennemis.

Elle fatigue tout le monde, même les plus patients.
Même les moins intelligents ont compris mon explication.
Nous acceptons tous les dons, même les plus modestes.
Même les bêtes ont peur de lui.

etc...

Vous êtes tous les mêmes!

J'ai lu les mêmes livres que toi.

Vous commettez toujours les mêmes fautes.
Nous aimons les mêmes vins.

Elles ont fait cet ouvrage elles-mêmes.

Les responsables eux-mêmes étaient débordés.
Nous avons les mêmes chaussures.

Ils ne font rien eux-mêmes.

Tu racontes toujours les mêmes histoires.
Nous avons acheté les mêmes jouets pour nos enfants.
etc...

c) *Phrases à structure plus complexe*

Même les plus paresseux ont fait les mêmes travaux.
Entendre toujours les mêmes lamentations fatigue même les plus patients.
Vous commettez encore les mêmes fautes même après mes explications.
Si tu continues à dire les mêmes bêtises, même tes amis riront de toi.
Même les moins sensibles partagèrent les mêmes émotions.
Même les plus robustes ne pouvaient même plus se lever.
Elle envoie les mêmes cartes illustrées à tout le monde, même à ses parents.
Même les moins travailleurs ont reçu les mêmes récompenses.
Ils mobilisèrent même les femmes et leur donnèrent les mêmes uniformes.
Même les plus grands hommes ont eu les mêmes faiblesses que les autres.
etc...

d) *Révision*

Dicter des phrases analogues à celles des exercices b et c.

Lorsque l'automatisme sera jugé suffisant, fixer définitivement l'emploi de *même* en donnant ce brin d'explication :

« Même » est adjectif et variable quand il se rapporte à un nom ou un pronom.
« Même » est adverbe et invariable quand il signifie : *aussi*, *de plus*, *jusqu'à*.

Accords grammaticaux

1. LES ADJECTIFS DE COULEUR

L'enfant complétera, sur une fiche, le tableau suivant.

Dans la colonne de gauche, il notera une dizaine de phrases comportant des adjectifs de couleurs **variables**.

Dans la colonne de droite, il notera une dizaine de phrases comportant des adjectifs de couleurs **invariables**.

Des rideaux verts	Des rideaux vert foncé
1 couleur = 1 adjectif	1 couleur = 2 adjectifs
Il porte des souliers bruns.	Des robes rose pâle.
Nous portons des foulards rouges.	J'aime les cravates rouge vif.
Ces fauteuils sont bleus.	Elle a des yeux bleu clair.
....	....
....	....
....	....
....	....
....	....
....	....
....	....
....	....

A. Structures simples

Un mot	*Plusieurs mots*
Les nuages étaient rouges.	Il essuie les taches rouge foncé de sang séché.
Les élèves portent des casquettes bleues.	Les jupes bleu marine sont obligatoires.
Les vagues écumantes formaient des lignes blanches.	Les bouteilles vert pâle se dressaient sur la table.
Les feuilles rousses tombent en automne.	Fin août, les feuilles deviennent vert jaune.
Ses mèches grises volaient au vent.	Les rayons jaune clair du soleil frappent les carreaux de la serre.
La tonalité violette de ce tableau m'impressionne.	Les voitures jaune sable sont fort salissantes.
Les nuages promènent leurs masses blanchâtres.	La falaise prenait des tonalités gris jaunâtre.

B. Structures variées

Des nuages violet sombre s'amoncellent.
Dans ses yeux verts, je vis passer une lueur de colère.
Elle cueille des capucines rouge feu.
Les salons jaunes sont à la mode.
On vit défiler des toilettes rouge vif.
Les premiers rayons du soleil étaient ocre jaune.
Les ouvriers portent des vestes gros bleu.
Après la pluie, les feuilles paraissent plus vertes.
Elle porte toujours des blouses blanches.
Toutes les façades des maisons étaient blanc cassé.

Remarque

Les **noms** servant à désigner les couleurs restent **invariables**.

Exemple : des cravates marron.

Exceptions : cramoisi, écarlate, mauve, mordoré, pourpre, rose, **varient**.

2. LES ADJECTIFS NUMÉRAUX CARDINAUX

ILS SONT INVARIABLES.

A. Problème du trait d'union

Les *quatre mille* chaises.	Les *trente-cinq* enfants.
Mille est plus grand que 99	Tous deux sont inférieurs à 99
Un fût de quatre cent vingt hectolitres.	Il rencontra un vieillard de quatre-vingt-deux ans.
Le plomb fond à trois cent trente degrés.	Pascal mourut âgé de trente-neuf ans.
La vitesse du son est de trois cent quarante mètres par seconde.	La longévité humaine est de soixante-cinq ans.
En rodage, ce bolide ne peut dépasser cent quarante kilomètres à l'heure.	Cette voiture roule à du quatre-vingt-dix à l'heure.
Une seule bombe a tué quatre mille hommes.	Il grimpa jusqu'à deux cent vingt-cinq mètres.
Le coureur parcourut deux cent cinquante mètres en une minute.	Une année compte trois cent soixante-cinq jours.
Le christianisme date de deux mille ans.	En mil neuf cent trente-neuf, l'Allemagne déclarait la guerre à la Pologne.
Trois cent dix soldats revinrent de cette bataille.	Il abandonna sa voiture après quarante mille deux cent vingt-cinq kilomètres.
Le navire filait deux cent cinq nœuds à l'heure.	Cet ermite vécut trois cent trente-six jours dans cette grotte
Il abattait un arbre de deux cent vingt ans.	Le célèbre héros de Jules Verne réussit son tour du monde en soixante-dix-neuf jours.

B. Cas de vingt et cent

J'ai *deux cents* francs 2 × 100 ——	Il a *deux cent cinq* francs 2 × 100 + 5
Un homme de *quatre-vingts* ans 4 × 20 ——	Un vieillard de *quatre-vingt-deux* ans 4 × 20 + 2
Paris et Bruxelles sont distants de trois cents kilomètres. On creuse sous ces montagnes un tunnel de quatre-vingts kilomètres. Il emporta quatre cents feuilles vierges. Votre cours d'orthographe compte deux cents fiches. La tour Eiffel mesure plus de trois cents mètres. Ce bébé a grossi de cinq cents grammes. Un foudre est un tonneau pouvant contenir au moins trois cents litres. La « belle époque » se situe vers les années mille neuf cents.	Ce chauffeur roule à la vitesse de quatre-vingt-cinq kilomètres à l'heure. Je suis né en mille neuf cent soixante. Napoléon fut défait en mille huit cent quinze. Le son se propage à la vitesse de trois cent quarante mètres par seconde. On vendit huit mille cinq cent cinquante volumes de cet ouvrage. La lumière parcourt trois cent mille kilomètres en une seconde. Il est décédé à l'âge de quatre-vingt-un ans. Peary atteignit le pôle nord en mille neuf cent neuf.

C. Mille – millier – million – milliard

Neuf *millions* de Belges. Des *milliers* d'années. Dix *milliards* de francs. Ce sont des noms → VARIENT	La Belgique compte cent dix *mille* personnes âgées. Règle GÉNÉRALE
Cinquante milliers de guerriers revinrent des croisades. La tour Eiffel pèse plus de neuf millions de kilos.	La lune se trouve à près de quatre mille kilomètres des cosmonautes. Ce canal peut porter des navires de trois mille tonnes.

Cent millions d'années, c'est l'unité qui prévaut pour rechercher l'origine de la terre.
Pour sa propre défense, chaque pays dépense quelque dix milliards de francs par an.
On compte près de trois millions de pulsations cardiaques en un mois.

Le Mont Blanc atteint près de cinq mille mètres.

En un jour, notre cœur bat environ quatre-vingt-dix mille fois.

Le conte des mille et une nuits est très célèbre.
Par an, on immatricule quelque vingt mille voitures.

Remarque

Mille est un **nom** et **varie** donc s'il signifie l'unité de mesure.

Exemple : La Tamise parcourt deux cents *milles*.

Structures variées

1. Saint-Exupéry fut porté disparu en mille neuf cent quarante-quatre.
2. « Le rapide trois cent neuf parcourt cent quarante-trois kilomètres en une heure quinze minutes. »
3. Daudet nous promène à travers la Provence, jusqu'à deux ou trois cents lieues de son moulin.
4. Saint-Exupéry rencontra le Petit Prince à mille milles de toute habitation.
5. Sur une seule locomotive, on pouvait charger trois mille deux cents kilos de charbon.
6. Cette petite voiture atteint la vitesse de cent trente-cinq kilomètres à l'heure.
7. Cette vieille dame vient de fêter ses quatre-vingts ans.
8. La plus grande pyramide d'Égypte mesure cent trente-huit mètres de haut.
9. On peut compter plus de cent millions d'étoiles.
10. Dix-huit cent quinze marque la fin de l'empire napoléonien.

3. LE PLURIEL DES NOMS COMPOSÉS

Des *bateaux-mouches* NOM + NOM = les deux varient.	Des *timbres-poste* NOM + COMPLÉMENT = le nom seul varie.
Ce trains compte deux wagons-restaurants. Les oiseaux-mouches construisent leur nid au sommet des arbres. Nous avons planté des choux-fleurs. Les reines-marguerites forment une haie. Cet enfant adore les reines-claudes. Les chats-tigres ne sont guère plus féroces que leurs confrères des gouttières. Il portait à sa ceinture deux larges couteaux-poignards.	Voici un bouquet de gueules-de-lion. Il observe les arcs-en-ciel. Il élève des vers à soie. Autrefois, les hommes se battaient avec de lourds coups-de-poing. Dans cette cave, on distille des eaux-de-vie. Les facteurs déchargeaient les wagons-poste. Les pieds-d'alouette sont des fleurs de jardin. On s'éclaire au moyen de lampes-tempête.
Des *coffres-forts* NOM + ADJECTIF = les 2 varient. R! Des grands-parents nom MASCULIN → grand : VARIABLE mais : Des grand-mères nom FÉMININ → grand : INVARIABLE	Des *porte-clefs* VERBE + NOM Des *avant-midi* MOT INVARIABLE Les verbes et les mots invariables ne VARIENT PAS R! Les noms varient selon le sens. ex. Des gratte-ciel = grattent LE ciel
Les poules caquettent dans les basses-cours. Ces peintures sont des eaux-fortes. Nos amours-propres sont susceptibles.	Les perce-oreilles sont inoffensifs. Les perce-neige renaissent au printemps. Il se sert souvent de ses aide-mémoire.

Ce malveillant piétine les plates-bandes.
Les chauves-souris sont des animaux de nuit.
Les objectifs grands-angles permettent des prises de vues panoramiques.
Cet enfant n'a pas connu ses grands-pères.
L'autobus contourne les ronds-points.

Les rouges-gorges pépient comme tous les oiseaux.

Les garde-robes embaument la lavande.
Les chapeaux sont appelés parfois couvre-chef.
Les précipices sont entourés de garde-fous.
On écrit à l'encre de Chine au moyen de tire-lignes.
Dans ce dortoir, tous les couvre-lits sont semblables.
Des tâte-vin sont des connaisseurs qui éprouvent la qualité du vin.
Les casse-noisettes appliquent le principe des leviers.

Structures variées

1. Le prêtre célébra les grand-messes.
2. Nos grand-mères ont vécu des années moins faciles que les nôtres.
3. Les brise-glace sont fort utiles au Canada.
4. Le plombier installe les chauffe-bain.
5. Les rabat-joie détruisent l'agrément des repas de famille.
6. Les petits ânes des plages sont de véritables souffre-douleur.
7. Devant la troupe marchaient les porte-drapeaux.
8. Ses arrière-pensées n'étaient pas exemptes d'égoïsme.
9. Les sièges de première classe sont garnis de repose-tête.
10. Utilisez nos cartes-réponses.
11. Tenez-vous aux mains-courantes.
12. Les avares sont qualifiés de grippe-sous.

ATTENTION!

a) Toujours invariables : des on-dit, des pur-sang, des coq-à-l'âne.

b) **Garde** varie s'il désigne un **homme**.

Exemple : des gardes-chasse.

4. ADJECTIFS VERBAUX ET PARTICIPES PRÉSENTS

Il nous raconta des souvenirs *touchants.*	Cette fille *touchant* à tout est venue me voir.
ADJECTIF VERBAL VARIABLE	PARTICIPE PRÉSENT INVARIABLE
si - épithète - attribut - précédé d'un adverbe	si - suivi d'un COMPLÉMENT D'OBJET ou CIRCONSTANCIEL - précédé de EN - verbe PRONOMINAL - suivi d'un adverbe
Le fauve nous fixait de ses yeux menaçants. La commode dégageait des parfums engageants. Les pâquerettes naissantes déploient leur corolle. Une pièce brillante tinta sur le marbre. Il soufflait des bulles étincelantes. Les ajoncs éclatants parent le granit des montagnes. Les couleurs de ce peintre sont riantes. Ils étaient fort amusants. Les fleurs paraissaient mourantes. Avec mars, les forêts devinrent verdoyantes.	Ils marchaient, portant de lourds outils. En riant, nous atteignîmes l'auberge. Marchant vite, nous arrivâmes à temps. Les héliotropes mourant de soif. Suivant le chemin creux, la troupe progressait. Les athlètes couraient, franchissant les obstacles d'un bond. On les surprit se bousculant. En fuyant, vous perdez la partie. En forgeant, on devient forgeron. On les retrouva agonisant dans le désert.

Structures variées

Les amis étaient des êtres changeants.
Le coq salue les lumières naissantes.
Vous ne vaincrez pas cette difficulté en gémissant.
Une fraîcheur apaisante termina la journée torride.
En nous exerçant à bien parler, nous apprendrons à écrire correctement.
Ils se montrèrent fort compatissants.
Les enfants grimpaient sur les coteaux jaunissants de l'automne.

Les fillettes couraient se tenant par la main.
Il exige une viande fort saignante.
Avant la pluie, on voit des hirondelles volant très bas.

ATTENTION!

Parfois, le participe présent diffère orthographiquement de l'adjectif verbal.

Participes – **ant**	Adjectifs – **ent**
adhérant	adhérent
affluant	affluent
coïncidant	coïncident
convergeant	convergent
différant	différent
divergeant	divergent
émergeant	émergent
équivalant	équivalent
excellant	excellent
expédiant	expédient
influant	influent
négligeant	négligent
précédant	précédent
somnolant	somnolent
violant	violent

Participes – **quant**	Adjectifs – **cant**
communiquant	communicant
convainquant	convaincant
fabriquant	fabricant
provoquant	provocant
suffoquant	suffocant
vaquant	vacant

Participes – **guant**	Adjectifs – **gant**
extravaguant	extravagant
fatiguant	fatigant
intriguant	intrigant
naviguant	navigant

Exercices

Phrases à compléter :

1. Chacun connaît le principe des vases communi...
2. L'orateur prononça un discours fort convain...
3. Il fait partie du personnel navi...
4. André émergea en suffo...
5. Il faut craindre les pluies provo... des inondations.
6. Cet exercice fati... développe les muscles.
7. Il postule un emploi va...
8. Cet automobiliste recherche des pneus adhér...
9. En converg..., ces droites forment une pyramide.
10. Voici un excell... exercice.
11. Les deux vases étaient fort differ...
12. Bien que differ..., ils s'entendent à merveille.
13. Si tu ne trouves pas la pièce exacte, achète l'équival...
14. Il rencontra cet homme influ... lors d'une réception.
15. En néglig... des détails, on finit par devenir un personnage néglig...
16. Le mois précéd..., ils s'étaient rencontrés.
17. Un bruit viol... réveilla les élèves somnol...

---

5. ÉTUDE DES PARTICIPES PASSÉS

Structure de départ

SUJET	VERBE	COMPLÉMENT

Phrase-type à recopier

Victor mange une pomme.

Phrases à dicter

Le chien défend la maison.
Une lampe éclaire la cour.
Le menuisier porte une planche.
L'infirmière pèse le bébé.
L'élève connaît sa leçon.
Pierre regrette son mensonge.
L'enfant éprouve de la honte.
Toute peine mérite salaire.
Le distrait perd son temps.
L'écrivain rédige un roman.

Phrases à trouver

L'élève trouvera seul ou avec l'aide d'un membre de sa famille des phrases comportant la structure :

S V C

....

....

....

....

A. Participe passé employé avec ÊTRE

Structure de départ

Phrase-type à recopier

La pomme est mangée.

Phrases à dicter

Si l'enfant ne parvient pas à orthographier correctement les participes passés, lui dicter des phrases identiques en remplaçant le participe passé par un adjectif qualificatif (colonne de droite).

Maman est sortie.	Maman est blonde.
La pièce est décorée.	La pièce est grande.
La chatte est endormie.	La chatte est douce.
La terre est labourée.	La terre est chaude.
Une fille est tombée.	Une fille est malheureuse.
La maison est bâtie.	La maison est haute.
La semence est jetée.	La semence est sèche.
La pièce est nettoyée.	La pièce est froide.
La ville est inondée.	La ville est joyeuse.
La vieille est ridée.	La vieille est laide.

Phrases à trouver

Demander à l'enfant de trouver des phrases au singulier comportant la structure :

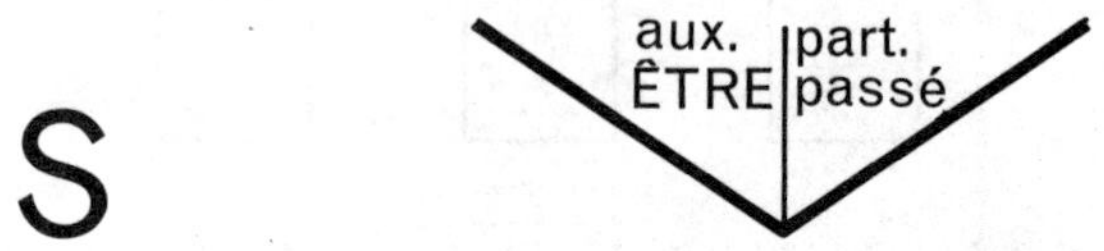

....

....

....

....

....

....

Phrases comportant les quatre terminaisons

A copier

— aucun accord	— le fruit est mangé
— **s**	— les fruits sont mangé**s**
— **e**	— la pomme est mangé**e**
— **es**	— les pommes sont mangé**es**

Phrases à dicter

Les bouteilles sont remplies de produit.
Ils sont restés longtemps.
Les paresseux seront punis.

Les convives furent rassasiés.
Il est arrivé.
Les beaux jours sont revenus.
Les chats étant partis, les souris dansent.
Ils seront vite consolés.
Tous les succès lui sont assurés.
Quand es-tu arrivé?
Sa lettre est relue vingt fois.

Les enfants sont bien élevés.

Les chiens ont été dressés.
Mes enfants, soyez assurés de votre réussite.
Ils sont montrés du doigt.
Voici le village où je suis né.
Votre serviette est-elle préparée?
Les enfants sont revenus.

Les petites filles sont vite effrayées.
L'enfant fut consolé.
L'eau était réchauffée.
Le jour était revenu.

Ses cheveux sont décoiffés.
Son veston est déchiré.

Les oiseaux sont éveillés.
La table est servie.
Le boulon est serré.
Des mesures seront prises.
Les voleurs sont arrêtés.
Le mal est toujours châtié.
Les vacances sont terminées.

Le silence était rétabli.
La nouvelle nous est parvenue tardivement.
La marche est accélérée.
Un chemin est aménagé.
Les fondations furent vite creusées.
Les armes furent enterrées.
Les enfants étaient émerveillés.
Les rails étaient enlevés.
Sous nos climats, les pluies seront toujours redoutées.

Phrases à trouver

Demander à l'enfant de chercher des phrases analogues, comprenant les quatre terminaisons possibles.

....

....

B. Participe passé employé avec AVOIR

Structures de départ

A copier

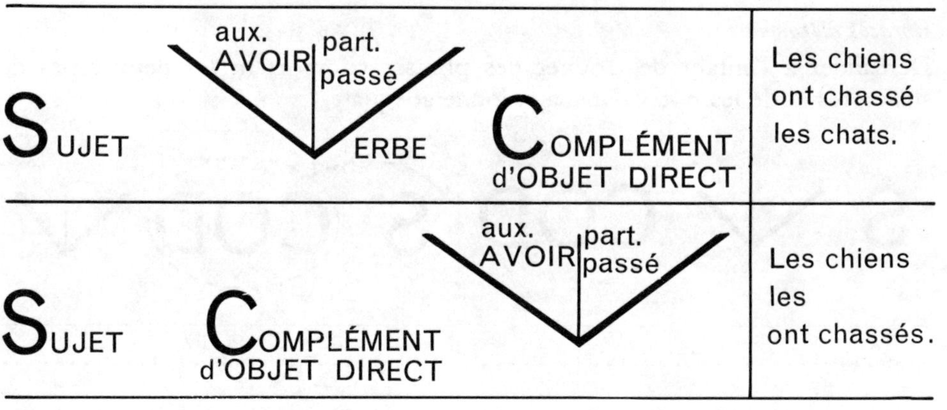

Phrases à dicter

Ces élèves ont réalisé des progrès.
Les passants ont vu les hirondelles.

Ces conseils, il les a écoutés.
La voix qu'il a entendue venait de bien loin.

Le chien a rongé ses os.

La petite a partagé son fruit avec son frère.
Ses amis avaient couru très vite.
Les trains ont démarré ensemble.
Les papillons ont voleté.

Les hannetons ont rampé avant de mourir.
Les fruits ont mûri.
Les enfants ont regretté leur méchante action.

Les leçons que j'ai étudiées, je les connais encore.
Ses souliers, il les a cirés lui-même.

Voici le cadeau que tu as espéré.
Ta punition, tu l'as bien méritée.
L'écureuil se nourrit des réserves qu'il a accumulées.
Les carrioles qu'on a amenées partent pour le bourg.
Voici les fleurs que je t'ai cueillies.
La ville sera vide quand ses habitants l'auront désertée.

Structures variées

1. Ils nous avaient offensés.
2. J'ai rencontré vos parents.
3. Vos efforts ont mérité une récompense.
4. Son père a exaucé ses vœux.
5. Les progrès que vous avez réalisés sont considérables.
6. On nous a rapporté de bien mauvaises nouvelles.
7. Les examens que tu as réussis t'ouvrent désormais toutes les portes.
8. Les méchancetés que tu lui as lancées lui restent sur le cœur.
9. Des milliers de fleurs ont orné les tombes de nos disparus.
10. Aimez la profession que vous avez choisie.

Phrases à trouver

Demander à l'enfant de trouver des phrases comportant les deux types de structures et de les noter dans la colonne adéquate.

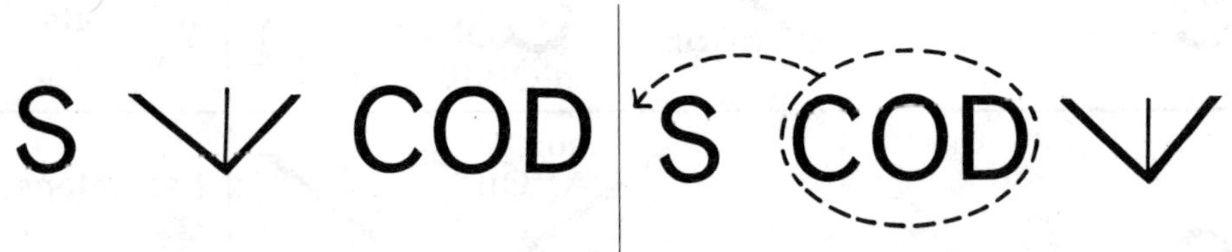

....	....
....	....
....	....
....	....
....	....

C. Étude simultanée des participes passés employés avec ÊTRE ou AVOIR

Structures de départ

Phrases-types à recopier

Les visiteurs sont arrivés.

Les fleurs que tu as commandées.
J'ai retrouvé mes amis.

Phrases à dicter

Ma mère est allée cueillir les fleurs qui me plaisaient tant.
Voici les amis que j'ai connus au cours de mon voyage.
Les heures que tu as perdues ne reviendront plus.
Ses amis l'ont trouvé plus calme.
Ayant trouvé la solution du problème, il ne lui resta plus qu'à le recopier.
L'athlète a lancé le marteau.
Les saisons ont succédé aux saisons et les années ont passé.
Son cœur a enduré bien des tortures.
Elle est restée seule, sans ressources.
Les parents ont été forcés de la laisser au pensionnat.

Il a perdu un temps qui lui aurait apporté bien des connaissances.
Il a fallu qu'il soit entouré de mauvais camarades!
Qui comprendra la peine que j'ai éprouvée?
Quand la nuit fut venue, ils ont allumé des flambeaux.
Ce grand écrivain a laissé trois romans que l'on a considérés comme des monuments de la littérature.
Les rideaux sont collés sur des vitres que le gel a givrées.
Le matin, l'herbe est imprégnée de la fraîcheur nocturne.
Napoléon a envoyé ses troupes à la victoire.
Ces quelques lignes, je les ai travaillées avec soin pour qu'elles soient bien comprises.
Que de choses ont changé en peu de temps! Nos ancêtres seraient effrayés s'ils pouvaient revivre.

Phrases à trouver

Demander à l'enfant de composer lui-même des phrases comportant les structures suivantes :

1. 

2. 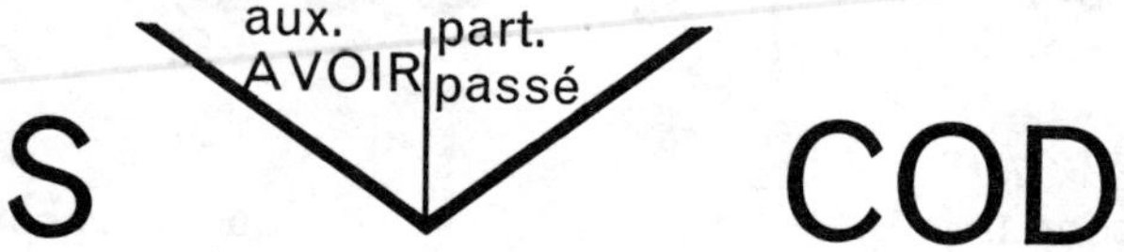

3.

6. PARTICIPE PASSÉ ET INFINITIF PRÉSENT

Phrases-types à copier

Il est interdit de *siffler*.

= **faire**
= **pouvoir**
= **mentir**

Le garçon a *sifflé*.

= **fait**
= **pu**
= **menti**

Phrases à dicter (structures simples)

Je dus quitter mes amis.
Il voulut embrasser sa maman.
Il aime de flâner dans la ville.

Jacques nous a quittés très tôt.
As-tu embrassé ta maman?
Le jeune homme a longtemps flâné.

Pierre apprend à danser.
Jacques m'envoie pour t'aider,
Le train put s'ébranler : le signal était vert.
Au lieu de rêver, travaille.
Il adore s'amuser.
Il le dit pour plaisanter.
Puis-je essayer ces chaussures?

On a ri, on a dansé toute la nuit.
Qui t'a aidé?
Quand le train se fut ébranlé, les voyageurs se turent.
Tu désires tout ce que tu as rêvé.
Ah! Nous nous sommes bien amusés.
Qui n'a jamais plaisanté?
Dès qu'il les eut essayées, il se rendit compte que les chaussures étaient trop petites.

Structures variées

L'agent m'a obligé à circuler.
Je suis forcé de déménager.
Vas-tu cesser de te moquer?
Quand il eut tout expliqué, il ne peut s'empêcher de pleurer.
Le bébé n'a pas cessé de crier.
Si j'ai bien entendu, j'ai entendu un chien hurler.
Dès l'aube, les moineaux commencent à gazouiller; les avez-vous déjà écoutés?
Il a déchiré l'enveloppe sur laquelle figurait la mention : prière de ne pas plier.
Riquet ne cessait de rôder dans l'appartement dévasté (France A.).
Qui vous a prié d'entrer?

Phrases à trouver

Demander à l'enfant de trouver des phrases comportant soit un participe passé, soit un infinitif présent.

Phrases contenant un participe passé.	Phrases contenant un infinitif présent.
....	....
....	....
....	....
....	....
....	....
....	....
....	....
....	....
....	....
....	....

Cinquième partie

Conjugaison

1. VERBES EN « -ier », « -uer », « -ouer » ET « -yer »

A. Forme affirmative

Dicter à l'enfant :

Le cheval rue.
L'enfant joue.
Le soldat salue.
Maman essaie (une robe)
Le petit joue.
Le sang afflue.
La marée reflue.
Le menuisier cloue.
Sa voix mue.
Il s'amadoue.

L'ouvrier sue.
Ce fromage pue.
Le menuisier scie.
Le prêtre prie.
Il se fie.
La planche plie.
Le marin lie.
L'indiscret épie.
Le moineau pépie.
Papa noue (une corde).

Pierre secoue (un arbre).
La mèche troue.
L'encre tatoue.
Je m'ennuie.
J'emploie.
Je ploie.
Je noie.
Les chasseurs tuent.
Les poissons remuent.
La science évolue.

Le travail paie.
Le facteur trie.
Maman essuie.
On le roue (de coups).
Ils attribuent.
Je continue.
Il atténue.
L'eau se dilue.
Ils nient.

B. Formes interrogatives et interro-négatives

Le cheval rue-t-il?
L'enfant joue-t-il?
Le soldat salue-t-il?
Maman essuie-t-elle?
Le petit joue-t-il?
La marée reflue-t-elle?
Le menuisier cloue-t-il?
Sa voix mue-t-elle?
L'ouvrier sue-t-il?
Ce fromage pue-t-il?

Le menuisier ne scie-t-il pas?
Le prêtre ne prie-t-il pas?
Ne se fie-t-il pas?
La planche ne plie-t-elle pas?
L'indiscret n'épie-t-il pas?
Les moineaux ne pépient-ils pas?
Ne s'amadoue-t-il pas?
La technique n'évolue-t-elle pas?
Les chasseurs ne tuent-ils pas?
Les poissons ne remuent-ils pas?

Exercices récapitulatifs

1. Le professeur t'attribue une tâche importante.
2. Le pauvre ploie sous le fardeau.
3. Les soldats marchent au pas accéléré.
4. Les blessés crient à vous déchirer le cœur.
5. Tes parents ne t'écoutent pas.
6. Les vrais amis expriment leur joie à l'annonce de ta réussite.
7. Tu ne penses qu'à t'amuser.
8. Un sourire éclaire son pauvre visage.
9. En restant calme, tu prouves ta politesse.
10. Les trains ne sifflent plus.

1. Le soldat n'appuie pas sur la détente.
2. Tu décries ton ami parce que tu envies sa réussite.
3. Pourquoi ne t'habitues-tu pas à cette pratique?
4. Ne lui alloues-tu pas une somme suffisante à ses besoins?
5. Un projectile ne dévie-t-il pas de son objectif?
6. Le phare ne s'éclaire pas.
7. Le chat ne reste-t-il pas des heures à attendre la souris?
8. Pourquoi tes amis ne crient-ils pas?
9. Un cri ne reste-t-il pas une expression primitive?
10. Les témoins ne nient-ils pas avoir vu l'accusé le soir du crime?

2. VERBES EN « -eler » ET EN « -eter »

Fiche de référence

AU RECTO

Verbes en **-eler**	
je..............elle	je..............èle
je ficelle je nivelle je morcelle j'appelle je ruisselle je ressemelle j'épelle je selle je carrelle j'amoncelle j'ensorcelle j'attelle je renouvelle je râtelle je chancelle j'étincelle je harcelle	je modèle je pèle je martèle je gèle je dégèle je congèle j'écartèle je démantèle je cisèle je cèle

Exercices écrits

a) *Structures simples*

Dicter à l'enfant les phrases suivantes :

ELLE

1. La sueur ruisselle sur sa figure.
2. Cet incident se renouvelle.
3. Le paveur nivelle son carrelage.
4. Pour lotir une propriété, on morcelle le terrain.
5. Cette crainte me harcelle.
6. Il ficelle ses paquets.

7. Il épelle les mots difficiles.
8. La colonne chancelle.
9. Le fermier attelle sa charrette.

ÈLE

1. Cette bouteille recèle du poison.
2. Quand on pèle les oignons, les yeux pleurent.
3. Il modèle des statuettes.
4. L'artisan martèle des plaques de cuivre.
5. S'il gèle, les chrysanthèmes périront.
6. On n'écartèle plus les délinquants.
7. A secouer son jouet, l'enfant le démantèle.
8. Les enquêteurs décèleront des traces de lutte.
9. Le printemps permet que la terre dégèle.
10. Le bijoutier cisèle des pierres fines.

ELÉ – ELER – ELEZ – ELAIT – ELA

1. L'eau qui a ruisselé n'est plus potable.
2. Il ne put renouveler son exploit.
3. On a nivelé la chaussée.
4. Depuis la dernière guerre, l'Allemagne reste morcelée.
5. J'étais harcelé par des chefs sans pitié.
6. On le retrouva ficelé comme un jambon.
7. Épelez votre nom.
8. Les ivrognes chancelaient sur le trottoir.
9. On attela le landau.
10. Comment vous appelez-vous?

b) *Structures variées*

Dicter à l'enfant les phrases suivantes :

1. Les bergers rappellent leurs moutons.
2. Les chiens harcellent le troupeau.
3. Les nuages s'amoncelleront bientôt.
4. L'inspecteur décèle des taches sur le sol.
5. Il gèlera tôt, cette année.
6. Le fermier attelle la charrue derrière les bœufs.
7. Le pelage des animaux à fourrure se renouvelle tous les ans.
8. L'artiste modèle une masse de terre.
9. Au petit matin, on le retrouva chancelant.
10. Dès ses premiers jours au camp, il s'entendit lancer « vous pèlerez les pommes de terre! »

AU VERSO

Verbes en **-eter**	
je..............ette	je..............ète
je cachette	j'achète
je jette	je rachète
je déchiquette	je furète
je projette	je crochète
je soufflette	je halète
je volette	je corsète
je caquette	
j'époussette	
je rejette	
j'empaquette	
j'étiquette	

Exercices écrits

a) *Structures simples*

Dicter à l'enfant les phrases suivantes :

ETTE

1. Après usage, ces feuilles, on les jette.
2. Maman époussette les bibelots.
3. Les poules caquettent.
4. Il étiquette tous ses cahiers.
5. Le voyageur feuillette une revue.
6. La vieille rejette les mailles de son tricot.
7. Le hanneton volette.
8. Le marchand empaquette les cadeaux.
9. D'un coup de poing, il cachette sa lettre.
10. Le perroquet becquette les barreaux de sa cage.

ÈTE

1. Le chien halète longuement après avoir couru.
2. La vieille crochète patiemment.
3. Un inconnu furète dans la propriété.

4. Ce démolisseur rachète les vieilles voitures.
5. On corsète les gens qui souffrent d'une déformation de la colonne vertébrale.
6. On reçoit une prime si on achète cette marchandise.
7. Les amateurs de vieilleries furètent chez les antiquaires.
8. La plupart du temps, ils n'achètent rien.
9. Les araignées crochètent de leurs pattes une fine dentelle.
10. Les connaisseurs n'achètent que de bons vins.

ETÉ – ETER – ETA – ÉTAIT...

1. L'enfant a jeté ses jouets.
2. Maman a épousseté.
3. Les poules ne cessent de caqueter.
4. Toutes les fioles du pharmacien étaient étiquetées.
5. La pâte feuilletée nécessite une préparation délicate.
6. L'oisillon mal formé est rejeté du nid.
7. Le papillon a voleté de fleur en fleur.
8. Il cacheta les enveloppes.
9. Les voyageurs restaient empaquetés dans des voitures trop petites.
10. Le merle becquetait un bout de fromage.

b) *Structures variées*

Dicter à l'enfant les phrases suivantes :

1. Il prend un livre et le rejette aussitôt.
2. Quand nous eûmes fureté durant des heures, nous trouvâmes cette pièce rare.
3. Cet organisme achète et vend des produits empaquetés.
4. Les hauts-fourneaux halètent comme des monstres essoufflés.
5. Un passereau volette dans le ciel.
6. La basse-cour caquette du matin au soir.
7. Vous feuilletez ces revues avec bien peu d'attention.
8. D'un même geste, elles époussetèrent leur jaquette.
9. La peur les jettera dans l'angoisse.
10. Étiquetez tous vos cahiers avec beaucoup de soin.

3. VERBES EN « -ir » CONJUGUÉS AU PRÉSENT COMME LES VERBES EN « -er »

Présent	
j'ouvre tu ouvres il / elle / on } ouvre ils ouvrent	ouvrir cueillir recueillir offrir souffrir assaillir tressaillir

Exercices

Dicter à l'enfant les phrases suivantes :

1. Sur notre terre, bien des gens souffrent de la faim.
2. La fillette cueille des pâquerettes pour les offrir à sa maman.
3. Dès le printemps, les arbres se couvrent de bourgeons.
4. Souffres-tu de rencontrer des miséreux?
5. Le premier mai, on offre du muguet à ses parents et amis.
6. Les conquérants assaillent leurs ennemis.
7. Si on frappe à la porte, l'enfant tressaille vivement.
8. La bonne ouvre la porte.
9. Sais-tu comment on recueille de l'eau distillée?
10. Les femmes africaines se recouvrent souvent la figure d'un voile noir.

1. Les oiseaux souffrent du froid.
2. Jean ne tressaille jamais.
3. L'hiver, avant les premiers gels, on recouvre les plantes fragiles.
4. Ses amis se recueillent autour de son cercueil.
5. Le chef du train ouvre toutes les portes du wagon accidenté.
6. Les famines offrent un spectacle déchirant.
7. Elle frappe, entre et défaille aussitôt.
8. Pourquoi n'ouvres-tu pas?
9. Le vieux se couvre-t-il les épaules avant de sortir?
10. Le guide vous accueille avec amabilité.

4. VERBES EN « -ir » ET EN « -oir »

Finir	Recevoir	
je finis	je reçois	s
tu finis	tu reçois	s
il / elle / on } finit	il / elle / on } reçoit	t

Exercices

Dicter à l'enfant les phrases suivantes :

1. Ce chat meurt de faim.
2. Tu deviens un grand garçon, mon fils!
3. L'automobiliste tient sa droite.
4. Sers-tu les boissons toi-même?
5. L'air sent l'automne.
6. La petite Marie court, effrayée, se réfugier dans les bras de sa maman.
7. Tu mens quand tu parles de la sorte.
8. Il franchit les plus hautes montagnes.
9. Ce garçon sort tous les soirs.
10. Le train ralentit et s'arrête.

1. L'eau bout à cent degrés.
2. Il convient de son erreur
3. Le prêtre bénit l'eau.
4. Ne fuis-tu pas devant un grave danger?
5. Mon bras s'engourdit.
6. Je pars dans une heure.
7. Le soleil éblouit quand il touche l'horizon.
8. A quelle route aboutit ce sentier?
9. Il y a un an que nous nous sommes connus, s'en souvient-il?
10. Pourquoi rougis-tu?

5. VERBES EN « -dre » AU PRÉSENT

FICHES DE RÉFÉRENCE

Verbes en -dre

je vends	je couds	ds
tu vends	tu couds	ds
il / elle / on vend	il / elle / on coud	d

Verbes en -indre et en -soudre

(d)

je crains	je résous	s
tu crains	tu résous	s
il / elle / on craint	il / elle / on résout	t

Exercices

a) *Structures simples*

Dicter à l'enfant les phrases suivantes :

1. Tu entends siffler le train.
2. Il rend le livre à son ami.
3. Ce voyageur descend à contre-voie.
4. On tond les caniches deux fois par an.
5. Je ne comprends pas tes raisons.
6. Il recoud son bouton.
7. La glace fond.
8. Lequel prends-tu?
9. L'élève apprend sa leçon.
10. Ma mère me défend de parler à table.

1. Tu nc crains rien.
2. Le feu s'éteint.
3. Il résout ses problèmes tout seul.
4. Il feint de ne pas me voir.
5. Le voleur enfreint les lois.
6. Le prêtre absout les péchés.
7. Je joins vingt francs à ma lettre.
8. Le vent atteint la vitesse de cent kilomètres à l'heure.
9. De quoi te plains-tu?
10. T'astreins-tu à faire régulièrement les exercices prescrits?

b) *Structures variées*

Dicter à l'enfant les phrases suivantes :

1. Tu apprends ta leçon par cœur.
2. L'alpiniste tend ses cordes.
3. Cet artiste peint de merveilleuses toiles.
4. Ne crains-tu pas de le blesser?
5. Jacques attend son ami.
6. Si j'atteins cette branche, je pourrai grimper sur cet arbre.
7. Cet auteur dépeint sa région avec habileté.
8. Le bateau fend les eaux sombres.
9. Le soleil atteint le zénith.
10. Je plains les malheureux marins.

6. VERBES EN « -tre » ET EN « -ttre » AU PRÉSENT

Fiches de référence

Connaître (t)	
je connais	s
tu connais	s
il elle } connaît on	ît

Battre (tt-t)	
je bats	ts
tu bats	ts
il / elle / on } bat	t

Exercices

a) *Structures simples*

Dicter à l'enfant les phrases suivantes :

1. L'oisiveté naît de la paresse.
2. Il accroît ses connaissances.
3. Le loup se repaît de sa victime.
4. La vérité apparaît au chercheur.
5. On reconnaît aisément le bon du méchant.
6. Connais-tu l'allemand?
7. La lecture accroît notre vocabulaire.
8. Cette plante croît difficilement.
9. Tu accrois tes connaissances.
10. Je connais mes faiblesses.

1. Je me permets d'insister.
2. Il se bat sans arrêt.
3. Tu te permets d'insister?
4. Pierre remet de l'ordre dans ses papiers.
5. Il combat ses faiblesses.
6. Je te soumets mon projet.
7. Je remets mon sort entre tes mains.
8. Tu dois tenir ce que tu promets.
9. On met de la bonne volonté dans son travail.
10. Mon père débat de mon avenir avec ma mère.

b) *Structures variées*

Dicter à l'enfant les phrases suivantes :

1. Connais-tu les faveurs que je te permets?
2. Je lui soumets mes réflexions : il en reconnaît la portée.

3. Il apparaît qu'il ne met pas de cœur dans son travail.
4. La réussite, je te la promets.
5. L'arbre renaît à la vie.
6. La vue du bonheur d'autrui accroît souvent notre malheur.
7. Tu compromets ton avenir en agissant de la sorte.
8. Ce médicament combat la douleur.
9. Le bûcheron abat un arbre.
10. En signe d'admiration, le public bat des mains.

7. L'IMPÉRATIF PRÉSENT (2e personne du singulier)

FICHES DE RÉFÉRENCE

chant**er**	→	chante	e
cueill**ir**	→	cueille	e
(cueill**an**t)			
avoir	→	aie	e
savoir	→	sache	e

AU VERSO

fin**ir**	→	finis	s
(finissant)			
recev**oir**	→	reçois	s
ren**dre**	→	rends	s
être	→	sois	s

Exercices

a) *Structures simples*

Dicter à l'enfant les phrases suivantes :

1. Reste sage pendant mon absence.
2. Cueille cette fleur.
3. Étudie attentivement.
4. Raconte ton histoire.
5. Présente-lui tes excuses.
   Accepte mon aide, petit.

7. Aime tes parents, toujours.
8. Donne-moi la main.
9. Lâche ce caillou.
10. Fixe cette carte au mur.

1. Ris de tes misères plutôt que d'en pleurer.
2. Pars vite, sans t'attarder.
3. Retiens ton ami à dîner.
4. Rends-lui son cahier.
5. Choisis des jeux moins brutaux.
6. Finis ton travail avant de t'amuser.
7. Sois présent au rendez-vous.
8. Reçois mon bon souvenir.
9. Prends soin de ta santé.
10. Crains les amis douteux.

b) *Structures variées*

Dicter à l'enfant les phrases suivantes :

1. Accepte de jouer mais ne te salis pas.
2. Viens me dire la réponse et apporte ton livre.
3. Crie fort et attends-moi.
4. Sache que je viendrai, ne pars pas.
5. Cueille ces fleurs et pique-les dans ce vase.
6. Aime les fleurs, ne les détruis pas.
7. A mon signal, cours auprès des autres.
8. Apprécie l'aide de tes amis, ne la méprise pas.
9. Marche sur le trottoir et franchis ce pont.
10. Reçois mes excuses et oublie mon propos.

8. L'IMPARFAIT ET LE SUBJONCTIF PRÉSENT (1re et 2e personnes du pluriel) DES VERBES EN « -ier » ET « -yer »

FICHE DE RÉFÉRENCE

nous pli-ions vous pli-iez	**i-ions** **i-iez**
nous employ-ions vous employ-iez	**y-ions** **y-iez**

Exercices

Phrases à dicter à l'enfant :

1. Nous vous suppliions d'étudier, mais vous n'en faisiez rien.
2. En ce temps-là, vous simplifiiez toujours les problèmes posés.
3. Sur la place du marché, nous nous coudoyions tous, ce lundi-là.
4. Vous vous noyiez sans notre secours.
5. A cinq heures, nous balayions la caserne.
6. En ce temps-là, vous essuyiez vos larmes du revers de votre manche.
7. A deux ans, vous essayiez déjà d'attraper les moustaches du chat.
8. Pour nous distraire, nous employions tous les moyens possibles.
9. Nous pliions des papiers quand il entra.
10. Pour coller nos feuilles, nous appuyions dessus, des heures durant.
11. Hélas, à cette époque, vous vous ennuyiez toujours.
12. Nous nous fiions au chef de notre bande.
13. Nous grimpions aux branches et sciions du bois vert.
14. Par vantardise, nous pariions des billes que nous oserions sauter dans le vide.
15. Avant de décider, nous étudiions les plans dans le détail.

9. LE FUTUR DES VERBES EN « -ier », «-uer », « -ouer »

FICHE DE RÉFÉRENCE

je cr*ierai* tu t*ueras* il l*ouera* nous lo*uerons* vous t*uerez* ils cr*ieront*	**-ier** **-uer** **-ouer**	+	**-ai, -ons** **-as, -ez** **-a , -ont**

Exercices

Dicter à l'enfant les phrases suivantes :

1. Il s'habituera vite à sa nouvelle situation.
2. Ce menuisier trouera la planche.
3. Les parents prieront autour de sa tombe.
4. Il nouera vite connaissance avec ses nouveaux condisciples.
5. On clouera cette porte.
6. Si tu viens, on te huera.
7. Ton père se fiera à ta parole.
8. Cette poutre ne pliera pas.

9. Ses maîtres loueront ses mérites.
10. Sciera-t-on cette planche?
11. Trieras-tu ces fiches?
12. Le juge écrouera-t-il ce suspect?
13. Nierez-vous l'évidence?
14. Déliera-t-on ses mains?
15. Allierez-vous le courage à l'intelligence?
16. Nous vous expédierons les ouvrages que vous avez commandés.

10. LES VERBES EN « -cer »

FICHE DE RÉFÉRENCE

je forc*e*	mais	je forçais
nous forc*e*rons	mais	nous forçons
j'ai forc*é*		
nous forc*i*ons		

ç devant { **a**, **o** }

Exercices

a) *Structures simples*

Dicter à l'enfant les phrases suivantes :

1. Je forcerais la serrure si elle me résistait.
2. Cet athlète s'exerce au saut en hauteur.
3. Si le toit n'est pas réparé, il percera.
4. Les enfants se lancèrent des boules de neige.
5. Les cahots bercent les voyageurs.
6. Ils restèrent glacés d'horreur.
7. Les examens commencent bientôt.
8. Nous nous enfoncions dans la boue.
9. Efforce-toi de vaincre ta timidité.
10. Où faut-il placer ce meuble?

1. On le plaça en première loge.
2. En commençant, tu te décourages.
3. Je m'efforçais de te rendre service.
4. Mes pieds enfonçaient dans la neige.
5. Ils se berçaient d'illusions.

6. Le pâtissier glaça ses gâteaux.
7. Les malfaiteurs forçaient une serrure.
8. Exerçons-nous à parler correctement.
9. La pluie perçait nos vêtements.
10. Nous nous lançâmes à sa poursuite.

b) *Structures variées*

Dicter à l'enfant les phrases suivantes :

1. Si vous vous efforciez d'atteindre votre but, vous ne vous décourageriez pas en commençant.
2. Ses vêtements percés nous forçaient à la pitié.
3. Lançons-nous dans la vie sans nous bercer d'illusions.
4. On lui remplaça sa montre, détruite dans l'accident.
5. Le chien lançait des cris perçants.
6. Les deux hommes se lancèrent des injures et des paroles déplacées.
7. On renforça portes et fenêtres en y plaçant des barreaux.

11. LES VERBES EN « -ger »

FICHE DE RÉFÉRENCE

je chang*e*	mais	je chang**e**ais
nous chang*i*ons	mais	nous chang**e**ons
ils chang*è*rent		

ge devant { **a**, **o** }

Exercices

a) *Structures simples*

Dicter à l'enfant les phrases suivantes :

1. Il s'engage dans une voie sans issue.
2. Songeras-tu à arroser mes plantes?
3. En travaillant, nous abrégions nos journées.
4. Dès janvier, les jours s'allongent.
5. La médecine soulage bien des souffrances.
6. Apprenez à partager.
7. Les difficultés forgent le caractère.
8. Il se plonge dans de longues rêveries
9. Les problèmes la submergent.
10. Ne vous dérangez pas!

1. Un peu d'air soulageait ses étouffements.
2. Cette décision dérangea tous mes projets.
3. Un lièvre en son gîte, songeait (La Fontaine).
4. On allongea le blessé sur une civière.
5. Il partageait ma chambre.
6. Il se plongeait dans ses livres et n'en émergeait qu'à l'heure des repas.
7. Engageons-nous mais respectons nos engagements.
8. Cet artisan forgeait le fer avec dextérité.
9. D'une main experte, elle arrangea sa coiffure.

b) *Structures variées*

Dicter à l'enfant les phrases suivantes :

1. Il mélangeait des produits chimiques.
2. Le nageur longeait le bord de la piscine.
3. Voulez-vous partager tous les soucis du monde?
4. Songez à ces enfants qui ne mangent pas à leur faim.
5. Le moissonneur épongea son front ruisselant.
6. Le magasin n'échangera aucune marchandise vendue.
7. On le jugea trop sévèrement.
8. Qui peut présager de l'avenir?

12. LES VERBES EN « -yer »

FICHE DE RÉFÉRENCE

j'essu*i*e	mais	j'essu**y**ais
nous essu*i*erons	mais	elles essu**y**aient
le chien abo*i*e	mais	les chiens abo**y**aient
		vous essu**y**ez

y → **i** devant **e** muet

Exercices

a) *Structures simples*

Dicter à l'enfant les phrases suivantes :

1. Il appuie ses paroles de gestes larges.
2. Le concasseur broie les cailloux.
3. La mer chatoie au couchant.
4. Quel temps emploieras-tu?
5. Ne délaie pas cette poudre.
6. Essaie d'éviter les retards.
7. Ton ami t'envoie ses meilleurs vœux.

8. Les arbres ploient sous le poids de la neige.
9. On nettoie la place du marché.
10. Lance-lui la perche avant qu'il ne se noie.

1. Il employa toute sa force de persuasion.
2. On côtoyait beaucoup de gens.
3. La nature déployait sa verdure.
4. Le bûcheron ployait sous son fardeau.
5. On le choya.
6. Vous vous ennuyez avec nous?
7. Il noya son chagrin dans un verre de lait.
8. L'employé essuya des reproches injustifiés.
9. On l'envoyait partout.
10. Ne vous effrayez pas pour rien.

b) *Structures variées*

Dicter à l'enfant les phrases suivantes :

1. Un chien s'était fourvoyé.
2. Envoyez-moi ce garçon.
3. Maman essuie la vaisselle.
4. Appuie-toi sur moi.
5. Le mécanicien nettoie ses pièces avant de les remonter.
6. Un soleil flamboyant se mire dans la mer.
7. La cime des arbres ondoie.
8. Il s'apitoie toujours devant la misère des hommes mais il ne tente jamais rien pour leur porter remède.

13. LES VERBES EN « -aître » ET EN « -oître »

FICHE DE RÉFÉRENCE

je connai*s*	mais	il connaît
il connai*ss*ait	mais	il connaîtrait

î devant **t** du radical

Exercices

a) *Structures simples*

Dicter à l'enfant les phrases suivantes :

1. A chaque seconde naissent dix enfants.
2. Reconnaissons toujours nos erreurs.
3. Tu parais vieux.

4. Connais-tu bien ta matière?
5. Le pasteur paissait ses brebis.
6. Les jeunes plants croissaient.
7. Connaissais-tu cet homme?
8. Il aurait fallu que je le connaisse.
9. Trop de gens repaissent leur esprit de mauvaises lectures.
10. Ses forces décroissent de jour en jour.

1. Le soleil apparaîtra bientôt à l'horizon.
2. La vache se repaît de verts pâturages.
3. Reconnaîtrais-tu ta maison natale?
4. Quand je disparaîtrai, poursuivez ma tâche.
5. Qui connaît bien son village?
6. Cet enfant croît en sagesse.
7. Cet élève accroît ses connaissances.
8. Ses mérites vous apparaîtront un jour.
9. Au printemps, la nature renaîtra.
10. Une rose nouvelle naît.

b) *Structures variées*

Dicter à l'enfant les phrases suivantes :

1. Le vocabulaire est un capital qu'il convient d'accroître toute sa vie.
2. Connais-tu ce refrain?
3. La joie renaît quand apparaissent les premiers beaux jours.
4. Ce garçon repaît son esprit de bonnes lectures.
5. On reconnaîtra tes mérites.
6. Nous connaîtrons de meilleurs moments.
7. Sa volonté décroît quand il se heurte aux réelles difficultés.

14. LES VERBES « courir » ET « mourir »

FICHE DE RÉFÉRENCE

cou*r*ir	je cou**rr**ai = cour~~r~~ai
mou*r*ir	il mou**rr**ait = mour~~r~~ait
je cou*r*ais	
je mou*r*ais	
il mou*r*ut	

rr { au futur simple
au conditionnel présent

Exercices

a) *Structures simples*

Dicter à l'enfant les phrases suivantes :

1. Depuis une heure, il courait.
2. A quoi bon courir ce risque?
3. En automne, les arbres meurent.
4. Ce poète mourut seul, ignoré.
5. Je courais si vite que j'en fus essoufflé.
6. Il a couru beaucoup de dangers.
7. Il a failli en mourir de peur.

1. Sans son maître, ce chien mourra de chagrin.
2. Si tu le poursuivais, il courrait encore plus vite.
3. Ce cycliste courra le tour de France.
4. Quand je mourrai, enterrez-moi sans pompe, disait le grand-père.
5. Si cela m'arrivait, j'en mourrais de chagrin.
6. Vous courrez plus longtemps, demain.
7. Nous mourrons tous, à notre heure.

b) *Structures variées*

Dicter à l'enfant les phrases suivantes :

1. Rien ne sert de courir, il faut partir à point.
2. Sans honneur, vous mourrez dans la honte.
3. On lui apprit que tous les jours, des gens mouraient de faim.
4. Dans le désert, ils mouraient de soif quand un Bédouin courut vers eux.
5. Sans le soleil, nous mourrions tous de froid.
6. Vous courriez tous, éperdus devant le danger.
7. Sans les insecticides, tous les arbres mourraient.

15. LE VERBE « dire » ET SES COMPOSÉS

FICHE DE RÉFÉRENCE

vous d*ites*	mais	vous méd**isez**
vous red*ites*	mais	vous préd**isez**
		vous interd**isez**
		vous contred**isez**
		vous maudi**ssez**

Exercices

a) *Structures simples*

Dicter à l'enfant les phrases suivantes :

1. Je ne crois pas ce que vous dites.
2. Que dites-vous ?
3. Je me demande si vous dites vrai.
4. Redites-moi cette phrase.
5. Dites-moi vos désirs.
6. Redites-moi ce mot.
7. Vous redites sans cesse les mêmes choses.

1. Maudissez la paresse.
2. Vous prédisez de grandes calamités.
3. Ne faites pas ce que vous interdisez aux autres.
4. En cela, vous vous contredisez.
5. Jamais, ne médisez de vos semblables.

b) *Structures variées*

Dicter à l'enfant les phrases suivantes :

1. Dans ce que vous dites, vous vous contredisez.
2. Vous maudissez ce que vous avez aimé.
3. Redites-moi ce que vous m'interdisez.
4. Par ce que vous en dites, vous médisez de votre ami.
5. Je suis battu, dites-vous ? Eh bien ! Vous prédisez mal l'issue de cette partie : voici mes atouts.

Sixième partie

Confusions homonymiques

Les homonymes

Les confusions homonymiques sont généralement plus faciles à redresser que les confusions grammaticales; c'est pourquoi nous nous contenterons ici de phrases à structure élémentaire avec, de loin en loin, une phrase plus complexe ou quelques mots d'explication sur la signification exacte des homonymes.

1. CŒUR – CHŒUR

a) *Phrase-type à recopier*

Son cœur bat plus vite quand il entend les chœurs de l'Armée rouge.

b) *Phrases à dicter*

Cet homme n'a pas de cœur.
Mon frère a subi une opération à cœur ouvert.
Vos paroles me fendent le cœur.
Faire un travail à contrecœur, c'est le faire de mauvaise grâce.
Ayez du cœur à l'ouvrage!
Je vous félicite de tout cœur.
Aimez-vous les cœurs d'artichaut?
Le roi de cœur est une carte à jouer.
Cette affreuse nouvelle le frappa au cœur.
Elle nous quitta le cœur léger.

Chantons tous en chœur!
Celui qui chante dans un chœur s'appelle un choriste.
Dans cette pièce de théâtre, les chœurs sont bien réglés.
Ils répondirent en chœur qu'ils étaient d'accord.
Le prêtre s'écroula dans le chœur de son église.
Nous formons un chœur à quatre voix.
Lorsque le chœur entonna son chant, tout le monde se tut.
L'abbé dirigea le chœur avec maîtrise.
Mon plus jeune fils est fier d'être enfant de chœur.
Les élèves répètent en chœur les phrases prononcées par le maître.
etc...

2. AMENDE – AMANDE

a) *Phrase-type à recopier*

Pour avoir volé les amandes du marchand, il a été condamné à une amende de deux mille francs.

b) *Phrases à dicter*

Défense d'afficher sous peine d'amende.
Si vous êtes pris à traverser ce bois, vous payerez une amende.
L'ouvrier qui arrive en retard peut être frappé d'une amende.
C'est le moment pour vous de faire amende honorable.
L'automobiliste a dû payer une lourde amende à cause de cet accident.
Amender veut dire « rendre meilleur ».
Cet élève travaille beaucoup mieux; il s'est donc amendé.
Il a fallu amender ce terrain pour le rendre fertile.
Le voyou a finalement promis de s'amender.
Certaines terres ne sont pas amendables.

L'amande est un fruit sec.
Il ne faut pas manger trop d'amandes car elles sont indigestes.
Les amandes sont une source d'énergie.
Il est excellent de manger quelques amandes le matin.
Mâchez lentement les amandes.
L'amandier est l'arbre qui porte des amandes.
Les Chinois ont les yeux en amande.
L'huile d'amande est utilisée pour calmer les brûlures.
Il y a deux sortes d'amandes : les amandes douces et les amandes amères.
Les amandes amères contiennent un peu de poison.

3. SIGNE – CYGNE

a) *Phrase-type à recopier*

Albert me faisait de grands signes pour que j'aille admirer les cygnes qui nageaient sur le lac.

b) *Phrases à dicter*

Quand les hirondelles volent bas, c'est signe de pluie.
Nous ne voyons aucun signe d'amélioration.
En se retournant, elle me fit un signe de la main.
Il fit signe que oui.
Les sourds-muets se parlent entre eux par signes.
Elles me firent signe d'approcher.

C'est un signe des temps.
N'oubliez pas les signes de ponctuation.
Voilà longtemps que mon ami ne m'a plus donné signe de vie.
En entendant ces propos, elle fit le signe de la croix.

Le cygne est un grand oiseau au cou long et flexible.
Les cygnes évoluent gracieusement sur le lac.
Le chant du cygne est mélodieux.
Cette femme a un cou de cygne.
Le cygne muet a le bec orangé.
Le cygne sauvage a le bec noir et jaune.
Il existe une pièce de ballet qu'on appelle la Mort du Cygne.
Le cygne se nourrit de végétaux et de petits animaux aquatiques.
Le cygne défend énergiquement sa couvée.
L'Ordre du Cygne est un ordre prussien créé en 1442.

4. DESSIN – DESSEIN

a) *Phrase-type à recopier*

C'est à dessein qu'elle a omis de m'envoyer son dessin.

b) *Phrases à dicter*

Que dites-vous de ce dessin à la plume?
J'admire la minutie des dessins de ce maître.
Lisette suit des cours de dessin.
Au cinéma, on projette ce soir des dessins animés.
Ce professeur enseigne le dessin.
Essayez de faire ce dessin à main levée.
J'apprends à exécuter des dessins d'après nature.
Le vendeur étala devant nous des étoffes à dessins.
L'affiche présente un dessin bleu sur fond jaune.
Nous irons voir cette exposition de dessins d'enfants.

Cet homme nourrit de nombreux desseins.
Napoléon avait formé de grands desseins dans sa jeunesse.
Le dessein est le projet d'exécuter quelque chose.
Le mot « dessein » signifie aussi « intention ».
On devine difficilement vos desseins dans cette affaire.
Il l'a fait à dessein, c'est-à-dire exprès.
Les desseins de ce diplomate sont impénétrables.
J'ai formé le dessein de m'installer en Espagne.
Vos desseins sont irréalisables.
Son dessein généreux devait malheureusement échouer.

5. CORPS – COR

a) *Phrase-type à recopier*

Le seul endroit de son corps qui le fasse toujours souffrir est son cor au pied.

b) *Phrases à dicter*

La jeune fille a un corps très souple.
Certains hommes d'État ne se promènent qu'avec un garde du corps.
On dit d'une personne bizarre que c'est un drôle de corps.
Le navire a péri corps et biens.
Il s'attela à cette tâche corps et âme.
Voilà une étoffe qui a du corps.
Le projet auquel je travaille depuis si longtemps commence à prendre corps.
Le corps enseignant est l'ensemble des professeurs d'un pays.
Elle se lança dans l'aventure à corps perdu.
Le général commande un corps d'armée.

Le cor est un instrument de musique.
On vous réclame à cor et à cri.
Le cor de Roland était d'ivoire.
Les Chasseurs ardennais portent un cor de chasse sur leur uniforme.
J'aime le son du cor le soir au fond des bois.
Un cerf de dix cors est un cerf qui a atteint sept ans.
Il est pénible d'avoir des cors aux pieds.
Les chevaux peuvent avoir des cors sur le dos à cause de la selle.
Le cor de chasse est un instrument de musique utilisé dans les fanfares militaires.
Le cor à piston a sa place dans les grands orchestres.

6. ANCRE – ENCRE

a) *Phrase-type à recopier*

Le navire leva l'ancre par une nuit d'encre.

b) *Phrases à dicter*

La mer est calme : c'est le moment de lever l'ancre.
Nous avons jeté l'ancre dans une petite baie à l'abri des vents.
On dit parfois « jeter l'ancre » pour « s'établir » dans un lieu.
L'ancre est aussi une pièce d'horlogerie utilisée pour le réglage des montres.
L'ancre est symbole de fermeté.
Cette idée est bien ancrée dans sa tête.
L'ancre à grappin comprend quatre becs.

La redevance payée par un navire pour séjourner dans certains ports s'appelle l'ancrage.
Ancrer est aussi synonyme de « fixer solidement ».
Cette cheminée est mal ancrée.

J'ai recopié mon devoir à l'encre.
Nous employons rarement l'encre de Chine.
L'encre indélébile est une encre qui ne s'efface pas.
Bouteille à encre est synonyme d'affaire obscure et embrouillée.
Elle m'écrivit une lettre de sa meilleure encre.
L'encre sacrée était une encre rouge pourpre dont les empereurs d'Orient se servaient pour signer.
L'usage de l'encre est fort ancien.
La fabrication de l'encre d'imprimerie a été longtemps tenue secrète.
L'action d'encrer les rouleaux des presses s'appelle l'encrage.
Versez un peu d'encre dans mon encrier.

7. TANTE – TENTE

a) *Phrase-type à recopier*

Ma tante Julia a passé toute la matinée à réparer sa tente.

b) *Phrases à dicter*

La tante est la sœur du père ou de la mère.
La femme de l'oncle s'appelle aussi la tante.
Ma tante paternelle est la sœur de mon père.
Ma tante maternelle est la sœur de ma mère.
Une tante à la mode de Bretagne est une parente éloignée.
Dimanche prochain, nous irons en visite chez notre tante.
La tante d'Ursule prépare des gâteaux succulents.
Connaissez-vous les nougats de tante Aimée?
Ma tante Jeannette est un peu sourde.
Chaque année, je passe mes vacances chez ma tante Léonie.

J'ai acheté une tente de toile.
Mon fils est parti en voyage avec sa tente sur le dos.
Les soldats doivent parfois dormir sous la tente.
Les militaires en campagne ont toujours avec eux de la toile de tente.
Elle est fâchée et elle s'est retirée sous sa tente.
La chaleur était si forte qu'on ne pouvait rester sous la tente.
On plaça le blessé sous la tente à oxygène.
Les nomades logent dans des tentes de peaux ou d'écorces cousues.
Ma tente a été déchirée durant le transport.
Une bonne tente doit être absolument imperméable.

8. FÊTE – FAÎTE

a) *Phrase-type à recopier*

Arrivé au faîte de la colline, l'alpiniste entendit les oiseaux gazouiller comme s'ils voulaient lui faire la fête.

b) *Phrases à dicter*

Le jour de Pâques est la fête la plus importante chez les chrétiens.
Les grandes fêtes de l'Église sont annoncées la veille par le son des cloches.
Ils se sont rencontrés le jour de la fête des morts.
La Toussaint est la fête de tous les saints.
Aujourd'hui c'est la fête des mères.
Tout le village avait pris un air de fête.
Elle se fait une fête d'aller visiter Paris.
Je vous souhaite une bonne fête, cher ami.
On n'a jamais été à pareille fête.
C'est en été que la nature est en fête.

Un chat escaladait lentement le faîte d'une toiture.
Le faîte de cette colline est boisé.
Une cabane est perchée sur le faîte de la montagne.
Cet ambitieux est arrivé au faîte des honneurs.
Arrivé au faîte de l'arbre, le chaton avait peur de redescendre.
La ligne de faîte est la ligne des points les plus hauts le long d'un relief.
En se promenant sur le faîte de la falaise, il fut pris de vertige.
Dans un tunnel, la galerie de faîte est destinée à permettre la mise en place de la maçonnerie.
En ce temps-là, Napoléon était au faîte de la gloire.
La Baraque Michel est le faîte de la Belgique.

9. TEINT – THYM

a) *Phrase-type à recopier*

Elle prétend que la cuisine au thym donne le teint frais.

b) *Phrases à dicter*

Cet enfant a le teint pâle.
Les femmes se poudrent pour avoir le teint mat.
Il avait le teint livide.
Un homme au teint bronzé est venu sonner à votre porte.
Mon ami français est un républicain bon teint.
Le teint est la couleur donnée à un tissu par la teinture.
Un tissu bon teint ne se décolore pas au lavage.

Un poète a dit : le parfum de la rose et le teint de l'œillet.
Cette femme a les cheveux teints.
Les paysans ont le teint coloré.

Le thym est une plante vivace et grimpante.
Il existe deux espèces de thym : le thym commun et le serpolet.
Le thym est excellent pour la santé.
Ce cuisinier met beaucoup de thym dans ses sauces.
On utilisait autrefois le thym en pharmacie.
Le thym est un condiment très apprécié.
On classe le thym parmi les plantes aromatiques.
J'aime beaucoup les carottes cuites avec du thym.
Maman prépare toujours le rôti de porc avec du thym.
Le lapin gambadait parmi le thym et la rosée.

10. ALÊNE – HALEINE

a) *Phrase-type à recopier*

Après avoir réussi à percer avec son alêne le cuir très épais, le bourrelier reprit haleine.

b) *Phrases à dicter*

L'alêne est une lame d'acier très effilée en forme de losange.
L'alêne est munie d'un manche de bois.
L'alêne à matelasser est ronde.
On utilise l'alêne pour percer les cuirs et les peaux.
Il existe des alênes droites, rondes et courbes.
Le cordonnier tua sa femme en la frappant de son alêne.
L'alêne est un outil dangereux pour les enfants.
Avant de coudre les peaux, il faut percer des trous avec une alêne.
On lui perça l'oreille avec une alêne.
Je viens de me procurer une alêne neuve.

Elle courut à perdre haleine.
Cet homme a l'haleine forte.
Victor Hugo fut un écrivain de longue haleine.
Mon frère acheva son tableau d'une haleine.
Dans la salle, tout le monde retenait son haleine.
Ce malade a l'haleine courte.
Le messager arriva hors d'haleine.
C'est un ouvrage de longue haleine.
Nous avons travaillé à perdre haleine.
Il est temps maintenant que vous repreniez haleine.

11. ANCHE – HANCHE

a) *Phrase-type à recopier*

L'anche fait partie de certains instruments de musique; la hanche est une partie du corps.

b) *Phrases à dicter*

L'anche est une languette de roseau ou de bois qui produit des vibrations.
L'anche peut être aussi une lame de métal.
L'anche est utilisée dans les instruments à souffle humain ou dans les tuyaux d'orgue.
Le son produit par l'anche est d'autant plus aigu que les battements sont plus fréquents.
L'anche battante est celle dont l'extrémité vibrante heurte un corps solide.
La clarinette possède une anche battante.
L'anche double produit le son par les battements de deux languettes l'une contre l'autre.
Le hautbois, le chalumeau et le basson possèdent une anche double.
L'harmonium et l'accordéon ont une hanche libre.
Lors du passage de l'air, l'anche libre vibre en dedans et en dehors d'une ouverture.

La femme dévisageait les passants, le poing sur la hanche.
Le professeur de gymnastique nous ordonna de mettre les mains aux hanches.
La hanche est la partie arrondie d'un pot ou d'un vase.
Ce cheval traîne les hanches.
Le blessé avait la hanche démise.
Les danseuses espagnoles font beaucoup de mouvements de hanches.
Nous portions nos sacs sur la hanche.
Être campé sur la hanche signifie prendre un air provocateur.
Je reçus un choc douloureux sur la hanche.
Les articulations de la hanche sont très solides.

12. BALAI – BALLET

a) *Phrase-type à recopier*

Les danseuses du corps de ballet entrèrent en scène munies d'un balai.

b) *Phrases à dicter*

Le balai est une brosse munie d'un long manche.
Avant l'arrivée des invités, nous avons rapidement donné un coup de balai dans le salon.
Donner un coup de balai signifie aussi renvoyer du personnel indésirable pour remettre de l'ordre dans les affaires.

Le manche à balai est un levier qui sert à provoquer les inclinaisons de l'avion.
On dit d'une personne très maigre que c'est un manche à balai.
Les balais sont fabriqués avec du crin animal, des soies de porc, des fibres végétales ou synthétiques.
Pour les carrelages, on utilise des balais de paille de riz ou de coco.
La tête-de-loup est le balai des murs et des plafonds.
On représente souvent les sorcières voyageant sur un balai.
Le balai est aussi une tige de métal terminée par une série de fils métalliques minces.

Le ballet vient d'un mot italien qui veut dire petit bal.
Il est difficile de régler un ballet.
L'origine du ballet remonte à la Renaissance.
Le ballet blanc se danse en tutu blanc.
Le ballet de chevaux était en vogue au 16e et au 17e siècles.
Le Ballet de Cour était donné par le roi et ses courtisans.
Le maître de ballet est celui qui dirige les danseurs.
Le Lac des Cygnes est un ballet célèbre de Maurice Petipa.
Dans les grands théâtres se trouve toujours un corps de ballet.
L'Opéra de Paris a un corps de ballet réputé.

13. CAHOT – CHAOS

a) *Phrase-type à recopier*

Les fréquents cahots de la route finirent par plonger son esprit dans le chaos.

b) *Phrases à dicter*

Le cahot est un bond que fait une voiture en roulant sur un chemin raboteux.
L'inégalité de terrain s'appelle aussi cahot.
Les cahots de la vie sont les difficultés que l'on rencontre.
A la campagne, les chemins sont souvent cahoteux.
Nous roulions la nuit sur des routes cahoteuses.
Notre passagère se sentait mal à l'aise à cause des cahots.
Les cahots ont brisé un essieu de la voiture.
Notre roulotte grince et cahote
Nous étions durement cahotés dans cette vieille guimbarde.
Elle se rendait à son travail en empruntant chaque jour ce vieux tramway cahotant.

Chaos est synonyme de grand désordre.
Nous avons perdu notre chat dans le chaos du déménagement.
Dans cette chambre, c'est un vrai chaos.
Ce triste paysage n'est qu'un chaos de pierres entassées.
A cause de la guerre, l'administration fut plongée dans le chaos.

On dit de l'œuvre de Voltaire que c'est un chaos d'idées claires.
Je ne vois pas bien ce que l'on peut tirer de ce chaos de documents disparates.
Ce romancier écrit dans un style chaotique.
Nous avons mené jusqu'ici une vie très chaotique.
Le président s'est épuisé à vouloir dominer le chaos des débats.

14. DÉGOÛTER – DÉGOUTTER

a) *Phrase-type à recopier*

Dégoûter, c'est inspirer le dégoût; dégoutter, c'est couler goutte à goutte.

b) *Phrases à dicter*

Ne faites pas le dégoûté!
Ses amis ont réussi à le dégoûter de l'alcool.
Elle se dit dégoûtée de la vie.
De tels propos nous dégoûtent.
La vue de ce plat nous a dégoûtés.
On finit par se dégoûter d'une vie trop facile.
Cet homme est d'une malpropreté dégoûtante.
Je suis dégoûté d'écrire.
Votre seule présence suffit à me dégoûter.
Décidément, vous n'êtes pas vite dégoûté.

L'eau dégoutte de votre parapluie.
Le toit de notre cabane commence à dégoutter.
La voûte de la grotte dégoutte sans arrêt.
Ce pauvre imbécile dégoutte l'orgueil et la suffisance.
Les grosses nuées dégouttent encore, mais elles vont disparaître à cause du vent.
Il est entré chez nous tout dégouttant de pluie.
Les feuilles des arbres dégouttaient sur notre passage.
La corniche du toit dégoutte : il faut la réparer.
L'eau dégouttait de son chapeau.
Ce plafond qui dégoutte va bientôt s'écrouler.

15. DÉLACER – DÉLASSER

a) *Phrase-type à recopier*

Je délace mes chaussures pour me délasser un peu.

b) *Phrases à dicter*

Mes souliers me serrent : permettez-moi de les délacer.
Ce ne fut pas tâche aisée que de délacer son corset.

Le médecin délaça en hâte le corsage de la malade évanouie.
En délaçant ma chaussure, j'ai cassé mon lacet.
Il n'est pas permis de délacer ses chaussures en public.
Le président délaça soudain sa cravate.
Elle s'empressa de délacer le petit paquet qu'elle venait de recevoir.
Voilà un nœud bien compliqué : pouvez-vous délacer ce colis?
Un homme entra chez nous avec ses bottines délacées.
Au commissariat de police, on obligea l'ivrogne à délacer ses chaussures.

Vous êtes fatigué : délassez-vous un moment.
Nous nous délassons en bavardant.
Ordinairement, je me délasse dans ce fauteuil.
Il se délasse plus qu'il ne travaille.
Le professeur délasse ses élèves en racontant une histoire.
Beaucoup de baigneurs se délassaient sur la plage.
Après cette rude journée, nous avons bien le droit de nous délasser un peu.
Certains délassements sont plus fatigants que le travail.
Je préfère me délasser en lisant.
La marche au grand air délasse l'esprit.

16. EXAUCER – EXHAUSSER

a) *Phrase-type à recopier*

En exhaussant les murs du jardin, le propriétaire a exaucé mes vœux.

b) *Phrases à dicter*

Ma prière ne fut pas exaucée.
J'espère que votre désir sera exaucé.
On ne peut espérer voir tous ses désirs exaucés.
Ce gouvernement n'a pas pu exaucer les aspirations du peuple.
Accueillir favorablement un vœu, c'est l'exaucer.
Croyez-vous que nos vœux seront exaucés?
Nous ferons de notre mieux pour exaucer vos désirs légitimes.
Après de multiples démarches, notre demande a été finalement exaucée.
En me conférant cet emploi, vous exaucez mes vœux les plus chers.
Il nous est impossible d'exaucer de telles revendications.

Mon voisin a exhaussé sa maison d'un étage.
La souffrance exhausse parfois les caractères.
Nous avons exhaussé la clôture pour éviter les indiscrétions.
Il a fallu exhausser ce mur de séparation.
On peut exhausser un terrain en y déversant des terres.
Ce plan de l'architecte ne me convient pas : il faut exhausser toutes les fenêtres.

Exhausser, c'est augmenter en hauteur.
Exhausser signifie aussi élever en dignité, ennoblir.
Un poète a écrit que la douleur exhausse les âmes.
Toutes nos actions peuvent être exhaussées par un noble idéal.

17. PLAINTE – PLINTHE

a) *Phrases-types à recopier*

Je revois la salle à manger avec sa haute plinthe en chêne.
Les enfants exhalaient des plaintes déchirantes.

b) *Phrases à dicter*

Pour me grandir de quelques centimètres, je grimpai sur la plinthe de la boiserie.
Le bas-relief était surmonté d'une plinthe.
Le propriétaire accepte de repeindre portes et plinthes.
Pour échapper au chat, la souris s'introduit dans un trou de la plinthe.
Dans les appartements modernes, les plinthes sont généralement de couleur claire.
Une plinthe est une plate-bande qui fait saillie à la base d'un lambris.
Il faut harmoniser les couleurs des murs et de la plinthe.
Au-dessus de la plinthe, on a placé une prise de courant.
La maison est dans un état lamentable : les plinthes se détachent des murs.
Une plinthe, c'est aussi une moulure plate qui se place sous une colonne, une statue, ou au-dessus d'un chapiteau.

On avait déposé une plainte contre le boulanger.
Le tribunal consentait à laisser tomber l'affaire si cette plainte était retirée.
Les vieillards expriment souvent des plaintes.
Le poète aime écouter la plainte du vent.
Les parents ont souvent de nombreux sujets de plainte.
Exposer un grief en justice, c'est porter plainte.
C'était un cri effrayant, pareil à la plainte de mort d'une bête qu'on égorge.
Devant cet horrible spectacle s'élevèrent quelques plaintes mêlées à beaucoup de sanglots.
Il est difficile de souffrir sans une plainte.
Les employés adressèrent au patron une plainte collective sous la forme d'une pétition.

18. RAISONNER – RÉSONNER

a) *Phrases-types à recopier*

Pour résoudre un problème, il faut raisonner.
Les cloches paroissiales se mettent à résonner.

b) *Phrases à dicter*

Le bon sens nous commande de raisonner avant d'agir.
Le colérique ne raisonne pas.
Les fanatiques ne raisonnent pas.
Il ne s'agit pas de raisonner mais d'obéir.
Il ne prend que des décisions raisonnées.
Pour vaincre la peur du noir, il suffit de se raisonner un peu.
Ce manuel propose une étude raisonnée de l'anglais.
Il dut raisonner longtemps pour convaincre son adversaire.
Vous avez beau me raisonner, rien ne peut me détourner de ce projet.
Je pense qu'il n'y a pour l'esprit qu'une seule manière de raisonner.

Des pas résonnaient sur la chaussée.
Il s'amusait à faire résonner l'or de sa bourse sur le marbre du comptoir.
Les battements de son cœur résonnaient jusque dans ses tempes.
Au pied de la montagne, les voix résonnent comme dans un corridor.
On fait insonoriser une salle qui résonne trop.
Son rire résonna dans le long couloir du pensionnat.
On répara les cordes du piano qui résonnaient mal.
La symphonie de Schubert résonna à ses oreilles.
Les montagnes résonnent de bruits innombrables.
La rue résonne de cris d'oiseaux et d'appels d'enfants.

19. REPAIRE – REPÈRE

a) *Phrases-types à recopier*

Le voleur se cachait dans son repaire.
Avant de coller les deux morceaux, il trace deux repères.

b) *Phrases à dicter*

Ce ravin est un repaire de serpents.
Les maquis de la Corse furent longtemps des repaires de brigands.
La cour des Miracles était le repaire des truands du moyen âge.
L'animal traqué s'est réfugié dans son repaire.
Cette taverne fut un repaire, trop longtemps toléré, d'agitateurs dangereux.
Les fourrés sont souvent le repaire des bêtes féroces.
Le lion malade avait convoqué tous les animaux dans son repaire.
Dans ce repaire vivent de nombreuses bêtes malfaisantes.
Les soldats recherchaient le repaire des rebelles.
Au cri d'un des leurs, les fauves sortirent de leur repaire.

Un repère est une marque servant à retrouver un emplacement, un endroit.
Le petit Poucet s'est servi de cailloux comme repères.

On marque des repères sur différentes pièces d'assemblage pour les reconnaître plus facilement.
Les batailles sont des repères qui jalonnent l'histoire.
Les étoiles servent de repères au voyageur nocturne.
On se sert de repères de niveau pour mentionner l'altitude d'un lieu.
Les points cardinaux sont des repères indispensables à la lecture d'une carte.
Les piquets sont les repères matérialisant les limites du terrain.
Ces points de repère permirent au voyageur égaré de retrouver sa route.

20. TRIBUT – TRIBU

a) *Phrase-type à recopier*

Cette tribu indienne paya pendant des siècles un tribut à sa rivale victorieuse.

b) *Phrases à dicter*

Le marin d'eau douce paie, par le mal de mer, son tribut à l'océan.
La guerre perdue, il fallut payer tribut à l'envahisseur.
Minos exigea des Athéniens vaincus un tribut annuel de sept garçons et de sept filles.
La confiance est un tribut payé au mérite.
La mort est le dernier tribut payé à la vie.
Le seigneur féodal avait le droit de lever des tributs.
Un tribut est une contribution imposée au vaincu par le vainqueur.
Le criminel dut payer un tribut expiatoire.
L'impôt et la corvée étaient les tributs du serf.
On le força à payer un tribut de trois cents chevaux.

Une tribu est une agglomération de familles sous l'autorité d'un même chef.
Les tribus romaines étaient divisées en curies.
Les douze tribus d'Israël s'estimaient issues des douze fils de Jacob.
La tribu sainte est celle de Lévi, vouée au culte.
Le Cheik est le chef d'une tribu arabe.
Certaines tribus primitives étaient nomades.
Cette famille nombreuse constitue une véritable tribu.
Lévi-Strauss s'intéressa à la vie des tribus primitives.
Vieillards, guerriers, enfants, femmes en larmes, l'innombrable tribu partit.
Il y a souvent des rivalités sanglantes entre des tribus voisines.

21. VICE – VIS – VISSE(S)

a) *Phrases-types à recopier*

Il n'avait pas de vices, mais de petits défauts.
Cet homme fut élu comme vice-président.
Une vis est une machine simple permettant de transformer un mouvement circulaire en mouvement rectiligne.

Je suis pourtant gentil vis-à-vis de mes amis.
L'électricien visse un nouvel interrupteur.
Il a fallu que tu visses mon erreur.

b) *Phrases à dicter*
L'oisiveté est mère de tous les vices.
Pauvreté n'est pas vice.
Le vice des choses humaines est leur courte durée.
Un vice-président seconde, supplée le président.
Les vices entrent dans la composition des vertus.
Ce bâtiment a un vice de construction.
Le corps peut avoir peur pendant que l'esprit reste courageux et vice versa.
Un vice-amiral est un officier de grade immédiatement inférieur à celui d'amiral.
Les vice-consuls remplacent parfois les consuls.
La lâcheté est le chemin du vice.

Un bon bricoleur a besoin de bons clous et de bonnes vis.
Certaines vis ont la tête fendue d'une rainure.
Il utilise un tire-bouchons à vis.
Un piton est une vis dont la tête forme un crochet.
Cet élève est distrait : il faut lui « serrer la vis ».
La tête de la vis est entaillée pour faciliter la rotation imprimée par le tournevis.
Dans une visserie, on fabrique des vis et des écrous.
Il loge vis-à-vis de moi.
Un vis-à-vis était autrefois une calèche pour deux personnes assises face à face.
Dans le train, il a engagé la conversation avec son vis-à-vis.

Le serrurier visse un nouveau verrou.
On visse un écrou avec une clé.
Le menuisier colle ou visse deux planches.
Le couvercle de ce bocal se visse difficilement.
Je visse le piston et je te rends les outils.
Tu visses toujours trop fort le couvercle de cette boîte.
Il aurait été utile que tu visses ton nouveau professeur avant l'examen.
Était-il nécessaire que je visse tant de misères?
Il eût mieux valu que tu le visses plus tard.
Il aurait souhaité que je visse sa mère durant les vacances.

22. VOIE – VOIX – VOIS – VOIT

a) *Phrases-types à recopier*
Il ne voit pas toujours la meilleure voie à suivre.
Tu vois, le cri de certains animaux est plus puissant que la voix humaine.

b) *Phrases à dicter*

Mettre quelqu'un sur la voie, c'est lui donner des indications propres à le faire parvenir à son but.
Il essaya de se frayer une voie dans les broussailles.
Les grandes voies de communication d'un pays sont les routes, les fleuves et les voies ferrées.
Il est défendu de jeter des détritus sur la voie publique.
Le train pour Bruxelles partira de la voie trois.
La voie est libre, tu peux t'engager.
Suis toujours la voie de la vertu.

On entendait un brouhaha de voix.
Cette phrase est conjuguée à la voix passive.
Mon père avait une voix douce et grave.
Le verbe exprime si une phrase est active ou passive grâce à la voix.
Je préfère l'énoncer de vive voix.
Les clameurs étouffaient la voix de l'orateur.
La constitution fut approuvée par trois millions de voix.

Vois-tu, là-bas, le chien qui joue?
Tu vois : je ne veux que ton bien!
Ne parle jamais à un aveugle de ce que tu vois : il ne te comprendrait pas.
Que vois-je, zéro en conduite!
Le chemin que tu vois au loin mène à la vallée.
Comment ne vois-tu pas toujours ce qui me ferait plaisir?
Tu vois bien que j'ai raison.

Sans lunettes, il ne voit pas bien les objets éloignés.
Un homme méfiant voit le mal partout.
Ne voit-il donc pas qu'il se trompe?
Le brouillard est si dense qu'on ne voit pas à cinq mètres.
Comme saint Thomas, il ne croit que ce qu'il voit.
Le départ d'un être cher, on le voit sans plaisir.
Il ne voit pas plus loin que le bout de son nez.

23. PORE – PORT – PORC

a) *Phrases-types à recopier*

La sueur suinte de tous les pores de sa peau.
Ce soir, le navire rentrera au port.
Le porc appartient à l'ordre des mammifères.

b) *Phrases à dicter*

Un pore est un petit orifice situé à la surface de la peau.
On transpire par les pores de la peau.

La chaleur dilate les pores.
L'eau de pluie s'infiltre dans les pores des roches.
Les eaux se perdent dans les pores du sol, mais lentement.
Il sue la bêtise par tous ses pores.
Il est malsain d'avoir les pores bouchés.
La peau respire par ses pores.
On peut voir les pores d'une pierre ponce.
Il transpirait : l'eau perlait de ses pores.

Marseille est le plus grand port de la Méditerranée.
Le port d'attache d'un bateau est le port où il est immatriculé.
La vue du port donne une vigueur nouvelle aux matelots lassés d'une longue navigation.
Les malfaiteurs rôdaient sur le port.
Je voudrais savoir s'il est arrivé à bon port.
Un port de refuge est un port qui ne peut servir que d'abri.
Nous irons un jour à Anvers visiter le port et le zoo.
Il aime se promener dans le port et parler à des marins.
Le navire échoua non loin du port.
Rien ne vaut le poisson acheté sur le port.

Les porcs font partie du petit bétail.
On engraisse un porc avec des pommes de terre.
Le porc est friand de châtaignes et de glands.
Les poils du porc servent à la fabrication de certaines brosses.
Le porc est utilisé pour la recherche des truffes.
La femelle du porc est appelée truie.
La viande de porc est moins chère que celle de veau.
On fabrique des serviettes et des valises en peau de porc.
Un sanglier est un porc sauvage.
Certaines religions interdisent la consommation du porc.

24. REINE – RENNE – RÊNE

a) *Phrases-types à recopier*

Le roi a abandonné son pouvoir à la reine : elle tient les rênes de l'État.
La femelle du renne porte aussi des bois.

b) *Phrases à dicter*

La rose est la reine des fleurs.
La reine mère est la mère du souverain régnant.
Elle fut la reine de la fête.
Cette femme a des allures de reine.
Celle qui tire la fève dans la galette des rois devient la reine de la fête.

Chaque région élit sa reine de beauté.
La lune est la reine des nuits.
La petite reine est le surnom donné à la bicyclette vers le début du siècle.
La reine-claude est une prune très juteuse.
Chaque essaim d'abeilles obéit à une reine.

Le renne est un mammifère de la famille du cerf.
La femelle du renne porte aussi des bois.
Les Lapons élèvent des troupeaux de rennes.
Les rennes fournissent leur lait, leur chair, leur peau aux populations des pays froids.
La ramure du renne est irrégulière.
Le renne du Canada est appelé caribou.
Une période de la préhistoire est appelée âge du renne.
Les bois du renne sont aplatis.
On trouve des rennes domestiques et des rennes sauvages.
En Sibérie, les rennes tirent les traîneaux.

Gouverner, c'est tenir les rênes de l'État.
Une rêne est une courroie de la bride par laquelle on conduit un cheval.
Le Romain sauta dans son char et prit les rênes.
Il est bon de toujours tenir en mains les rênes de son esprit.
Il tient maintenant les rênes de l'affaire.
Un cavalier tient une rêne dans chaque main.
Le cheval sentit que son maître laissait flotter les rênes.
Avant le départ, il ajusta les rênes de sa monture.
Le roi abandonna les rênes du royaume à son ministre.
On fixe les rênes aux harnais de tête de la bête.

25. MES – MAIS – MAI – M'ES – M'EST – METS

MES – MAIS

a) *Phrase-type à recopier*

Mes jeux sont simples mais je les apprécie.

b) *Phrases à structure élémentaire*

Mes amis sont venus.
J'ai terminé mes devoirs.
J'ai bouclé mes valises.
Je réussis mes examens.
Je reviens, de l'or plein mes poches.
Mon père et mes frères m'attendent.
Mes cahiers sont en ordre.
Mes livres sont recouverts.

Je perds mes objets.
Je compte sur mes doigts.

Viens, mais ne t'attarde pas.
Suis, mais ne t'éloigne pas.
Mais enfin, sois attentif!
Je viens, mais seul.
Parle, mais brièvement.
Il s'approche mais n'arrête pas.
Il le regarde mais ne parle pas.
Il comprend mais se trompe.
Il connaît mais ne réfléchit pas.
Ce n'est pas simple mais c'est vrai.

c) *Phrases à structure plus complexe*
Mes chiens sortent mais rentrent toujours.
Mais tu oublies mes livres!
Regarde mes photos mais ne les croque pas.
Il s'arrête mais repart avant mes instructions.
Mes conseils sont inutiles mais je les donne néanmoins.
Il attaque mes amis mais il le regrettera.
Mes devoirs sont achevés mais je n'ai point de liberté.

MAI – M'ES – M'EST

a) *Phrase-type à recopier*
Le mois de mai m'est bien agréable.

b) *Phrases à structure élémentaire*
En mai, fais ce qu'il te plaît.
J'arrive début mai.
C'était au mois de mai.
En mai prochain, je reviendrai.
Avant mai, je t'écrirai.
Le cinq mai, nous serons loin.
Avec mai, les beaux jours reviennent.

Cela m'est arrivé, déjà.
Il m'est envoyé par son père.
Le chemin m'est indiqué.
Le train m'est indiqué.
Ce livre m'est précieux.
Cette écriture m'est connue.
Le trajet m'est familier.
Tu **m'es** cher.

Il m'est revenu.
Cette lettre m'est envoyée de Bruxelles.

c) *Phrases à structure plus complexe*

Ce m'est arrivé en mai.
Mai m'est très agréable.
Le trois mai, il m'est revenu.
Il m'est apparu en mai.
Mai, mois du printemps, tu **m'es** cher.
Avant mai, il m'est à cœur de terminer la préparation du terrain.
Il m'est annoncé un beau mois de mai.

METS – METS – MET

(plat – verbe 2e pers. sing. – verbe 3e pers. sing.)

a) *Phrase-type à recopier*

Il met la table qu'il charge de mets succulents.

b) *Phrases à structure élémentaire*

Ce festin comportait des mets succulents.
Les meilleurs mets de la région.
C'est un mets recherché.
Ce mets vous fait honneur.
Pouvez-vous apprécier les bons mets?
A festin royal, mets de rois.
Ce mets est un secret.
Qui cuisine ce mets?

Il se met près de moi.
Mets ce plat sur la desserte.
Il met les pieds dans le plat.
Quand te mets-tu au travail?
Mon ami met les bouchées doubles.
Il y met de la bonne volonté.
Tu y mets de la volonté.
Il te met au courant.
J'y mets mon point d'honneur.
Il y met beaucoup trop de temps.

c) *Phrases à structure plus complexe*

Il nous met des mets succulents.
Il met tout son art à préparer de tels mets.
C'est un mets qui met l'eau à la bouche.

VÉRIFICATION

a) *Phrase-type à recopier*

Mes mets favoris du mois de *mai*, il *met* beaucoup de temps à les préparer *mais* cela *m'est* bien agréable.

b) *Phrases à dicter*

Mes parents prennent leurs vacances en mai.
Mais tu mets trop de mauvaise volonté!
Le jardin en mai m'est très agréable.
Il m'est arrivé une lettre mais elle n'est pas signée.
Il met beaucoup de temps pour te préparer un entremets mais tu ne l'apprécies pas.
Mes livres, il les met n'importe où.
Il se met au travail mais il est distrait.
En mai, il met son jardin en ordre.
Prends mes habits et mets-les à pendre.
Mes pauvres enfants, il m'est pénible de vous punir, mais je le dois, vous ne goûtez pas à ce mets délicieux.

26. LES – LAIT – LAID – L'AI – L'AIT – L'EST

LES – LAIT – LAID

a) *Phrase-type à recopier*

Les meilleurs laits lui sont réservés : c'est laid, cet égoïsme.

b) *Phrases à structure élémentaire*

Je les retrouve.
Les chemins sont longs.
Va les appeler!
Tu les as vus.
Les amis arrivent.
Reviens les chercher.
Va les attendre.
Les amis de mes amis sont...
Les temps anciens.
Étudie-les, tes leçons.

Il boit beaucoup de lait.
Le lait nourrit.
Un verre de lait.
Pour préparer un lait écrémé, on retire la crème.

C'est doux comme du lait.
Bois du lait entier.
Le lait frais est très riche.
Le lait doit être bouilli.
Il prend son café sans lait.

Laid est antonyme de beau.
Il se rend coupable d'actes très laids.
Il est laid de mentir.
Tu trouves ce vêtement laid.
Si le laid t'attire, tu n'as pas de goût.
Il est laid depuis toujours.
Un acte laid.

c) *Phrases à structure plus complexe*

Les enfants aiment le lait frais.
Sans lait, le café est amer; les avis sont partagés, pourtant.
Les vois-tu, ces laids haillons?
Les rires et les pleurs si laids sont le propre de l'homme.
Les meilleurs laits produisent les meilleurs beurres.

Les actes laids sont à éviter.
Les boîtes de lait seront bientôt collectées.
Affinez votre goût : rejetez le laid, les beautés vous seront plus sensibles.
Évite les actes laids.
Les simples croient que le lait bu à jeun rend laid.

L'AI – L'EST – L'AIT

a) *Phrase-type à recopier*

Je l'ai bien dit : perdant, il l'est, bien qu'il l'ait démenti.

b) *Phrases à structure élémentaire*

Je l'ai vu.
Vois : je l'ai en main.
L'ai-je assez dit!
C'est moi qui l'ai appelé.
Je l'ai remercié.
Cet après-midi, je l'ai préparé.
Ce jeu, je l'ai tant apprécié.
Ma vie, je l'ai vécue simplement.

Sais-tu qu'il l'est, malade?
Propre, son travail l'est.
Sage, ton ami l'est beaucoup plus.

Distrait, Pierre l'est.
Parfait, son travail l'est.
L'est-il toujours, soigné?

Il faut qu'il l'ait, ce diplôme.
Qu'il l'ait déclaré, c'est possible.
Je ne crois pas qu'il l'ait volé, ce livre.
Bien qu'il l'ait reçu, son brevet, il ne le mérite pas.
Avant qu'il ait répondu, je sortis.
Qu'il l'ait fait ou non, son travail, je ne veux pas le savoir.

c) *Phrases à structure plus complexe*

Sa situation, je l'ai vue sans qu'il l'ait précisée.
L'ai-je froissé, car froid, il l'est avec moi.
Débrouillard, il l'est, l'ai-je assez dit.
Cette vérité, qu'il l'ait toujours en tête, telle que je l'ai dite.
Son diplôme, il faut qu'il l'ait mérité.
Persévérant, l'est-il? Moi qui l'ai connu, j'en doute.

RÉVISION

Savoureux, le lait l'est par nature.
L'ai-je assez prévenu! Cet acte laid : qu'il l'ait commis, c'est sa faute.
Les anciens vous le diront : il faut que le sage l'ait, le courage.
Laid, il l'est, mais il n'est pas responsable.
Les examens, il les passe sans qu'il l'ait comprise, cette matière.
Peureux, l'ai-je appelé : les bruits l'effraient.
Les beaux jours nous donneront un lait plus crémeux qu'il ne l'est aujourd'hui.
Les actes laids, l'ai-je assez répété, le laisseront plus désespéré qu'il ne l'est déjà.
Les chemins les plus sinueux sont les plus agréables à suivre.
Le lait désaltère et nourrit. Rares sont les boissons plus nourrissantes qu'il ne l'est.

27. SAUT – SOT – SEAU – SCEAU

SAUT – SOT

a) *Phrase-type à recopier*

Un sot s'exerce au saut en longueur au-dessus d'une ligne blanche.

b) *Phrases à structure élémentaire*

Le saut est une discipline athlétique.
Il marche par petits sauts.

Franchis ce muret d'un saut!
Le saut pieds-joints n'est pas le plus aisé.
Les petites jouaient au saut à la corde.
Voici le champion du saut en longueur.
La perche permet des sauts considérables.
D'un saut, il franchit le fossé.
Après la course, exercez-vous au saut.
Quels sauts préférez-vous?

Les sots parlent sans arrêt.
Il est sot de se vanter.
Les souhaits d'un sot jamais ne se réalisent.
Le sot se rit des conseils du sage.
Il montre du doigt comme un sot.
Le sot rit sans raison.
Le sage se cultive, le sot s'amuse.
Il est sot de tromper ses amis.
Quand le sot a parlé, rien n'a été dit.
Le sot ne peut attendre.

c) *Phrases à structure plus complexe*

Il est sot de franchir ce mur d'un saut.
Le saut sans élan est dangereux et sot.
Ce sot vante des sauts qu'il n'a jamais réussis.
Quel sot! Il rate tous ses sauts.
Le saut développe le corps. Il n'améliore pas l'esprit du sot.

SEAU – SCEAU

a) *Phrases-types à recopier*

Le seau est un récipient.
Un sceau est un cachet.

b) *Phrases à structure élémentaire*

Un seau à la main, il allait à la source.
On compte dix litres dans un seau.
Un seau d'eau lui tombe sur la tête.
Les villageois faisaient la chaîne, ils se passaient des seaux d'eau.
Les seaux d'eau tombaient d'un coup sur les flammes hautes.
Le cheval boit dans un seau.
Un seau de grain produit cent kilogrammes de blé.
Il jette un seau d'eau à la mer.
L'enfant voudrait mettre la mer dans son seau.
Il jouait avec un seau de plage en couleur.

Il est devenu garde des sceaux.
Chaque seigneur du Moyen Age avait son propre sceau.
On compte des sceaux merveilleusement sculptés.
Les musées regorgent de sceaux de toutes sortes.
Il imita un sceau en terre cuite.
Un sceau peut cacheter une lettre.
Les papiers officiels sont frappés d'un sceau en relief.
Le sceau royal est surmonté d'une couronne.
Ses armoiries figurent sur son sceau.
Un sceau lui donna tous pouvoirs.

c) *Phrases à structure plus complexe*

Même les seaux du château étaient marqués d'un sceau.
Les seaux d'eau ne purent arrêter le feu.
Il frappa un sceau sur l'enveloppe.
Son sceau faisait foi, même sans signature.
Il versa un colorant dans l'eau de son seau.

RÉVISION

Le sot se fit graver un sceau.
Ce sot voulait remplir un seau percé.
D'un saut, il voulut franchir son seau.
Il est sot de vider les seaux sans raison.
Le champion l'emporta d'un saut surprenant que les sots seuls critiquèrent.

28. TEMPS – TANT – T'EN – TAON

TEMPS – TANT

a) *Phrase-type à recopier*

Ne perds pas tant de temps.

b) *Phrases à structure élémentaire*

Le temps passe.
Le temps n'épargne rien.
C'était le bon temps
Quel temps fait-il?
Le temps perdu jamais ne revient.
Chacun regrette le temps de ses vingt ans.
Le temps de ma jeunesse est révolu.
Il travaille par tous les temps.

C'est une revue de notre temps.
C'était au temps où Bruxelles chantait.

J'ai tant rêvé que je ne puis plus y croire.
Cela me fait tant de peine.
Tant qu'il y aura des hommes...
Tant va la cruche à l'eau...
Il a tant pleuré que ses yeux en sont rouges.
Tant de travail pour rien.
J'irai tant bien que mal.
Il a tant d'amis et pas un ne l'aide.
Quand on veut tant d'argent, on ne se ménage pas.
Je l'ai vu tant de fois que son visage m'est bien connu.

c) *Phrases à structure plus complexe*

Il avait tant de temps libre que son insuccès ne se justifie guère.
De mon temps, on n'avait pas tant de loisirs.
Tant de distractions pour si peu de temps, ce n'est pas normal.
Il a perdu son temps. Il avait tant de possibilités!
On a tant parlé du vieux temps.

T'EN – TAON

a) *Phrases-types à recopier*

Je t'en prie, ne perds pas tant de temps.
Le taon est une sorte d'insecte pas plus grand qu'une mouche.

b) *Phrases à structure élémentaire*

Je t'en prie, reviens.
Va-t'en.
Il t'en remercie.
En voici autant qu'il t'en faut.
T'en souviens-tu?
Je t'en saurai gré.
Quand t'en retourneras-tu?
Il va t'en parler.
Je t'en réponds.
Il t'en veut.

Le taon a piqué le cheval.
La morsure du taon est très douloureuse.
Les taons ne résistent pas au gel.
L'animal s'immobilise, piqué par un taon.
Les conducteurs d'attelage craignaient les taons.

c) *Structures variées*

La morsure d'un taon pouvait mettre en danger un attelage.
Il t'en sait gré.
J'ai réussi à reproduire un taon. Je t'en envoie un exemplaire.
Demande qu'on t'en envoie un double.
Le taon passe souvent inaperçu.

RÉVISION

Par temps chaud, les taons abondent dangereusement.
Le temps qu'il fera? Ne t'en soucie pas tant.
Je t'en prie, méfie-toi des taons.
Il a tant réfléchi qu'il ne pourra plus t'en parler.
Tant pis, je t'en aurai pourtant fait part.

29. ÊTRE – HÊTRE

a) *Phrase-type à recopier*

Cet arbre doit être un hêtre.

b) *Phrases à structure élémentaire*

Le tronc du hêtre est droit.
Le hêtre est un grand arbre.
Le hêtre est un bois blanc.
Ce hêtre atteint plus de quarante mètres.
Un meuble en hêtre doit être peint ou verni.
Une forêt de hêtres, c'est fréquent chez nous.
Laissez croître ce jeune hêtre.
La feuille du hêtre est une feuille simple.
Si tu cherches un bois flexible, utilise du hêtre jeune.
L'écorce du hêtre est lisse.

Il m'apparut un petit être charmant.
Dans l'herbe, tremblait un petit être trempé jusqu'aux os, sans collier.
Il devient un être cultivé.
Voilà ce que je voudrais être.
Pour être heureux, il faut le vouloir.
Il faut être ce qu'on est.
On a frappé. Qui peut-ce être?
Il faut être patient.
Pour être belle, il faut souffrir.
Dieu est l'être suprême, pour les croyants.

c) *Structures variées*

Veux-tu être considéré comme un être sans scrupules?
Il a l'air d'être honnête.
Les hêtres sont roux en automne.
Les moineaux sont de petits êtres sans défense.
Le hêtre est le roi de nos forêts.
La maison avait l'air d'un petit être souffreteux.
Quelle heure peut-il être?
Ce menuisier travaille tous les bois mais préfère le hêtre.
Je voudrais être droit comme le hêtre de nos forêts.
L'être humain est le seul qui pense.

30. VER – VERRE – VERS – VERT

VER – VERS

a) *Phrases-types à recopier*

Rimbaud composait des vers.
Le ver de terre se dirige vers l'humidité.

b) *Phrases à structure élémentaire*

Le ver à soie est très utile.
Ce ver file son cocon.
Le ténia est vulgairement appelé ver solitaire.
Il découvrit une charogne rongée de vers.
Le ver de vase est utile au pêcheur.
Les hirondelles sont friandes de vers.
La luciole s'appelle aussi ver luisant.

Le sonnet se compose de quatorze vers.
Le clocher s'élance vers le ciel.
L'alexandrin est un vers de douze pieds.
Les fables de La Fontaine sont écrites en vers.
Je reviens vers toi, mon ami.
L'aventurier part vers de nouveaux horizons.
Il marche vers sa perte.

c) *Structures variées*

Le ver affectionne les endroits frais.
Un vers doit posséder un rythme.
L'Énéide est une épopée en vers.
Le ver luisant est un petit insecte phosphorescent.

Ce médecin m'a guéri d'un ver solitaire.
J'ai dû retenir une tirade en vers.
La pêche au ver n'est pas très sportive.

VERRE – VERT

a) *Phrases-types à recopier*

Rimbaud composait des vers, le verre à la main.
On peut teindre le verre en vert.

b) *Phrases à structure élémentaire*

Le verre conserve.
Le verre protège.
Le sable en fusion devient du verre.
Cet infirme porte un œil de verre.
Prenez un verre de lait.
Les produits synthétiques supplantent le verre.
La vérité est au fond du verre.

Le vert est une couleur froide.
J'ai choisi un papier peint vert clair.
Un homme aux yeux verts.
Le vert repose la vue.
Ne brûlez pas de bois vert.
Le vert symbolise l'espérance.
Mangeons des légumes verts.

c) *Structures variées*

Un verre d'eau me suffira.
Il a peint ses murs en vert d'eau.
Le verre teinté en vert protège les liquides de la lumière.
Un verre de vin s'est renversé sur le somptueux tapis vert.
L'habit vert des académiciens.
Le vert rehausse les couleurs chaudes.
Verre blanc cassé porte bonheur, dit-on.

RÉVISION

Autour d'un tapis vert, ils jouaient, un verre à la main.
Il composa tant de vers !
Il élève le ver à soie.
Une bouteille en verre conserve aux liquides toute leur pureté.
Le ver file son cocon au creux de l'arbre vert.

31. CERF – SERF – SERRE – SERRES – SERRENT – SERT

CERF – SERF

a) *Phrases-types à recopier*

La femelle du cerf, c'est la biche.
Les seigneurs du Moyen Age obligeaient leurs serfs aux plus basses besognes.

b) *Phrases à structure élémentaire*

Le cerf est aux abois.
Quand le cerf est cerné, on sonne l'hallali.
Le cerf déserte nos forêts.
Les luttes de cerfs sont souvent meurtrières.
Le cerf porte des cornes fourchues appelées bois.
On ne peut apprivoiser le cerf.

Les serfs ont heureusement disparu.
Les seigneurs puissants détenaient de grandes quantités de serfs.
Les serfs restaient attachés à la glèbe.
Les serfs purent acheter leur liberté.
L'affranchissement total des serfs date de la Révolution.
Louis X affranchit les serfs du domaine royal.
Le serf était vendu avec la terre qu'il travaillait.

c) *Structures variées*

Les serfs n'étaient pas des esclaves.
Le cerf est un animal racé.
Le cerf progresse très vite par bonds légers.
En 1789, les serfs recouvrèrent leur liberté.
Les cerfs se combattent de front, bois contre bois.

SERRE – SERRENT – SERT

a) *Phrases-types à recopier*

Les aigles serrent leur proie dans leurs serres.
Il ne sert à rien de travailler trop vite.

b) *Phrases à structure élémentaire*

L'aigle possède des serres puissantes.
Les serres sont de petits locaux vitrés.
Le palmier doit passer l'hiver en serre.
L'épervier tient un lapin dans ses serres.

La serre était surchauffée.
Les serres se terminent en ongles crochus.
La proie ne peut pas desserrer les serres qui l'emprisonnent.

Il serre sa maman dans ses bras.
Il serre la main de ses amis.
Le mécanicien serre un boulon.
Serre tes lacets.
Les élèves serrent les rangs.
Son père serre les dents.
Cette méchanceté me serre le cœur.

Rien ne sert de courir, mieux vaut…
A quoi cet outil sert-il?
Il sert un peu de café à son ami.
L'humidificateur sert à rendre l'air moins sec.
La bonne sert un maître exigeant.
Il s'en sert beaucoup de ce livre.
Son parrain lui sert de tuteur.

c) *Structures variées*

L'aigle se sert de ses serres comme on se sert de pinces.
Mille ouvriers serrent les boulons de la Tour Eiffel.
Les serres chaudes sont exposées au midi.
Une serre sans vitres ne sert plus à rien.
L'enfant apeuré se serre dans les bras de sa mère.

RÉVISION

Le cerf serre son adversaire contre les arbres.
Le serf du Moyen Age se sert du moulin seigneurial.
Il serre ma main avec fougue.
Dans les chaînes de fabrication, mille ouvriers serrent les mêmes boulons.
Le moribond serre un crucifix entre ses doigts.

32. AIR – AIRE – ÈRE – ERRE – HÈRE

AIR – AIRE

a) *Phrase-type à recopier*

Sur toute l'aire des travaux, l'air est empoussiéré.

b) *Phrases à structure élémentaire*

Les malades ont besoin d'air.
L'air des campagnes est salubre.
Il travaille au grand air.
Tu as l'air malheureux.
Il n'a pas l'air joyeux.
Je manque d'air.
Une pompe souffle de l'air comprimé.

L'aire de lancement des fusées est fort agitée : on prépare un vol spatial.
Calculez l'aire de ce carré.
L'aire est le lieu où l'on bat le grain.
Le nid de l'aigle s'appelle son aire.
Construisez une figure d'une aire de quatorze centimètres carrés.
L'aire de culture est plus étendue que l'aire d'élevage.
Que voulez-vous construire sur une aire aussi réduite?

c) *Phrases à structure plus complexe*

Vous exhalez de l'air vicié.
L'aire de ce champ est réduite.
Tu as l'air souffrant.
L'aire de décollage doit être dégagée.
L'air est brassé par d'énormes hélices.

ÈRE – ERRE – HÈRE

a) *Phrases-types à recopier*

Les Juifs errent partout dans le monde, depuis l'ère chrétienne.
Les souliers usés, un pauvre hère traînait sa misère au long des routes.

b) *Phrases à structure élémentaire*

L'ère est le point de départ de chaque chronologie particulière.
Après la Révolution, la France a connu une ère nouvelle.
L'ère juive débuta à leur sortie d'Égypte.
La naissance du Christ marque le début de l'ère chrétienne.
Chez les Babyloniens, on parle de l'ère de Habonasar.
Les Grecs connaissaient l'ère des olympiades.
La France vit son ère républicaine.

Ce chien perdu erre depuis trois mois.
Les nomades errent de pays en pays.
Les enfants malheureux errent dans les rues.
De quelqu'un qui se trompe, on dit qu'il erre.

Les vagabonds errent sans cesse et dorment à la belle étoile.
Les émigrants errent longtemps avant de se fixer.

On dit d'un homme misérable : c'est un pauvre hère.
Il perdit toute sa fortune et devint un hère.
Sans mon appui, il restait un hère.
Les cheveux en broussaille, il marchait, pauvre hère.
Depuis sa maladie, il marche dans les rues, déguenillé, tel un hère.

RÉVISION

L'ère chrétienne dure depuis vingt siècles.
L'aire d'atterrissage était dégagée.
L'air chaud monte.
Quel air malheureux!
Un hère aurait plus de dignité.
Ce voyageur erre sans but et sans patrie.
Tu as l'air de te plaire.
L'ère des révolutions est passée.
Dans ses guenilles, il semblait un hère misérable.
Il aimait à écouter cet air ancien.

Table des matières

Troisième partie : RÉÉDUCATION DE L'ORTHOGRAPHE D'USAGE

Sixième partie : CONFUSIONS HOMONYMIQUES

Imprimé en Belgique par GEDIT S.A., — Tournai — 7.036